安徽省哲学社会科学规划项目（项目编号：AHSKQ2021D66）阶段性成果

教育部高校思想政治工作队伍培训研修中心（安徽师范大学）资助

微伟道来

——高校辅导员思想政治工作研论

龚伟 著

光明日报出版社

图书在版编目（CIP）数据

微伟道来：高校辅导员思想政治工作研论 / 龚伟著
. -- 北京：光明日报出版社，2023.7
ISBN 978 - 7 - 5194 - 7342 - 6

Ⅰ.①微… Ⅱ.①龚… Ⅲ.①高等学校—辅导员—思
想政治教育—工作—研究 Ⅳ.①G645.1

中国国家版本馆 CIP 数据核字（2023）第 124283 号

微伟道来：高校辅导员思想政治工作研论

WEIWEI DAOLAI：GAOXIAO FUDAOYUAN SIXIANG ZHENGZHI GONGZUO YANLUN

著　　者：龚　伟

责任编辑：李　倩　　　　　　责任校对：李壬杰　龚彩虹

封面设计：中联华文　　　　　责任印制：曹　净

出版发行：光明日报出版社

地　　址：北京市西城区永安路 106 号，100050

电　　话：010 - 63169890（咨询），010 - 63131930（邮购）

传　　真：010 - 63131930

网　　址：http：// book. gmw. cn

E - mail：gmrbcbs@ gmw. cn

法律顾问：北京市兰台律师事务所龚柳方律师

印　　刷：三河市华东印刷有限公司

装　　订：三河市华东印刷有限公司

本书如有破损、缺页、装订错误，请与本社联系调换，电话：010-63131930

开　　本：170mm×240mm

字　　数：304 千字　　　　　　印　　张：18

版　　次：2024 年 1 月第 1 版　　印　　次：2024 年 1 月第 1 次印刷

书　　号：ISBN 978 - 7 - 5194 - 7342 - 6

定　　价：95.00 元

读《微伟道来：高校辅导员思想政治工作研论》有感（代序）

——想和高校辅导员说的话

这是又一本令人欣慰的由我们高校辅导员写的书。大家都知道，辅导员整天忙于日常事务，不要说写书，就是写篇论文，都觉得没时间。看到越来越多的辅导员能够写书，作为十多年来一直为辅导员服务，自封为"辅导员的辅导员"的我，就像老师看到自己的学生有了成就一样，感到十分欣慰。从我身边的华秀梅到路丙辉再到龚伟，这是我为辅导员的著述写的第三个序了。期盼着有更多的辅导员能够像他们这样，把辛苦转化为成果，把经验上升为理性。

借给本书写序的机会，我和作者进行了交流。我对龚伟提出的问题是，你什么时候开始写这本书的，为什么写，这本书的写作和出版对你自己和读者有何意义？这本书出版之后，你还有什么写作计划？龚伟告诉我，他是从2018年开始动笔写的，开始并非为了出书，而是为了扩大与深入和学生的交流。在辅导员工作中，会遇到很多问题，其中多数是共性的。为了扩大和提高交流的范围和效率，他想到用文字的方式，在学院官微开设了"微伟道来"专栏，作为他和学生交流的线上平台，并不定期地上传他对学生面临的诸多问题的回应和思考，也包括自己面临的一些问题的思考。这本书就是这些回应与思考的记录。

这本书的写作与出版有何意义？对作者而言，是有感而发，系统总结，形成成果，理清思路，是一个学习和提高的过程。对读者而言，是他山之石，可以交流互鉴。比如，一些辅导员不喜欢带"二手班"，认为难以对学生施加系统完整的影响。但龚伟却感受到带"二手班"的积极意义，即"将 2018 届毕业生们送离师大，我顺利地接过了 2016 级五个专业 150 名同学。突然想起自己 2011 年进校时接手的班级就是大二，所以从中间开始还不至于手忙脚乱"，他总结了带"二手班"的四点经验：调研班情，做到有效率；把握规律，做到有进度；组建队伍，做到有方法；细化工作，做到有安排。

我理解，本书更为积极的价值是启发和鼓励更多的辅导员学会思考，乐于写作，参与到与辅导员同行的交流互鉴中，以汇聚辅导员队伍的经验和认知，提高工作成效的显示度，扩大和实现辅导员工作经验和文化的横向传播和代际传承，以不断提高辅导员队伍整体的职业素质和能力。

习近平总书记在全国高校思想政治工作会议上指出，"思想政治工作从根本上说是做人的工作，必须围绕学生、关照学生、服务学生"，这一点，我们绝大多数辅导员都做到了，并且做得很好。但习近平总书记同时要求："做好高校思想政治工作，要因事而化、因时而进、因势而新。要遵循思想政治工作规律，遵循教书育人规律，遵循学生成长规律，不断提高工作能力和水平。"[①] 这就是我们辅导员需要努力的方向。大水漫灌容易操作，精准滴灌需因地因时因苗制宜。精准的前提就是要熟悉学生，掌握习近平总书记提到的上述三大规律，其中学生成长规律是基础性规律，也是辅导员首先要掌握的规律。掌握这一规律，需要在熟悉学生的基础上，深入了解和研究学生，除了个人经验的积累外，需要与同行进行广泛的交流和研讨，需要不断地反思与总结，剔除那些偶然的枝节的因素，提炼出那些内在的、必然的共同特征，逐步由表及里，由个别到普遍，由偶然到必然，深入把握学生思想和行为发生、发展和变化的规律。在这一过程中，丰富的经验、广泛的交流、经常的反思和勤奋的写作，是认知和把握学生成长规律的几个必要条件。

---

① 习近平谈治国理政：第 2 卷 [M]. 北京：外文出版社，2017：378.

　　我读本书，感受有以下几个特点：一是字里行间充满了辅导员的爱心责任感和"围绕学生、关注学生、服务学生"的职业态度和敬业精神；二是以人说事，以事说理，朴实流畅，娓娓道来；三是既有辅导员工作的共性，由此使读者产生熟悉感、亲近感，也有龚伟自己的个性，故具有启发和借鉴之意义；四是思想引导的主职意识较强，能够把思政教育渗透于学生管理和咨询服务等日常事务之中，从而赋予"日常生活"以"育人"价值和教育意义。故乐于推荐给高校辅导员同行。

　　龚伟告诉我，本书出版后，他的下一步写作计划，是想聚焦在主题班会和谈心谈话上做深入的总结和思考。我非常赞同和欣赏他的这一计划。因为主题班会是辅导员面对班集体（一对多）的思政教育的基本方式，解决学生思想和价值观的共性问题；而谈心谈话是辅导员面对个别学生（一对一）开展思政教育最基本、最经常使用的方法。这两大能力是辅导员的基本功，水平高低在很大程度上影响着辅导员开展大学生思政教育的成效。期盼龚伟下一本书的出版，更期盼有更多的辅导员的著述问世。

　　是为序。

朱平于安徽芜湖文津花园
2022 年 2 月 3 日

目　录
CONTENTS

第一篇 01

| 微思解惑 |

为了所谓的"合群"，就能选择平庸吗？

在今天的大学校园里，学生总是以某种"群体"形式存在着，常见的有"舍群""社团组织""微信朋友圈""学习小组"等，规模小到2~3人，大至100~200人。无论在学习、工作还是生活上，每一名学生都试图成为这个群体中不可或缺的一员，希望自己能够"合群"。这既表现为学生融入社交群体（高校从某种程度上可以称之为"小社会"）的心理倾向，也表现为学生渴求摆脱孤独的真实想法，这是学生作为一个社会人的必然选择。按照我的理解，大学里的学生群体基本分为两种：一种称为"自觉型群体"，即主动创建，有着较为严格的规章制度或者共同制定的目标规划的组织，例如团委学生会、专业读书小组。另一种称为"自发型群体"，学生更多是被动卷入或者默认加入的，它们没有严格的约束条件或者一致的价值追求，例如一般意义上的宿舍、某些社群、共同上课的"班级"。

自觉与自发，反映了两类组织中个体截然不同的行为方式。前者中的个体是一种争取主动、力求上进的积极行为，而后者中的个体一般表现为服从、默认、等待等消极行为。这既和行为主体的思想认识有关，也同该类群体的整体印象带给个体的直接影响有关。长期受制于、满足于后一类群体，个人将逐渐偏离健康发展轨道，变成"沉默的大多数""机械的大多数""迎合的大多数"。不可否认的是，后者存在的空间和时间要比前者更广、更久，负面影响也更大。因此，我们需要对"自发型群体"加以甄别和分析，帮助大学生澄清认知误区和化解决心理矛盾，阻断"平庸"偏轨，走上成才正道。

一、"合群"让你深陷"平庸"泥潭

（一）课堂上的"沉默式合群"

无论是作为辅导员还是思政课教师，我都遇到过一种课堂上较为"普遍"

的现象（旁听其他老师的课程也遇到过），那就是当教师提出一个问题时，参与回答的学生通常占少数，甚至屈指可数。你会发现老师不停地"引导""劝导"学生回答问题，而学生总是将头"深深地低着"，生怕老师问到自己，最终老师只能以一种自问自答的"独白"方式结束这场尴尬的互动。为什么学生不愿意回答问题？这其中的原因有很多，例如：害怕问题答不上来"丢脸"；回不回答也不会有什么影响；别人都不回答，我才不做出头鸟；老师问这种简单问题肯定留有"后手"。在这些千奇百怪的"理由"中，我认为最值得警惕的就是"因为大家都不回答，所以我也不回答"，这是一种典型的"课堂合群"现象。实际上，别人是否回答与我是否回答之间并没有直接必然的关联，但二者为什么会产生联系？我认为核心因素是自身的不自信，关键因素是沉默的大多数，而导火索是个别"挑刺"的。

实际上，当一位同学在课堂上几次主动回答了老师的问题之后，班级中个别"嫉妒心"较重、喜欢在背后说三道四的学生就会借机在课后对这位同学冷言冷语。这样的流言很容易扩散（好事不外传，坏事传千里），会在无形中产生例如"这个学生'爱表现'""他和老师关系好""就他喜欢出风头"等"莫须有"的舆论压力，而大部分学生看到这种现象时基本保持沉默或者作为"吃瓜群众"冷眼旁观。漠视或时不时出现的负面声音会形成一种"大家都不喜欢别人出头"的"群体"认知假象，这会让回答问题的同学觉得其他同学很讨厌自己的行为，从而产生一种"被脱群"的心理误区。一般情况下，人都不希望自己被孤立，这导致曾经敢于回答问题的学生产生了自我怀疑，并最终选择了回归沉默，而本来打算在课堂上主动一点的学生看到这种情况也就望而却步了。

（二）团体中的"机械式合群"

很多学生在大学期间会选择加入一些团体组织（协会、社团、学生会等），并在某一部门任职。我在担任团委书记的几年间始终将凝聚力建设作为重点工作来抓，但收效并不明显（相对于团委学生会这样相对规范的团体，某些社团的松散现象更为严重）。学生会同学之间的关系更多由工作任务维系着，彼此之间除非是舍友或者朋友，否则交集并不多。部门内部的交流相对较多，部门间的接触则较少，仅限于一些合作举办的活动或者集体性工作。不过在这样的互动中，部门也是各做各的，就像一台机器的零部件一样，做好自己分内的事，完成主席、会长、部长交代的任务，按部就班地工作，保证机器的正常运转即可，这似乎更加符合此类群体的整体利益。

此类"合群"完全是以任务为纽带，而不是以人际为纽带。如果没有主席、部长安排的工作任务，甲就没必要和乙进一步交流。一旦学生会或者社团完成换届之后，同学之间的关系链也就自然解除，彼此之间不会再有更多联系。这和我们所提倡的"团结、友爱、互助、共促"的学生会理念出入很大。前不久网上曝光了某高校学生会"行政化"现象，一度引发热议。在我看来，科层化的管理体制自有它存在的合理性和必要性，而它的目的也是更快提升工作效率，但引起质疑的恰恰是因为行政化管理带来的人性化缺失，将原本简单纯洁的同学关系熏染为上下级关系，学生间少了些友谊，多了些利用；少了些快乐分享，多了些批评指责。试想，当大一新生怀揣着对学生会的向往，希望可以结识更多的朋友，更好地提升自己而来到这里时，却由于眼前的诸多现实，貌合神离，以及犹如工具般的角色互动影响，学生会、社团在他们心中还会有"家"的感觉吗？这里本来是同学之间共同学习、努力奋进、不断创新的地方，结果却变成了"各位领导的传声筒""各项任务的操盘手""各个机器的螺丝钉"。久而久之，少的是温情，多的是冷冰；少的是相互促进，多的是各取所需。

（三）宿舍里的"迎合式合群"

其实，在高校里最常见的群体是"舍群"。一个宿舍的同学来自五湖四海，人数大概在 4~8 人，彼此从不认识到认识，可能只需要短短的 3 天时间。接下来，大家就像是多年的好友一般，同出同入同吃饭，而这在大学新生阶段最为明显。这和同学们离开家人的孤独感以及由此生发出的摆脱这种孤独感的情感诉求密切相关。然而随着时间的推移，生活习惯的差异日趋明显，爱好学习的学生开始选择"泡"图书馆，喜欢打游戏的学生开始窝在宿舍，喜欢玩的同学开始频繁外出，一个宿舍"朋友"间的关系面临被拆解的隐患，"小团体"现象逐渐显现。此时，一些宿舍为了维系室友间的关系，会选择相互之间"迎合"对方。例如：看到室友都在玩游戏，自己本来准备去自习室看书的，但是害怕被其他室友孤立所以选择留下来陪他们一起玩一会儿，结果浪费了宝贵的学习时间；本来周末准备去培训班学习英语，但因为室友过生日害怕自己不去影响友谊，所以放弃了难得的培训机会；自己决定今后每天早晨六点起床晨读，但是担心室友觉得自己装"学霸"，所以硬是躲在被窝里扛到七点起床。

不可否认，宿舍环境对一个学生的影响很大。试想，如果一个宿舍的学生都有着明确的学习目标和人生规划，彼此鼓劲，相互加油，那是多么令人高兴的一件事。但是这样的宿舍其实并不多，通常，宿舍更像是懒散、拖沓的释放之所，是一个安于舒适、倾向于彼此妥协的环境（本人做辅导员期间，多次查寝带来的最直接感受），谁也不希望破坏这个微妙的人际氛围，彼此试探，更不想越雷池一步。久而久之，虽然我还是这个宿舍的一员，但已名存实亡，彼此为了面上的关系被迫迎合着、忍受着，个人的成功似乎与这个集体关系并不大，与其追求我的"小团体"，也不愿意真正为"小集体"努力一次，放弃了让彼此变得更加优秀的机会。

实际上，这三类"合群"最可怕的是由沉默、机械、迎合带来的"思考停滞化""团体散沙化"和"友谊畸变化"。处于"沉默式群体"的舆论压力下，个体会逐渐放弃参与课堂互动的机会，久而久之会形成思维惯性——既不回答也不思考，沦为知识的单向接收者，他们选择成为沉默者直至放空思维，成为"空洞的旁观者"，日益丧失主动求学的勇气和信心。"机械式群体"下的成员们如同冷冰冰的、毫无感情的机器零部件一样，彼此工作在固定的环境中，按部就班地落实各项任务，以"任务"为中心的团队机制使得人与人之间缺少了必要的情感"黏合"，团队友谊缺失，难以维系长时间的合作状态，最终走向松散化。"迎合式群体"最终使得室友之间以一种近似相互退让，彼此讨好的状态生活着，一退再退的生活节奏和日益淡薄的个人情感让宿舍始终处于一种"磨合"状态，个性彰显不足，自我发展压抑，内部矛盾隐现，为了个人成长宁可选择"舍外求援"也不愿意"抱团取暖"，最终导致宿舍同学之间无法实现真正的互帮互助互促。

二、决定走什么路从来都是你自己的事

（一）没有谁能决定你的大学四年

很多学生在进入大学之初就暗暗许下"诺言"，要拥有一个属于自己的精彩四年，但是事与愿违，一些学生最后活成了自己"讨厌"的模样。"因为这个课大家都不怎么上，所以我索性也不去了""大家上课都不喜欢提问，我就不要做'出头鸟'了""这个活动学分高，所以我就去凑个人数，尽管我并不喜欢它""大家都在找自己的伴侣，我也不能落后""跟辅导员请假只要编个理由就可能蒙混过去，我也试试吧"……这些在学生内心深处"本不情愿"

做的事情，仅仅是因为惧怕别人的眼光，担心别人的蜚语，而选择迎合他人的"口味"，放弃自己的真实想法，到头来别人并不会因为你的"事与愿违"而失去什么，你却在这样的"自欺欺人"中失去了进步的空间和成长的机会。

我认为，大学是一段"孤独"的行程，你虽然会接触很多人，认识很多人，并在其中结识朋友，但真正可以陪你走下去的人寥寥无几。这一路上，你会获得帮助、吸取教训、增长经验、获得历练，但这些最终全都取决于你的选择以及你在这四年的态度。我相信没有哪个学生希望自己浑浑噩噩地度过四年，我们都是带着自己的追求和梦想来到大学，那么为什么不继续努力下去呢？他人的理解与不理解，认可与否定只是你前进路上的一块垫脚石或者绊脚石，放平自己的心态，坦然接受，努力提升自己才是正确的选择。因此，走自己的路让别人去说没有什么好担心的，你不会因为自己的正确选择而伤害他人，却能因此成就自己。

(二) 清晰而翔实的规划至关重要

选择了自己的路从来不是"纸上谈兵""束之高阁"，而是脚踏实地地躬身实践，这就需要你为自己制定一份清晰的成长规划。学校每年组织开展"大学生涯规划大赛"，目的就是让学生尤其是大一新生认真审思自己的大学四年，并为自己找到一条相对正确的路。可惜的是，我们的不少学生没有认真对待这样的比赛（学校关于大学生涯的课程其实更加重要，但由于诸多原因，我们在师资和课程建设方面比较薄弱，一定程度上降低了学生的期望值和重视程度），这也就导致不少学生大学四年过得忙碌，但总感觉"瞎忙"，没有方向感、没有目标性，逐渐表现出这个年纪本不该有的疲态、懒散、失落。

其实，学生是希望自己的大学四年明确而有方向的，只是由于从来没有认真思考过而不得门径，无从着手。因此，作为辅导员，我们应该发挥"人生导师"的关键作用，在学生成长的道路上给予他们足够的指引，帮助他们找到正确的方向，并且在这一过程中耐心细致地帮助学生做好规划。我经常和学生反复强调的"目标树理论"就是典型的规划方法。从自己的最终目标倒推出阶段任务，再细化到每周每天的计划，有条不紊地一一落实，这样你会觉得自己做的每一件事都很有价值，都是为了自己的最终目标而努力着。正如我撰写"微伟道来"一样，虽然我每天需要花费 2 小时去"敲"上 1000～2000字，看似辛苦，实则充实，10 篇、20 篇、30 篇……此时我所展现的不再是单一的文字，而是具有一定教育意义的总结和反思，再经过一定程度的修改就能够以专著的形式呈现在大家面前，影响更多的人。这难道不是很值得兴奋的事情吗？当然，在制定规划时我们要注意两点：第一，目标不能太大，以至于你实现起来几乎没有可能，那会打击你的自信心，我们需要确保每一阶段的目标是一个你通过努力可以够得着的目标；第二，规划不能太细，虽然我强调规划落小落细的重要性，但是过细的结果会导致当你面对"计划赶不上变化"的突发情况时，无法进行有效变动，那样只会打乱你的整体节奏以至于产生焦虑感、挫败感。所以，合理的目标和适度的规划相辅相成、缺一不可。

（三）用优异成绩回应所有的质疑

走自己的路绝不仅仅是付出努力就够了。记得之前和学生们说过"成长曲线"，同样是经历了大学四年，有的人成长了、成熟了，而有的人却变成了"庸柴"。努力要和结果相匹配，事倍功半的情况不足以证明自己，付出的努力与取得的成果理应成正比。我们通常说一个人自信绝不是看他的嘴上功夫，那叫"自恋"，只有真正有实力并且用成绩说话，才可以称之为自信之人。三类"合群"恰恰是对于自己真实能力的束缚，是与不自信之人的结伴。我们要做的就是毫不留恋地迅速脱离，不要在乎别人的眼光，不要理会私下的流言，更不要维系所谓的感情，做到这一切必须以自己的能力和成绩为前提。若想回应别人的质疑，让对方尊重你、理解你、支持你，那就学出成果、做出实绩、觅得志同道合之人。

认真回答老师的问题没有错，只要你可以由此获得新知，达成学习效果；打破常规工作模式并不是"独树一帜"，不用害怕出错和非议，只要它让我们的团队再上一层楼，彼此联系更加紧密；该学习的时候就果断地离开宿舍，何必在乎一场"王者荣耀"，只要你真的爱学习，懂你的人自然会在自习室和图书馆等你。记得以前读书的时候，取得一些成绩就会听到一些流言蜚语，一开始的时候会生气，久而久之反而看开，我获得的荣誉与你何干，我如果因为别人的嫉妒而生气，那反而是自己的心态出了问题。低调做人，高调做事，该努力的时候好好努力，该争取的时候积极争取，不骄不躁、踏踏实实，时间一长，那些质疑非议你的人只会通通闭嘴，而真正支持你、关心你的人始终都在。你没有失去任何东西，但是却得到真正的成长，其中就包括内在的平静与泰然，这是一种境界，更值得我们努力追寻。

三、拥有自信是你拒绝"平庸"的开始

(一) 学习自信意味着更加主动思考

"沉默式群体"不仅使我们丧失主动回答问题的机会，更严重的是让我们放弃主动思考的机会，导致形成"思维空洞"。学习自信就是要求学生充分意识到思考减慢甚至停滞的危害，转变固有学习观念，更加主动地分析问题，回答问题。你要坚定地相信课堂是你的，而不是别人的，你在课堂上的一言一行并不是为别人"表演"的，而是为自己的成长积累的。我在多次主题班会中都对学生说过："真正优秀的学生是敢于提问和回答问题的学生，真正有实力的学生是敢于举手和起立的学生，因为你的每一次举手和起立，都是在历练自己，这包括回答问题的水平，组织语言的能力，最关键的是战胜畏惧的心理。"有些学生在课下可以滔滔不绝，但是在课上却支支吾吾；有些同学在平时口若悬河，但是在关键时刻却哑口无言。这值得深思，更需要警觉。不想做将军的士兵不是好士兵，同样不敢举手回答问题的学生也不是好学生。没有站起来一次就要落后一分。终有一天，他们将无法面对突如其来的压力。因此现在紧张害怕不要紧，慢慢克服就是最大的成功。拒绝"平庸"，让自己学会思考：思考老师的问题、思考自己的大学、思考未来的人生，无时无刻都要勤于思考和敢于思考。只有这样，你才能成为自信的人，你的眼中才会闪现出无惧无畏的光芒。

(二) 工作自信意味着更加注重团结

学生会不是"机器"，我们也不是所谓的"螺丝钉"，虽然我们提倡工作的效率，但是富有"人情味"的工作才是我们努力的方向。不要总是想着自己可以从学生会得到什么，那样学生会对于你来说只是获取个人利益的地方。多想想自己可以为学生会带来什么，这样你才会懂得付出，懂得去为他人着想。更加自信地工作绝不是单打独斗，也不是标新立异，沾沾自喜，而是更好地凝聚人心，同心协力。为什么很多新的学生团体在成立之后都会举行"破冰游戏"，不就是为了让彼此熟悉，更加融洽吗？可惜的是这样的活动形式大于内容，大家更多在意的是游戏中带来的欢笑，而忘记了游戏背后的意义——团结。团结不是让你去迎合他人，而是要用工作的责任心激励他人，工作的热情感染他人，更重要的是通过工作的反思去助推他人。工作的自信不是简单用自己的成绩去说话，而是要用集体的成果感动彼此。我想，当有

一天学生会的活动越来越精、质量越来越高、成员关系越来越好、每次活动之后的总结交流越来越真诚时，才是真正的学生会吧。试想，在这样的学生群体中，你会有怎样的感受？你不会为一次活动的成功而沾沾自喜，你会感谢身边所有人的付出，并且力争做得更好。你也不会为一次比赛的失利而垂头丧气，你会感谢身边每一个人的努力，并且相互鼓励从头再来。你知道，这里是"家"，这里是我们成长的地方，唯有自信才不辜负彼此。

（三）交友自信意味着更加珍惜你我

宿舍不是不良习惯的聚集地，不是滋生负面能量的场所，它应该是和谐的、互助的、奋进的。一个宿舍如果整日以无所事事为荣，不注意生活状态，那是非常危险的。我有时候去学生宿舍看到，有些学生的寝室非常整洁，室友之间相处融洽，彼此尊重。而有些宿舍则比较杂乱，室友各管各的，从不在乎公共环境。我们进入大学宿舍首先就要学会改掉身上的坏习惯，至少不能影响他人的生活。宿舍是一个"小社会"，你要学会和五湖四海的人打交道，这并不是刻意迎合或者左右逢源，你需要在以身作则的基础上公平公正地对待每一个人。按照我的理解，你不需要和每一个人成为"知心朋友"，但是同学间的情谊你要努力维护。当你发现室友之间发生矛盾时要懂得劝解和安慰，当你发现寝室卫生出现问题时要学会主动承担和解决。人们总说"吃亏是福"，但不是所有人都愿意吃亏；人们总说"有舍才有得"，但多数人并不愿意放弃。真正的同学情谊绝不是靠吃吃饭、逛逛街获得的，而是在他人最需要帮助的时候搭把手，高兴的时候共同分享，失落的时候共同承担。如果你发现自己的室友做不到这一点，那就尽力做好自己，不要在乎别人怎么看你，也不要给他人添堵，努力维系好这段感情，这样才是最优秀的你。此时，当你遭遇挑战也会微笑地告诉自己："没事，一切都会过去的，我这么有心的人，命运是无法将我击倒的。"一个懂得关心他人，愿意为他人着想的人运气是不会差的。

无论现在的你将来会变成什么样，至少大学四年要过得充实而有价值。不要害怕失去什么，也不要畏惧前方的未知。只要你真诚地对待他人，努力地做好自己，就会获得命运的眷顾。只要你真正懂得学习的目的，把握工作的意义，找到珍视的友谊，就会拥有属于自己的精彩人生。亲爱的同学们，你们本就不是"平庸"之人，大家需要做的就是从"心"开始，为自己、为生活、为未来，自信启程。

学分 or 能力，我们不应做对立判断

在一次"入党启蒙教育"培训班的学习分享会上，有一位班委提到由于最近各种活动"铺天盖地"，校—院—班三级联动，应接不暇，因此逐渐产生了"任务"心态。这使她开始怀疑自己是不是思想上出现了问题，以至于为了"0.2"学分而带着情绪学习，虽然"挣"到了学分，但显然并不愉快。根据她反映的情况，我借机在线做了一个微调查，了解了同学们如何看待学分和能力的关系。不出意外，大家一边倒地更加看重能力，但在具体活动中又不愿意割舍学分，甚至将学分放在第一位。这似乎是一对矛盾——既看重能力，又不想放弃学分。如果放任这种"纠结"甚至会影响大学四年。如何破题？如何解困？今天我就专门讨论一下这个话题。先表明我的观点："学分和能力不是相互对立的矛盾体，而是一体两翼的统一体。以提升能力为前提来获取学分并不难，只要你能够看清活动，认清自己，就能实现更有价值的成长。"

一、正视自己，解密思想困惑

我们总是习惯于站在一个相对客观的角度分析判断他人，但面对自己时，往往陷入不清不楚的状态。"Realize yourself"真的很难吗？归根到底还是未敢正视自己的真实想法，试图用各种借口麻痹、遮蔽、回避罢了。

（一）获得学分为啥不高兴？

调查中不少同学都反映自己虽然在活动中获得了学分，但并不是很高兴。在他们看来，学分就像一个任务清单，等着去完成。我时常在想，同学们到底是在"赚"学分还是在"赢"学分？一字之差，意义可能完全不一样。学生似乎觉得"赚"学分更符合当下的心态，但偏偏没有"赚到"的愉悦感，

反倒有一种"不贪小便宜白不贪"的投机情绪。每年奖助学金评选时，我们或多或少都能看到一些学生为了0.2学分反复"论证"，像极了过去菜市里为一角钱还要争个"你死我活"的聒噪大妈。"学分真的很重要吗？"问完大家，得到的结论基本都是"不知道"。但是大家都去赚，自己不赚就显得"落后"了。相对于"赚"的"小市民"心态，我更看中"赢"的积极作为。此时，不再是"0.2"学分的点到为止，"赢"学分蕴含着主动争取，迎难而上的自觉意识，超越了学分本身，逐渐上升到能力范畴。一步一个脚印的努力过程会让学生获得更大的满足感。因此，没有经历这一阶段，或者说意识不到这一过程，就无法体会学分的真正价值，只能停留在学分的表层"利诱"上，成为被学分"异化"的对象，一个"为学分而挣学分"的盲从之人。可惜的是，我们一些同学害怕失败、恐惧挫折、沉迷舒适、逃避担当，未能真正迈开步子，甩开膀子，迷失于学分的斤斤计较之中自然也就难以体会到"烧脑""爬行""挣扎""拼搏"后发自内心的畅快感受。

（二）看重能力却学分优先？

尽管同学们都十分在意能力提升，但为什么又特别看重学分呢？其实说白了，能力提升在短期内看不到，甚至能否提升能力，很多学生都没有把握。学分却是实打实的，稍做努力获得学分在他们看来是"板上钉钉"的事。往深一点想，就是眼前利益和长远发展之间、即时满足和延时满足之间，一些学生更倾向于满足当下，"当下"看得见，摸得着，能够给你想要的"成就感"，就像人渴了，立马有水喝，当下的感受就是舒服。但倘若还有漫长的一段路要走，一次性满足了自己，接下来又该怎么办呢？可能有学生会问"我参与了一项活动，按照要求得到了一定的学分，但是能力体现在哪？成长体现在哪？"我想说，没有付出足够的努力，面对足够的挑战，当然得不到足够的磨砺。以暑期"三下乡"社会实践活动来看，部分学生抱着完成一项任务的态度参与其中，没有冲击院重点团队和校重点团队的意愿，仅仅满足于0.5的参与学分。虽然不能说班级层面的团队就得不到锻炼，但倘若一开始就放弃往上冲的意愿，那只能说明自己并不期望通过这个活动得到什么，纯粹就是完成任务罢了。这样的参与态度又怎么能体会到"受教育、长才干、做贡献"的价值呢？我对一些冲击校院两级失利的班级团队反而寄予厚望，因为只要他们努力付出了，在后面的实践环节踏踏实实，定然能够获得更大的成功。反倒是一些所谓的重点团队"雷声大雨点小"，在之后的活动中敷衍了事，违背了实践的初衷。所以，在短期利益面前，作为一名大学生还是应该仔细斟酌，不要为一时之利而放弃了更宝贵的财富。

（三）学分和能力不能兼得？

是放弃学分，还是放弃能力？很多时候，学生们都在纠结于选择哪一个，而不少学生以学分作为最终目的。似乎学分和能力就是一对不可调和的矛盾，但事实真的如此吗？为什么很多学生觉得只能选择其一呢？正如上面所说，学分明确且易见，能力模糊并需要时间检验。在自己不清楚自己能力短板的前提下，很难做出有针对性的选择。例如，一名学生如果觉得自己的口语表达能力不强，就应该尽量选择可以提升这方面能力的活动或者比赛，并且以最高奖项为努力目标，而不是停留在"参与"层面。因为级别越高，挑战越大，得到的历练也就越足，当然学分也会越高。不过相对于学分，自我能力的提升更加重要。我们不能局限于当下的感受，而是应该放远目光期待自我的质变。此时，学分变成了能力提升的"附带奖励"，我们也不用再以学分来激励自我，而是以提升、成长为"风向标"。现在想来，学分和能力不可兼得吗？它们可以兼得，也可以不兼得，这完全取决于自己的诉求，而不是被迫决定。只要能够让自己变得更加优秀，即使没有学分又如何呢？我们真正应该保持的正是这样的态度。可能有学生会问："老师，我觉得现在的活动都达不到你说的这样，我又该如何？"其实，活动都是人组织的，也是人参与的。活动办得有好坏，但是你能否付出、付出多少并不是由活动的好坏决定的，关键还是你自己的主动行为。不应该给自己的懒惰和逃避找一个看似合理的外部理由，而是应该扪心自问，自己努力了吗？坚持了吗？想明白这一点，你也就少一些纠结了。

二、抛开杂念，追寻能力本身

既然提升自我是同学们参与各项活动最为重要的内容，那么大家就应该从唯学分的"利益"圈子中跳出来，聚焦能力本身以及自己的能力短板，在关键处勤思考、下力气，找到弥补短板、强化能力的对策与方法。

（一）了解三大能力为你定方向

讲能力问题时，我喜欢引用就业指导课程中的"三大技能"，即专业知识技能、可迁移技能、自我管理技能。一般来说，学生们在学校里主要也是围绕这三个技能不断完善自己。专业知识技能主要是关于专业知识运用的能力。

实际上就是将理论知识运用于实践的能力。比如，学前教育专业的同学有《儿童文学》专业课程，那具体到实践中就要学会故事绘编，并且能够将其运用到幼儿教学中，这是专业范畴里的事情。可迁移技能顾名思义就是可以移植的能力，也就是我们常说的通用技能。例如，口语表达能力、人际交往能力、临场反应能力……这些能力在不同的场合都需要，也往往是很多学生在大学里欠缺的。我身边不乏一些毕业班的学生在这些方面仍旧比较薄弱，例如：短信、邮件提问不标注姓名，不称呼老师；面试时穿得像个刚进大学的学生，而不是即将毕业的准职场人……我们的第一课堂也许不会教给大家这些内容，但是二三课堂却有着很多的机会去锻炼和学习。自我管理技能又称为个人品质，例如坚毅、果敢、自控、忍耐……它是支持我们更好地习得专业知识技能和可迁移技能的精神动力，也是最难培养的素质。一名大学生在大学里或多或少都存在这样或那样的能力短板，而这些短板无外乎都包含在三大能力之内。因此，做好自我反思并逐一对照这些能力，可以帮助自己明确努力方向。学校丰富多彩的素质拓展活动能从不同方面塑造和优化学生的能力结构，选择更适合自己的活动，就有了参与的劲头，也就不至于盲从于学分而闷闷不乐了。

（二）明确能力短板为你找关口

既然活动如此丰富，技能如此庞杂，我该从哪里开始呢？当然是从补足自身的短板着力准备。有学生和我说："老师，我不知道自己的短板在哪儿。"这主要是因为学生参与活动的次数不够，反思也不到位。对于初入大学的学生来说，走上讲台或者舞台会感到紧张，发言总停顿、表演不顺畅，这些都充分说明自己的抗压能力薄弱。面对这种情况我们要及时反思，勤加练习。我经常告诉学生，"刻意练习"是提升自我能力必不可少的环节。不要以为随着年级的增加，自己的能力就会提升，这是一种认识误区。只有针对性地培训和锻炼，才能使自己发生一定程度的转变。所以要抓住每一次上台或者站起来回答问题的机会，这是极其锻炼人的。如果自己没有获得老师的"青睐"，那就自己给自己创造机会。这么多的比赛、活动都是你展现自我、正视自我的舞台。退一万步说，你不想参加活动本身也说明了自己有畏难情绪和退避想法，这同样需要通过激励自我来不断改善。对于这种参与积极性不高的学生，我一般建议他们从难度不大但比较有意思的素质拓展活动开始，慢慢调整自己的精神状态，并逐步提升参与意愿。有关能力短板的发现，建议大家对比大学里"期待的我"和"现在的我"，这样更加直观和准确。可以参考图1："期待的我"vs"现在的我"。

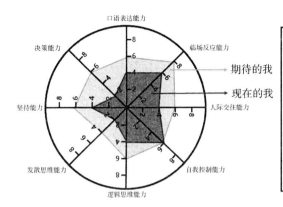

1.将自己在大学四年里需要提升的能力平均标注到圆上
2.围绕中心点将各个圆周上的点连起来，将整个圆等分
3.将每一条"半径"评分分成若干段并赋值，分数越高意味着此项能力越高
4.结合当下自己各个能力的现状进行赋值，并连接成多边形，呈现出"现在的我"
5.按照大学四年自己的目标进行赋值，并连接成多边形，呈现出"期待的我"
6.二者之间相差的部分就是能力短板以及需要补强的地方，并且根据赋值间的差距判定需要提升的空间与难度

图 1　"期待的我"vs"现在的我"

（三）执着能力提升为你明道路

找到了自己的短板只是开始，关键在于能否补足并且坚持下去。前段时间与一位大一学生聊天，她说自己本打算每天背诵 30 个英语单词，坚持了一个月就坚持不下去了。她觉得自己的意志力不够，但是又不知道如何解决，十分苦恼。实际上，坚持做好一件事有时候很容易，但有时候却又很难。这一方面是因为与人"趋利避害"的天性对抗本就不易（大家都希望自己过得舒适一些）；另一方面也是受制于各种客观因素而导致半途而废。和培养其他能力一样，意志力实际上也属于自我管理技能的范畴。网上有很多关于培养良好习惯的方法和技巧，其中就有"番茄法则"。通过 15 分钟切割，帮助你缓解压力并集中注意力，增强意志力。不过，我们并不用一开始就急于依靠自身来解决问题，这同样需要强大的意志力去支撑。适当寻求外在监督可以帮助你逐步找到培养意志力的"法门"。同学们在学校成立各种读书小组、学习小组、考研小组的目的就是希望通过无形和有形的外在约束管理自己。比如，一些同学为什么需要有考研自习室，目的就是希望在那种环境和氛围中提醒自己认真复习。我需要强调一点，任何外在干预和约束最终都要通过自我觉知来发挥作用。如果你不能克服自己在心理上的"舒适感"，定再多闹钟也无法叫醒自己。即使人在自习室，也只是换个地方刷视频、聊天罢了。当然，我并不提倡同学们像打了鸡血一样立刻给自己立一个美好的 flag，而是循

序渐进，一步一个脚印。之前看过一篇文章，说的是一个人坚持一天只做一个俯卧撑，看似很简单，随时随地都可以完成，但关键之处在于他每天都会做，并且随着时间的积累，他一天可以做的俯卧撑也在自我掌控下逐渐增加，自己并不会感到突然，反而在这种不断变化中享受到了身体日益健壮的"红利"。这就是说，很多时候目标定得小一些，简单一点，可以帮助你逐步适应，久而久之养成习惯，自然就不会感觉难以坚持了。

三、回归初心，努力成就自己

学分 or 能力，无论我们看重哪一点，其实都不能偏离"成长"这一核心。学分是激励我们不断成长的手段，能力是成长的外在表现形式。因此，二者只要围绕个人成长就不会产生矛盾。那么一个人的成长应该体现在哪里呢？在我看来，同学们应该在大学的互帮互助中摆脱小我，通过担当与奉献展现自我，并怀揣对于家人、社会、国家的热爱之心融入大我。只有这样，才能真正成就自己，继而努力成为可担民族复兴大任的社会栋梁。

（一）互助之心让我们摆脱小我

我们现在经常说，助人者自助，就是鼓励人们要在相互帮助中彰显个人价值。如果我们的同学仅仅关注个人学分获取抑或是个人能力提升，就会局限视野，陷入小我之地，甚至转变成"精致的利己主义者"。这不是我们培养学生的初衷，也不应成为一名优秀大学生的作为。相反，同学们应该在活动和比赛中充分体现互助之心。例如有些比赛或者活动属于协作类，同学之间就应该相互帮忙，彼此照应。很多团辅活动不正是这种类型吗？有些比赛虽然属于个人赛，但赛前与其他参赛同学分享备赛内容，赛后及时总结比赛经验同样可以实现共享共促的目的，也会让自己的价值得到进一步体现。我曾经培养的十佳大学生"小叶"就乐于分享自己的比赛经验，并且定期和一些低年级学生进行座谈，及时告诉他们自己的学习感悟和工作心得。同学们千万不要小看分享带给自己的变化，有时候我们之所以不愿意分享，无非是觉得这么做可能会"便宜"其他人，反而让自己错失好机会。这其实是典型的把眼前个人利益看得太重，而没有看到未来发展的潜在性。赠人玫瑰，手有余香。帮助他人既可以完善自己的心智，也可以增加同学间的感情，更重要的是在关键时刻你能得到他人的帮助。当然，我们帮助对方并不是为了得到什么回报，只是为了让自己跳出小圈子，站在更高的层次审视自己。不要局限"一城一池"，通过互帮互助挖掘出活动和比赛的深层次意义，让更多的同学因为你的付出而得到成长，这才是我们不断努力的真正价值所在。

（二）奉献之心让我们展现自我

我经常告诉学生，要充分利用周末和寒暑假参与一些有意义的社会实践活动，要了解社会现实，参与兼职实习（以保证安全为前提）。这么做不仅仅是为了锻炼学生的社会适应能力，更重要的是让大家充分理解奉献的价值。一谈到"奉献"，可能同学们会觉得要去西部、要去支教才算。实际上，你参与一次社会实践，开展一次志愿服务同样是奉献，甚至帮助同学们打一瓶开水也在其中。也许有学生会问，这和学分有什么关系？又和能力有什么关系呢？我们都知道在高校参与志愿服务一般是有一定学分的，当然这个学分也有上限。如果我们仅仅以达到志愿服务的学分上限为目的，那奉献本身就失去了意义，能力也就止步于"赚"学分的上限了。实际上，真正优秀的大学生并不会因为学分的高低去选择是否参加志愿服务，也不会因为学分满了而不再关心志愿服务。更重要的是，具有奉献之心本身也是一个人十分重要的品质。试想，当你走上工作岗位，秉持着奉献自我的优秀品质努力奋斗，你的人生必将发光发热。就像党员的培养发展一样，"思想入党一生一世"不是单纯在大脑里想，而是要以先锋模范性展现作为一名党员的觉悟与担当。此时，我们也就能更加明白能力越大，责任越大的真谛，在帮助他人、服务社会的过程中茁壮成长。

（三）热爱之心让我们融入大我

任何个体都是社会的一员。我们的存在与发展离不开社会，同样我们也应该为社会做出贡献。一个人只有热爱生命，热爱学习，热爱事业，将小我融入大我才能走得更远、更稳。我的身边不乏一些优秀的学生干部，他们在完成学业的同时，积极建言献策，投身到班级建设和年级发展中来。当我问到他们中的一些人为什么愿意如此付出时，他们的回答虽简短但十分有力，那就是"既然选择了做一名班干，那就要做好"。简简单单的"做好"二字，其实饱含了他们对这份工作的执着与热爱。也正是因为这份热爱，他们才可以在未来的人生道路上迈得更平稳，走得更坚定。马克思在其中学毕业论文《青年在选择职业时的考虑》中写道："如果我们经过冷静的考察，认清了所选择的职业的全部分量，了解它的困难以后，我们仍然对它充满热情，我们仍然爱它。觉得自己适合于它，那时我们就可以选择它，那时我们既不会受热情的欺骗，也不会仓促从事。"① 习近平总书记将自己宝贵的 7 年青春时光奉献给了陕北梁家河的人民，这何尝不是一种大爱？优秀的人最终都会拥有光明的未来，但这一切都将体现在更好地服务人民、奉献社会之中。因此，无论在大学里选择什么活动，参与哪些比赛，获得多少学分，提升何种能力，都不要忘记自己进入大学的初心。当年周恩来总理提出"为中华之崛起而读书"，他用一生去践行了。今天中国强大了，我们要做的就是为实现"中国梦"而继续努力奋斗。

回到我们最初的话题，学分 or 能力，需要纠结吗？真的不必纠结！学分还是阻碍吗？能力会受限吗？当然不是也不会。想明白以上这些，我们唯一要做的就只有脚踏实地勇往直前。衷心期待更多的同学在大学里学有所获、学有所成，在人生道路上初心不变，奋斗不止。

---

① 马克思恩格斯全集：第 1 卷 [M]．北京：人民出版社，1995：457．

趣解成长的"困惑"

每一名学生在成长的过程中都会面临各种挫折和挑战，其中既有实际生活中的问题，也有来自思想世界的困惑。"解困"成为许多大学生在读书期间的不变话题。然而，有时候学生明明知道自己很苦恼，却找不到很好的解决办法，久而久之便陷入自我否定的悲观情绪之中，甚至开始怀疑自己读大学的目的。如果让这种心理认知持续蔓延下去，势必会影响自身成长。因此，掌握有效解惑的方法就成为大学生在校期间必须学会的重要本领之一。

通往罗马的路千万条，可以帮助学生解惑的方法同样多种多样。以说文解字的方式引导学生直面"困惑"不仅生动有趣，而且也能抓住解惑的关键要素。具体来看，"困惑"二字可以拆解为"口""木""或""心"，而"木"可以进一步形象地分成"一""丨""人"三部分。学生应该如何化解成长中的困惑，就从这些看似无关，实则大有深意的文字开始。

一、"困"在心中"口"要开

我们通常说困惑主要是指心中的困惑，造成困惑的外在原因有很多，但最关键的仍然是内在原因，因为外因通过内因才能发挥作用。影响一棵"小树苗"长成参天大树的原因看似是外在的"温室"，实则是思维里的隐墙，所以如果不突破心中的壁垒，我们就无法获得成长。当然，若想突破这层看不见的阻隔，仅仅依靠个体的"冥思苦想"仍是不够的，我们需要学会"说话"，让自己的口成为攻克思想壁垒的"意大利炮"。

首先，张口意味着发声。学生要将心中所想说出来，这是排解困惑的前提。一名大学生如果总是将困惑压在心里，企图以自己的"悟性"独自解除困惑，一般效果不佳，即使可以做到，通常也会花费不短的时间，甚至在大学四年也无法疏解。所以，与其在自己的思想包袱中左右摇摆、前后挣扎，不如痛痛快快地说出来，这样既可以将积压在心中的负面情绪消解一部分，最为关键的是可以借此获得他人的帮助与指导。与其在单兵作战的自我内耗中苦苦追寻想要的答案，不如在群策群力的相互扶持中精准解决当下的困惑。辅导员在其中发挥很重要的作用，可以通过一对一的深度访谈、启发性强的素质拓展活动以及有针对性的主题班会引导学生说出心中所惑。

其次，张口意味着交流。自说自话的张口虽然具有一定的解困作用，但因为是自己与自己的对话，所以容易陷入个人情绪之中，导致不能厘清头绪，明晰问题，找到对策。我们需要通过与他人的对话去验证自己的想法，进一步回应心中所惑，并且在与他人的交流过程中得到必要支持。有时候，学生的困惑看似难以攻克，但在聪明人的眼中仅仅是经验或者方法的问题，只要获得一定程度的疏导，自然可以迎刃而解。因此，不要害怕与他人对话，更不能拒绝和他人交流，切不可将自己关进"沉默寡言"的牢笼，应将交流作为"攻城拔寨"的突破口，在思想火花的碰撞中找到解决心中困惑的有效路径。

最后，张口意味着承诺。当心中所惑展现在自己和他人面前时，我们接下来需要做的就是为解决它制定必要的对策。通常在尝试解决心中困惑的初期，自己立的目标往往没那么牢固，容易被推翻。相反，一旦有外界监督介入，这种压力就会驱使个人努力完成目标。也就是说，我们要学会向自己信赖的人说出自己的目标，摆正自己的态度，呈现自己的做法，让你的"战友""知己""导师""兄弟"成为协助你战胜困难的支持者和陪伴者。当你产生犹豫、彷徨、退缩甚至放弃的念头时，他们能够持久而坚定地鼓励你和帮助你，从而使你跨过紧要关口，实现自我跃迁。当然，外在监督毕竟只是外力，最终我们还是要通过强化心智，让自己主动兑现自己的承诺，做自己思想的主人，这样才是真正的成长。

二、纵横发展以塑"人"

很多时候，学生的困惑源自个人定位的不准确，尤其对于刚刚进入大学的新生来说，尽早扣好人生的第一粒扣子，明确自己的大学目标是有效减少困惑的重要一环。我在和一些大一学生聊天时，经常听到他们说自己每天都很忙碌，除了学习就是参与各种团学组织活动，但依旧找不到前进的方向，总觉得自己很茫然，这种困惑感并不会随着时间的流逝而降低，也不会因为忙碌的状况缓解而有所改观。相反，一些学生可能会因为"无事可干"更加感到无所适从。面对这种情况，我们不妨在个人的横向和纵向发展上下功夫，从而使得自己真正在大学里落地生根，开花结果。

一方面，以术业专攻明确立身之基础。进入大学，学生面临的第一个挑战就是"适应"，而其中最重要的就是适应大学学习。不同于高中以认知为主的学习模式，大学更注重对学生思辨能力的培养。也就是说，知识点固然重要，但如何做到触类旁通、学以致用，是大学更为重要、更应掌握的关键能力。一些学生由于未能走出高中生活状态，将高中的学习模式顺移至大学，难以调整认知框架，因此无法真正适应大学学习氛围，产生了不知如何读大学的思想困惑。实际上，改变这种情况，不仅需要大学生从整体上看待大学学习，更要学会在专业领域精耕细作，要懂得将课上学习到的知识点连成知识链，并将知识链结成知识网，再由知识网组成知识系统，有效厘清学习脉络，弥补完善认知框架，高质量提升认知水平，在专业学习上立住脚跟，继而打破不知如何学习的窘境。辅导员应引导学生主动了解专业人才培养方案，明确专业发展方向、专业培养目标、专业学习要求、专业课程任务、专业实践规划，把个人成长有效融入专业建设之中。学生自身要做到聚精会神，全力以赴，不断强化问题意识，凡事多一点深入挖掘的劲头，提升学习的针对性、主动性、有效性，防止陷入"死记硬背""照搬照抄"的行为误区。与此同时，辅导员要鼓励学生聚焦学科发展前沿，养成扎实的专业学习能力，推动自己突破认知瓶颈，提升认知层次，在不断深化学习中明晰成长路径，从而摆脱"忙盲茫"的窘境。

另一方面，以博采众长提升成长之高度。如果说术业有专攻是一名大学生更好地适应大学、化解思想困惑的一只翅膀，那么在专业学习之外做到博采众长就决定了一名大学生的认知高度和思维广度，这是有别于自我深耕的另一只翅膀。所谓"博采众长"，就是广泛采纳众人的长处及各方面的优点，或从多方面吸取各家的长处。实际上，今天在大学生群体中存在几种现象，一种是仅仅关注学习的"好"学生，一种是热心于参加各种活动的多面手，还有一种是学习活动两不误的均衡者。三种学生中，往往学习与活动都能拿捏到位的学生成长空间最大。这是因为他们知道如何在相互比较、竞争中发现短板，找到不足，继而有的放矢地吸取教训、总结经验，不断完善自己。我担任辅导员期间时常拿读书举例，提醒学生要多读书，不仅要读专业书，更要读专业之外的书；既要读有字之书，也要读无字之书。课本教给我们的可能只是专业知识，但专业知识之外仍然有太多值得学习、需要学习的知识和能力。例如，一名学生需要具备抗干扰能力、面对挑战的强大意志力，这可能就是课本之外的重要技能。辅导员需要鼓励学生参与类似的比赛和活动，把自己置身于压力当中，找到自身的短板，感受自己的不足，抓住那一刻的焦虑、无措、紧张、害怕，并将这种情绪的控制和缓解作为自己的重要人生课程去学习和领悟。

值得说明的是，横向和纵向的发展并不是相互脱节的关系，相反，彼此之间纵横交错，相辅相成，缺一不可。我们通常在术业专攻的过程中需要注重与他人的交流互动，从而明确自己的学习阶段，把握自己的学习状态。同时，在相互比较中发现专业领域的认知差距和能力短板，继而进一步丰富完善、强化学习和技能。可见，纵横交错的学习思维是一名大学生快速成长、高质量成长的重要能力，是一棵小树苗逐步长成参天大树的必要因素。只要把握住了成长的纵向动力和横向能量，学生就能更好地脚踏实地，一步一个脚印地前行，心中的迷雾自然逐步廓清。

三、直面"或许"定方向

当我们用文字"或"的时候，通常会想到"或许""或者""或则"，表示一种不肯定的态度。这意味着可选择的内容不止一个，而当选项超过一个时，一些学生会因为无法权衡而陷入"左右为难"的状况。在大部分学生看来，高中的唯一选择即是高考，所有的付出都是为了这唯一的目标，但是进入大学，选择变得多元，专业可以调剂，社团可以挑选，选修课五花八门，在"或"的影响下，"到底该选择什么"成为常态化的问题。一些学生由于没有清晰的大学规划，对自己、对大学、对方向并不明确，因此产生诸如"我该何去何从""读大学究竟为了什么""什么是我想要的""我对什么感兴趣"等困惑。辅导员要帮助学生解惑，就不能忽视对"自身定位""求学原因"以及"人生追求"的回答。

第一，明确自身定位，少一些彷徨。新学期开始之时，我在"思想道德与法治"课上告诉大一新生："虽然大家已经进入大学，但获得的仅仅是大学生的身份，离成为一名真正意义上的大学生还有很长一段距离。要想成为一名合格的大学生，就要从自身定位开始。""定位"是明确当前位置以及在大学期间期望达到的高度。"当前的位置"主要指的是此时此刻的学习状态、能力条件以及精神情况。"大学期间期望达到的高度"主要指的是学生在大学四年希望实现的阶段性理想以及个人呈现出的成长状态。如果对此时的自己和将来的自己定位不明确，都将影响四年的大学生涯规划，从而造成学习不佳、生活不适的后果。因此，一方面，学生要准确判断自己的学习状况，掌握适应大学的学习方法，对自身的能力水平做出客观分析，以积极进取的精神状态面对大学生活；另一方面，学生要科学合理地确立大学理想，既不能太过遥远而失去可能性，也不能太过现实而缺少挑战性，要结合自身的实际情况在实践中明确可以实现的阶段性目标。只有这样，才能做到现实与理想的有机统一，即在现实的基础上实现阶段性理想，在理想的指引下超越现实。

第二，探明求学原因，少一些盲目。"为什么读大学"是很多大学生入学之后亟须回答的关键一问。有的学生会说"为了一份工作"，有的学生会说"为了继续深造"，还有的学生会说"除了上大学没别的出路"，当然也会有"为了更好的自己""实现人生的跃迁"等答案。这是一道没有标准答案的问题，也恰恰是因为没有一个固定答案而让很多学生陷入苦恼。"是就业还是深造""是得过且过还是激流勇进"，一时间有些学生纠结了、迷惑了，甚至放弃思考了。在我看来，上大学最主要的就是两件事，一是求得真学问；二是练就硬本领。至于就业、深造只是顺水推舟的结果，这些都是为了更好地完善自己、提升自己，使自己变成更优秀的人。正如蔡元培先生就任北大校长时所说的那样，"大学者，研究高深学问者也"①。因此，读大学不是为了去当大官，而是要去做大事，要认真学习理论知识，要刻苦钻研学科精神，要在各自的专业里取得成就，真正做到学以致用。同时，广大青年学子要站在时代发展的潮头，勇作社会主义事业的建设者与接班人，这就要做到砥砺前行，在广袤的中华大地锤炼自我、超越自我，将小我融入大我，将个人理想融入社会理想，以时不我待、只争朝夕的昂扬风貌迎接各种挑战，为成为独当一面的时代青年努力奋斗。

第三，领悟人生追求，少一些浮躁。理想的实现漫长而曲折，一个人的成长道路上必然面临各种艰难险阻。年轻的大学生正处在一个飞速发展的新时代，也同样经受着"快餐文化"的洗礼，似乎一切都要按照快节奏运行，这无形之中增加了他们的浮躁心理，使得不少大学生的人生徒增烦恼、焦虑甚至不满。我们应当冷静判断新的历史时期带来的红利及其背后的潜在隐患，不应人云亦云，更不应盲目地跟从一些人的脚步，而是静下心来认真思考自

---

① 郝瑞庭，白云涛. 中国二十世纪纪事本末：第 1 卷［M］. 济南：山东人民出版社，2000：303.

己的人生目标、价值追求，稳定自己的看法、明确自己的想法、坚守自己的做法。大学生要学会接受"延迟满足"，在当下的"苦"和"甜"面前都能做到冷静应对、从容不迫，而不是以一种"活在当下"的借口去逃避应吃的苦和应弃的甜（外在诱惑）。可以说，领悟人生追求本身就是一个思想境界不断升华的过程，这不是看几本书、上几门课就能实现的，这需要持久的历练、不断的思索才能有所精进。因此，沉心求索是所有大学生必须在大学期间学会的本领。正如当年在大英图书馆潜心研究的马克思那样，他看的是书，但心系的却是整个世界。我们需要有更加伟大的目标，超越自我狭小的天地，然后不管风吹雨打，为之疯狂和战斗。

四、务寻大学知"心"者

我们常说"当局者迷，旁观者清"。当一名大学生尝试解除心中所惑时，容易陷入认知误区，被自己的思维习惯束缚。因此，找到一个懂你、愿意帮助你的人就十分重要了，我们通常将之称为"知心朋友"。辅导员理应成为学生人生道路上的"知心朋友"。如果说辅导员能够准确定位自己的角色，并且主动了解学生的思想困惑，帮助其解忧，那么学生自己又该如何找到知心者呢？学生仅仅期待辅导员的主动帮助显然还不够，自己必须养成主动寻找的意识并且付诸实践。在我看来，两类人值得关注：一是示范引领的前行者；二是志同道合的陪伴者。

一方面，在前行者的示范引领下真正明确人生方向。哪些人可以称为前行者呢？我认为既包括术业专攻的资深专家，也不能忽视"他山之石"的优秀新手。从个人专业发展来看，与资深专家的对话至关重要，他们不仅能够为学生的学习提供指导，在人生成长的关键环节也能给予有效的帮助。我经常鼓励学生在大学期间要多认识正能量的人，其中就包括所在学科的知名教师，要从他们那里学习正确的思维方法，掌握有效的工作方式。决不能把尊师重道当成"畏师惧道"，不仅不主动取经，反而疏远老师，这样就会丧失难得的成长机遇。从个人的全面成长来看，来自优秀新手的"追问"同样具有重要价值。所谓的"优秀新手"即在学科专业之外做出精彩成绩的一类人。这类人也许对学生的专业内容不清楚，但是却懂得其他可迁移的认知观念、学习方法、生活方式。他们往往在当局者迷时可以另辟蹊径，帮助其走出认知误区，摆脱不必要的挣扎和偏执。这样的"优秀新手"既可以是其他学科的卓越者，也可以是辅导员、学长学姐。只要能够帮助学生更全面、更系统地理解心中所思，同时更有效、更科学地化解心中所惑，这样的"他山之石"就是击破学生的思想桎梏、帮助其突围认知困境的"利器"。

另一方面，在与陪伴者的互帮互促中用心度过大学时光。哪些人可以称为陪伴者呢？我认为最佳的陪伴者，即有着同样兴趣爱好、有着共同人生追求的同龄人。他不一定是你的室友（我们要防止"迎合式合群"，具体可以从我的另一篇文章《为了所谓的"合群"，就能选择平庸吗？》中找到答案），你所在班级的同学、你所在学团组织的"战友"都可以成为那个陪伴者。既然是陪伴就要做到持久有效，短暂的出现、匆匆地离开不能称为陪伴。之前在网上看过一个帖子《友谊的小船说翻就翻》，这虽然是在调侃现在大学生生活中的一些趣闻，但也从侧面反映了找到志同道合的朋友并不容易。作为大学生，在入学初期就应该多多开展社交，这不是让大家尽快找到朋友，相反，是尽快排除不必要的交际。我做辅导员期间和一些学生说过："在大学也要厘清与不同人之间的关系，有些是同学关系，有些是舍友关系，有些是'战友'关系，绝不能混淆，否则可能会造成关系错位，招致不必要的麻烦。"当然，我这里所说的"志同道合"主要指的是对于自身成长发展有着同样的执着信念，愿意为之努力。志同道合意味着并肩作战，在遭遇困境和挑战时可以共同应对、互帮互促，在出现思想困惑和人生难题时可以相互慰藉、努力解决。作为辅导员要鼓励学生在大学四年找到这样的挚友，一同奋进，向着人生的新高度攀登。

以上，是我围绕"困惑"二字尝试的一种趣解。每个人关于这个问题的思考并不一定相同，甚至会产生一些争论，这没有关系，只要我们方向一致、目标明确，即使道路不同，终究殊途同归。人生成长的道路挫折不断、挑战常有，我们需要做的就是保持一颗进取之心、奋斗之心，一切问题终将迎刃而解。当然，真要到自己扛不住的时候，与你的人生挚友、导师认真聊一次，听听他们的建议，说不定就会在一番"说文解字"中找到想要的答案。

该吃的"教训"真不能少

学期结束后，几位平时没有多少"交集"的教学班的学生突然给我打电话，向我咨询期末考试的成绩，对于我给出的分数提出了质疑。为了防止出现教学失误，我认真、仔细地核查了上述学生的试卷，结果发现成绩判定无误，甚至个别学生还酌情增加了几分。尽管如此，这几位学生的总评成绩依旧未能及格（这估计是他们找我咨询的主要原因）。我认可学生对于自己考试成绩的质疑，毕竟确实出现过个别教师因工作失误导致错改试卷的情况，但倘若质疑背后隐藏的仅仅是学生希望老师"高抬贵手"，不在乎答题质量，只要求"过"，那么这种质疑反而成了不合理、不合规的做法。在我看来，既然这种现象存在，那么学生就要为自己的"失职"买单，这个教训必须老老实实地吃掉。

一、正视"教训"：成长垫脚石

我们常说，"吃一堑，长一智"，这里的"堑"指的就是教训。但是教训必须与"吃"结合在一起，才能成为教训。也就是说，教训是切身体会之后的所得，没有认真地反思，教训不能称为教训，顶多只能称为失败的经历、感受，是没有真正价值的"空壳"。学生时代，我们所要面临的成长烦恼并不少，其中就包括诸如考试"挂科"、比赛失利、竞选失败等令人沮丧、烦扰的经历。当面对这些所谓的"失败"时，你是正视它们，还是轻视它们，或是漠视它们，将决定你获得的是垫脚石还是绊脚石。

以考试"挂科"为例，一些学生无法接受"挂科"，主要是基于以下原因：

第一，任务思维。在他们看来考试就是一个任务，一次完成就好。"重考"或者"重修"意味着增加额外负担，会让他们觉得耽误时间、耗费精力。

第二，面子思维。考试不及格很丢自己的面子，不想给别人留下一种自己"不学无术"的感觉。只要成绩过了，别人就不会注意自己了。

第三，差距思维。一些学生并不是没有认真学习，相反，他们在考前投入了相当长的时间，但是考试结果与他们的"投入"不成正比，这让他们无法接受（实际上，学习的效果不能仅仅以时间多少来衡量，如果方法不对，方向不对，最终也只是南辕北辙、徒劳无功）。

很显然，面对自己的"挂科"，这三种想法其实都有问题。考试是检验学习成效的重要方式，是进一步查缺补漏的关键一步，无论是完成任务还是维护面子都是对考试本身的错误理解。至于投入大量时间但结果甚微，学生更应该认真反省，到底是方法问题，还是方向问题，总之要尽快走出负面情绪，而不是寄希望于任课教师的"怜香惜玉"。实际上，我对学生的大胆质疑是欢迎的，这可以随时提醒教师要认真备课和授课、仔细批改试卷。尤其在课堂上，学生面对教学内容提出自己的观点，甚至产生不一样的想法，这些都在充分说明学生在思考、在学习，是值得鼓励与表扬的。但若是学生仅仅纠结于考试分数，质疑教师的批改，甚至在核实无误后仍抱有教师高抬贵手的念头，这种行为就背离了"质疑"的本意。

通过考试、比赛暴露自身的缺点与不足，并不是什么坏事，反而它可以帮助学生在最短的时间里看到差距。作为教师若想让学生真正满意和认可，靠的绝不仅仅是分数，用一个"及格"换来的只是我们自己"大事化小、小事化了"的回避心态，却无法真正帮助学生认清自己的不足，无法体现教师应有的责任与担当。可见，学生该吃的教训不能少，我们的目的是将其变成学生成长的财富。这种认知上的升级和行动上的转变，需要辅导员、任课教师的正确引导。

二、吸取"教训"：师生齐用力

若想真正吸取教训，学生和教师都应该发挥应有的作用。其中既有认知上的改变，也有行为上的调整。

从学生来看，至少应当做到以下三点。

第一，认真向内寻求原因，而不是一味向外乱找借口。我们的一些学生习惯将外因看成失败、失误、失利的"罪魁祸首"，认为目前的状况不应该归咎于自己，而主要是源自外部环境或者他人。这些学生自我反省意识淡薄，久而久之就会漠视甚至无视自己可能存在的劣势，继而失去有效调整和完善自我的机会。因此，真正吸取教训就意味着学生本人首先要改变这种凡事找借口的逃避心理，从一开始就应当"从己出发"，问问自己在哪些环节出了状况，是不是自己忽视了什么细节，日常复习是不是方法存在问题等，养成自我反省的习惯。当然，这并不是说不需要考虑外部因素造成的影响，只是不能单纯地将外因当成唯一考虑的因素。作为一名大学生，我们应该学会理性看待自身的不足和外部环境的变化，做到实事求是，一切从实际出发，要朝着有利于自身成长的方向认真思考，积极作为，有效避免自欺欺人的后果。

第二，坦然面对当下问题，而不是无端发泄个人情绪。问题出现了，我们首先应该明确这是一个"真问题"还是一个"假问题"。如果是"真问题"那就要冷静分析，查明问题的原因，积极寻求对策；如果是"假问题"，更要坦然接受结果，总结经验、吸取教训。例如，我们的一些学生在参与比赛没有获得相应名次后，不但未能认真思考，主动求解，反而一股脑地发泄情绪，有的学生感到委屈，有的学生愤愤不平。一时的情绪波动可以理解，但如果一味发泄情绪，不认真反思，甚至在情绪不稳的状态下与主办方"讨价还价"，以所谓的"公平性"质疑活动本身，那就丧失参与活动的真正意义了。所谓"得之淡然，失之坦然"，养成这种气度，本身就是一个人成熟的重要标志之一。相反，情绪化的行为只会让人对你产生"不懂事""瞎胡闹""有问题"的负面印象。即使真的是活动出了问题，真的是试卷评判有误，也应该在心平气和的状态下有理有据地提出自己的观点，给出可行的建议，然后协助主办方或者教师开展核实和检查工作，这样才有利于问题的解决，并且体现出一名大学生谦虚谨慎、客观公正的品质。

第三，积极提出有效对策，而不是冷眼干当"甩手掌柜"。吸取教训不仅仅是接受一个结果，更应该做到想办法解决问题；解决问题也不等于单纯否定已有结果，而是要实事求是地提出合理有效的对策。我记得自己刚参加工作时，对于问题总是比较敏感，只要感觉工作中存在疏漏就会向领导提出。有一次，领导在我提出问题后，突然问我："你提出问题，那你的解决办法是什么呢？"那一刻，我突然意识到自己工作中的一个短板，那就是"没有解决问题的意识和进一步分担责任的觉悟"。所以，自那之后，只要是我感觉工作存在问题，总会追问一句"如果是我来处理，应该怎么办呢"？随后就会带着建议和对策向领导汇报。当然，也存在另外一种情况，那就是我们的一些学生在面对问题时，想到了一些所谓的解决办法，但这些办法都有一个明显的通病，就是在不分析问题的前提下主观地提出的一种"利己"对策，缺乏起码的公平性和客观性。因此，学生在面对问题时应该主动寻求解决办法，但同时必须建立在认真思考、客观分析的基础之上，只有这样，提出的对策才具有可行性和针对性，才能有利于问题的解决，否则只会变成"一厢情愿"的独角戏。

从教师来看，同样需要在以下三点上下功夫。

第一，面对质疑有定力，切忌迎合。学生对于课程、活动、竞赛的质疑无可厚非，这是他们的权利。但作为教师，面对诸多质疑，保持何种态度将决定事情的走向。一方面，我们鼓励学生养成批判性思维，能够冷静分析原因，判断对错，做出合理选择，提出有效建议，这是妥善解决问题的正确做法。另一方面，我们反对"多一事不如少一事"的回避心态，也就是以一种所谓维稳的目的从事"唯"稳的工作，只要学生不哭不闹不"写信"，就尽量满足学生的要求，一切以平息争端为根本。实际上，教师在履职的过程中应该保持应有的原则，倘若因为一个学生哭诉求情、据"理"力争、软磨硬泡，就松懈下来，为他"行方便"，那么当其他学生提出类似理由时，我们就无法保持公平、公正，久而久之在大多数学生的心里，教师就会失去应有的威信。教师言行举止没有了说服力，教书育人就会成为学生口中的"笑话"。因此，无论学生提出何种理由，作为教师都应当一碗水端平，在合情合理的前提下，就事论事、公平处理，以师者示范赢得学生的尊重和理解。

第二，循序渐进有方法，正向引导。当学生对结果不满意时，情绪的发泄只是一方面，关键是能否厘清头绪、认清现状、明晰原因、吸取教训。此时，教师有针对性地引导与激励就必不可少了。引导既不是一味地说教，也不是单纯地以理服人，而是要循序渐进地晓之以理、动之以情，是情理交融的育人过程。我在与一些学生交流的过程中发现，他们来找教师只是发泄情绪。此时，教师首先应该理解和包容学生的这种行为，给予学生足够的空间和时间，其在冷静下来之后反而能够意识到问题的症结，自己就能妥善处理问题。当然，也有一些学生的确不满意现实状况，希望教师予以解答。此时，教师不能以个人的权威去压制学生，逼迫学生信服，这会进一步拉大师生间的距离，让沟通更加艰难，而是应当循循善诱，帮助学生冷静思考，找到问题的核心。在这个过程中，教师既不是主宰者，也不是旁观者，而是重要的主导者，是引导学生正确反思、发挥主体作用、主动吸取教训的引路人。在照顾学生情绪的同时，教师要帮助学生扭转错误的认知，把一时的挫折和失利转变成进一步突破与成长的经验，走出当下思想困局和情绪牢笼，继而在正确的学习和生活轨道上稳步前进。

第三，跟踪沟通有保障，强化效果。有时候，问题的解决并不是一蹴而就的。我们也许可以在第一时间让学生接受结果，但并不表示学生就会信服、认同，一些学生甚至是"口服心不服"。因此，若想做到让学生"口服心服"，教师私下的跟踪帮扶和有效沟通就显得尤为重要。在从事思政课的这些年里，我充分发挥了自己担任辅导员的工作优势，能够长期与学生进行沟通。对于在学习、工作、生活中有困惑、有问题、有情绪的学生能定期与其谈话，在确保困惑消除、问题解决、情绪扭转的同时，帮助学生提高认识、辨明是非、提升能力。实际上，今天我们提出课程思政，很重要的一个方面就是希望任课教师能更好地发挥育人功效，能够更多地了解学生的思想状况，明确学生对于课程的喜好程度，妥善处理课程教学中的师生关系，让学生在学习之余能保持与教师的联系，做到多提问、勤交流。教师不要将学生当成听课的容器，学生也不要将教师当成授课的工具。建立良好的课下关系，才有利于保证教学性与教育性的有机统一。正如学生对于一场考试的结果提出质疑，教师要做的不仅仅是回应学生的质疑，更是持续地帮助学生明白学习的价值和做人的道理。

三、减少"教训"：人生新高度

我们常说，"失败是成功之母"。这不是表明失败能够带来成功，而是说吸取失败带给我们的教训，避免再次出现同样或类似的错误，我们才能接近成功。人生之路上，挫折和挑战不可避免，跌倒了爬起来是司空见惯之事。没有人能够预测未来还会遇到多少困难，但至少可以在一次次的跌倒与爬起中摸索出一条不断成长的道路，吸取教训就是为了延长、拓宽这条成长之路，让教训转变为前行的指路牌和领航灯。

当然，相对于"失败是成功之母"，还有"下不为例"这一说法。这就是告诉我们，事物的发展是量变到质变的过程，教训吸取到一定程度，就应该调整思路，认真考虑如何避免失误再次发生，减少教训，而不是一味地吸取教训。在我看来，减少教训，既包括减少浅层显性教训的发生，也包括减少深层隐性教训的发生。前者相对容易解决，所谓"吃一堑，长一智"的第一层功能就是防止在同一个问题上翻跟头。例如，学生考研、考公务员做的模拟题、历年真题就是帮助他们将已有问题摸索清楚，不要在同类型题目中出错。但这只是我们对于减少教训的粗浅理解，真正需要我们深思的是如何减少难以察觉的隐性教训。隐性教训是相对于显性（表象）教训而言的，同样以考研举例，一些学生做了很多真题，对各种题型做了认真分析，甚至不遗余力地押题，但仍然遭遇考试"滑铁卢"。考试结束后，他们伤心、悔恨，觉得自己复习不够，觉得押题有误，这些表象教训容易察觉，也会成为干扰学生深刻反思的因子。但只要学生认真思考就应该发现隐藏在这些表面教训之后的深层次教训，例如学习方法、目标定位、路径依赖等方面的问题，这些教训不易察觉，但可能长期存在。学生很容易被眼前的现实问题遮蔽，忙于吸取表象教训，无法发现和化解根本上的思想症结和行为隐患。

可见，一名优秀的大学生不仅要懂得吸取教训，更要善于挖掘隐藏在思想深处的认知不足和行为深处的错误习惯，尽量减少此类教训的发生，让自己从根本上端正思想和矫正行为。这个过程非常辛苦，也非常艰难，因为打破自己的思维定式和行为习惯极其考验人的意志力和忍耐力。正如减肥的方式方法有很多，但根本就是"三分练七分吃"。单纯地总结各种锻炼技巧、调整锻炼方法，而不控制饮食，就无法真正解决肥胖的问题，反而会因为本末倒置，带来不必要的身体隐患甚至损伤。

因此，减少"教训"不仅是行为上的调整，更是思想上的转变。我们所要面对的是人生之路，是成长道路上的荆棘与困苦，千万不要想着蒙混过关，也不要单纯地以为一劳永逸。希望每一位同学都可以抓住每一次吸取教训的契机，多给自己一些深入思考的机会，把真正值得我们反思的内容理解清楚、总结明白，这样人生才能真正迈向新的高度。

总而言之，该吃的教训不能少，获得的营养味道好！

上大学切忌"瞎"忙活

为什么有些人总是事倍功半，有些人却可以事半功倍？原因有很多，其中说得最多的就是学习方法不对，但什么样的方法才是对的呢？能让你成功的方法就是对的方法。那怎样才算是成功呢？每个人对成功的定义又都不一样，这就导致在回答这个问题时，我们无法给出一个明确的答案，或者说在很多方法中我们往往无从选择。就像每年考研结束后，辅导员们会安排一些考研结果不错的学生骨干给即将考研的大三同学"传经送宝"。我不否认这些"经""宝"的价值，但是否能有效传达、是否适合大家就另当别论了。而且很多时候，这些经验和方法聚焦考研技巧和细节，使你在真正运用时无从下手。道理其实很简单，这些方法、经验都是别人的，这其中有属于他们的特殊性，除非你有着和他们一样的境遇，有着一样甚至更大的努力和斗志。否则，你只能成为一个过客，而过客面对的是什么？当然是失利。所以，我认为与其关注成功者的经验，不如多听听失利者的教训。这么做的目的不是让你直接获得成功（失利的反面不是成功），而是要让你摆脱平庸，因为只有脱离了平庸，你才有机会走向成功。我们发现，选择"二战"的考生为什么有一定比例可以成功，不仅仅是因为他们多学了一遍知识，记得比别人多，关键还是他们避免了曾经的错误，走出了"成功的假象"。关于"成功的假象"是什么？大家可以关注本书的另一篇文章《警惕成功的假象》。不过，失利者一般很少将自己的失利当成一种宝贵财富去分享，因此从别人处获取失败的教训往往有一定难度。

因为难以得知别人失利的原因，我们就无法真正摆脱平庸了吗？我们就无法拿掉"过客"的标签了吗？当然不是，有这样想法的人肯定是对学习和思考不上心的人。实际上，我们之所以会犯错误，不是因为我们不知道这么做会犯错误，而是因为即使我们知道会犯错误还是容易陷进去，也就是我们通常所说的明知故犯，为什么会这样呢？原因有很多，其中一个很重要的原因在于失败的代价往往被很多"诱惑"巧妙地包裹起来，它就像"糖衣炮弹""温水煮青蛙"，让很多人流连忘返，并且"舒适"地活着，直到威胁变成现实。

很多时候不是我们发现不了问题，而是自己找各种借口去回避这些问题，为的就是一时的开心快乐，结果只是空悲切。一些学生小时候读书总是讨厌父母夸奖"别人家的孩子"，现在读大学了却抱怨自己的学校不如别人。你要知道，社会是相对公平的，你付出多少终将获得多少。天天喊着自己要努力的人，往往都不努力。所以，不需要去埋怨别人提供给你的经验没啥用，也不用挖空心思去找别人身上的问题，把自己梳理清楚才是最大的"财富"。若想认清自己，必须找到问题症结，这其实是一个很痛苦的过程，因为它不仅仅是揭伤疤这么简单，更是将自己从舒适圈里揪出来，再揭开伪装的面具，找到人性的弱点。卡耐基的《人性的弱点》之所以那么畅销，就在于他让人避无可避，直击人性核心，只能迎难而上，这才是成功的关键所在。

那么作为一名大学生，需要揭开哪些面具、找到哪些弱点呢？说实话，很多，不是一篇文章可以解决的。不过有一个弱点值得先说说，因为它牵涉到一个学生的学习状态、进度和成效。这个问题不解决，大学就无法读好。什么问题呢？用我的话说就是"瞎"忙活。我们一般用这个词时，更多的是形容一个人对于自己做的事表示的一种谦虚态度。例如，别人夸赞你手艺活好，你会说："这都是瞎忙活，没啥了不起的。"这其实是一种自谦的表达，可千万不能理解为啥都不行，否则就要闹笑话。不过，我在这里使用的"瞎"忙活，关键是这个"瞎"字，这可不是表达谦虚的意思，而是为了说明我们不少学生确实存在"盲目"的状态。这里有三层含义：第一，学习不设定目标，只知道乱窜；第二，学习不运用方法，只知道胡闹；第三，学习不注意效果，只知道干忙。这样做的结局只能是徒劳无功，而突破"瞎"忙活的困局，可以从以下三个方面找到对策。

一、摆脱"瞎"忙活的前提：明确属于自己的目标

我们常说"有的放矢"，意思就是做任何事是需要有目标的，没有目标箭就会射偏，学习同样应当做到"有的放矢"。不少大学生进入高校之所以感觉自己失去了高中学习的劲头，原因就在于找不到目标。没有目标牵引，大学生在大学里就会变成"混"日子。不要以为只有不学无术、无所事事才是

"混"日子。如果你尝试努力学习，表现出了积极状态，但没有明确的学习目标，盲目地忙着，同样也是一种"混"，这种看似认真实则漫无目的的行为也只是自我欺骗罢了，并且让人更加痛苦。所以，明确自己的学习目标是每一个进入大学的学生都应该首先回答的问题。关于明确目标的价值就不在这里赘述了，因为但凡一个希望努力上进的人就不会怀疑目标的重要性。所以，问题的核心是明确什么目标、目标该如何明确，这才是一直困扰大家的痛点。

目标因人而异，但在大学期间无非有三点：一是学到知识；二是提升能力；三是增长智慧。这看似简单实则意义深远。首先，学习的知识五花八门，除了专业课知识之外，还有很多其他知识。肯定有学生会问："那么多知识我怎么学？"当然是以提升能力为目标去学知识。"那具体我需要哪些能力？"当然是能改变自己未来的能力，让自己变得更好的能力。说白了，就是可以让自己的优势无限放大，为自己赢得机会的能力。如果你认真思考就会发现，一个人能够站在改变自己、赢得未来的高度去学习知识，这恰恰是一个人智慧的表现。

进一步思考可以得知，我们的目标需要通过找到自己的优势和短板来明确，这是一个人不断成长、摆脱"瞎"忙活的第一个核心要素。有些人说补短板很重要，也有人说增强优势更重要，但是在我看来二者缺一不可。因为，如果一个人只是一味地补短板，那么等你把短板补齐，你可能只是达到了普通人的水平，无法成就更好的自己；如果一个人只是一味地增强优势，那么他自身的缺点可能就会成为让其功亏一篑的漏洞。因此，我们应该在补齐短板的同时，不断发挥自身的优势，既不要出现明显的漏洞，又可以尽己所能展现自己。当然，目标不是"死"的，而是"活"的，它要根据每个人的发展情况针对性调整。例如，我本学期的目标是考取教师资格证，那么拿到教师资格证之后就要考虑如何有机会带班实习，以实践检验自己。这就像拿到驾照不代表自己可以顺利开车一样，这个证只是给了我们合法上路的资格，而不是熟练驾驶的能力。因此，一段时间的实践与反思就成为目标调整的关键一环。

也许有学生会问："'能改变自己未来的能力，让自己变得更好的能力'到底是什么？有没有具体的内容。我的优势和短板是什么，我自己也不清楚。"这就牵涉到方法问题。因为确定目标只是给了我们一个前进的方向，这条路上同样埋伏着很多陷阱，会让你遭遇诸多挫折，你要做的就是用科学的方法跳出陷阱，战胜挫折，赢得胜利。

二、摆脱"瞎"忙活的关键：探明适合自己的方法

为了能够实现目标，我们必须学会运用科学合理的方法。方法因人而异，没有绝对好的方法，只有适合自己的方法，这也是为什么考研成功学生的经验只能借鉴而无法照搬照抄的原因。既然要找到适合自己的方法，就必须做好自我探索。大学里有一门课《大学生职业生涯规划》，首先解决的问题就是自我认知。认清自己不容易，这并不是因为方法难，而是很多人不愿意花时间去认识自己。作为"速食"一代，很多学生对于结果的"速"求意识过于强烈，恨不得马上确立方法，明天就见成效。这就和减肥一样，需要的是过程和时间。每一个人在认识自己的道路上总会遇到很多不可控因素，这些都会让你放慢脚步，甚至逼退你，让你无功而返。因此，自我探索实际上就是为自己确立一个合适的规划，并克服险阻持续不断地按照规划执行。

确立规划意味着找到了第一个方法，但这只是开始，关键是执行规划。因为只有通过执行规划才能最终实现目标，这才是摆脱"瞎"忙活的关键之处。执行规划同样牵涉到很多具体的方法。这里给大家介绍三个我认为十分重要的方法：一是循序渐进法；二是阶段总结法；三是他人评价法。

循序渐进法是指我们在执行规划的过程中，不能贪多求大，不应好高骛远，不可急功近利，而是要做到脚踏实地。这也就是说，规划确立之后不能仅仅停留在大方向上，而是要有具体的细节支撑。实际上，学生往往习惯于自下往上看，但这容易陷入片段式、零碎式的细节当中，从而无法站在更高的层面和更大的格局做好顶层设计。规划就是为了摆脱这方面的问题，让你自上往下审视自己，为此，我们需要逐级明确学习重点和工作重心。例如，在规划中我告诉自己要在大学四年考取研究生，那么对于大一的我需要做什么、大二的我需要做什么、大三的我需要做什么、大四的我需要做什么，就应该有一个相对清晰的判断和认识，而不是大而化之地告诉自己要考研。接下来就是明确每一年的内容，直到明确自己的每一天。（当然，留出一定的调整空间也是必需的，这是为了缓解"计划赶不上变化"带来的影响。）说到这儿，大家应该可以意识到，循序渐进法实际上就是细化目标并且一步一个脚印地持续推进，这是每一个人不可或缺的生活方式。

阶段总结法，顾名思义，就是在经历了大学校园生活的一个阶段之后进行一次总结。这个总结从内容来看可以涉及学习、工作、生活等各个方面，从时间来看建议以学期为单位，这样既不会太长，也不会太短。阶段总结的

目的是为了给自己做一个"复盘"，它更像是自我反思。通过总结不仅仅是为了对过去一段时间的自己做一个梳理，更重要的是找到自身存在的不足与缺点，然后有针对性地进行改正，同时继续发挥自身优势，加速成长。阶段总结建议通过文字的方式进行，它可以是正规的"学年鉴定表"，也可以是个人的年度小结。每次阶段总结要及时和之前的规划进行对比，核实自己的完成情况，好与不好的原因在哪儿，是主观的还是客观的，是短期的还是长期的，是个人可以克服的还是需要他人协助的。总之，越全面越好，不要给自己找任何理由去回避这个过程。如果感觉自己难以全面分析自己，害怕有遗漏，就可以多听听他人的意见。

他人评价法就是听取他人建议、得到全面反馈的方法。我们都听过360度评估反馈（360°Feedback），又称"360度考核法"或"全方位考核法"。实际上，这种方式不仅运用在工作中，在学生的学习生涯同样适用。当一名学生无法对自己执行大学规划的情况做出准确判断时，就可以多听听他人的意见和建议，这些人包括同学、老师（辅导员）、朋友、家人等，每一个人都可以从不同的维度给予学生不同的意见。这里需要注意两点，一是每个人的评价都只是意见，不能以此来决定你的生涯；二是学会辨别哪些话有利于自己，哪些话不利于自己。例如，同学之间的抱怨，对于学习的丧气话就要屏蔽。而老师，尤其是辅导员给予你的人生发展建议更具有可参考的价值。我经常和同学们说，要找到"榜样"。什么是榜样？就是那些能够启发你、引领你前行的人，你要学会成为他们的朋友，他可以是同龄人，但更多的是比你年长的人，他们对你的帮助会更大。

实际上，无论选择哪种方法，都不能脱离实际。我们需要掌握的是方法如何运用，而不仅仅是知道方法而已。这就需要我们随时对方法的运用情况进行反馈，使用得好，还是使用得不好？这牵涉到成效。也就是说，我的大学过得到底好不好是需要成绩加以验证的。"实践是检验真理的唯一标准"，[①]大学生涯规划执行的好与坏同样需要在实际的学习、工作成效中分析判断。

三、摆脱"瞎"忙活的保障：实现提升自己的效果

学习绝对不是干学，我们身边有一些学生成天"泡"在图书馆或者自习室，但是却没有什么成效，最重要的原因之一就是他们只是为了将生活空间

---

① 邓小平文选：第3卷［M］．北京：人民出版社，1993：28.

填满，以所谓的"充实感"遮蔽内心的空虚感。实际上，没有任何效果的学习是毫无价值的，这只会让学生越来越没有学习的自信心，丧失继续努力下去的意志。我们有时也会听到一些学生在谈及大学生活时表明自己"很忙，但也很茫，不知道读大学到底是为什么。虽然每天都很忙碌，可以让自己暂时摆脱焦虑感，但是忙完之后还是会感到空虚、紧张，甚至较之前的负面情绪更加严重"。所以，及时反思很重要，但仅仅只有反思而没有反思之后的进步也是不行的。我们只有付出对的努力才能获取好的结果。

那么什么样的效果是我们追求的呢？用我的话说就是能够提升自己。如前所述，大学生涯规划阶段要明确自己的优势与短板，优势发挥得越明显，短板补得越完善，个人综合素养的提升就越高效。

这里需要强调两个关键点：一是效果虽然是处于量变的过程中，但必要的阶段性质变还是不能或缺的。哪些阶段呢？从宏观层面来说，就是每个人的成长关键期，比如高考要有效果、考研要有效果、就业要有效果，这都是每个人的关键时期；从中观层面来说，就是每一年的关键节点，比如期末考试的成绩、学生会工作一年的成效等；从微观层面来说，就是每一天的学习、工作、生活给我带来了什么变化，这些变化虽然不是很明显，但是对个人的成长至关重要，比如完成一份英语试卷的复习，看完了一本书等。当然，我们在评价效果时更加倾向于中观层面，因为这个层面的效果对于个人的影响更加明显，但不至于因跨度时间太长而弱化个人感受。

二是无论好的结果、坏的结果，最终目的都是要从正面影响个人。好的结果大家当然都比较明白，结果越好越能够提升一个人的积极性。例如学习英语有了一定的效果后会进一步促进英语学习。但有时候我们直接面对的结果并不那么令人满意，这种情况之下又应该如何提升自己呢？这实际上牵涉到一个非常重要的问题，即面对结果的态度，或者说思考角度。不可否认，学生们在大学阶段都会经历一些挫折与挑战，甚至一些挫折会成为关键节点的"绊脚石"，例如一些学生求职遭遇拒绝、考研复试结果不理想。一般的学生遇到这种结果只会垂头丧气，甚至自暴自弃，但是面对糟糕的结果我们同样可以从中发现"闪光点"，例如，求职失败从表面来看是失去了机会，但其何尝不是给了自己更多的经验，只要总结得当就可以在下一次面试时赢得机会。我们的一些学生在面对一时的失败时总喜欢往回找理由，比如大学没有好好学、面试时太紧张了等，这种思考的角度是有问题的，因为过去的失利你无法改变，可以改变的只能是当下。所以与其怨天尤人，不如重新来讨·

我曾经在求职时就告诉自己，要把每一个拒绝你的人当成帮助你的人，因为是他们给了你成为更好自己的可能。

最后，我想告诉大家，如果想真正摆脱"瞎"忙活的状态，就必须要持之以恒地运用好上述方法，不要想着一劳永逸，不要以为制定了规划、按部就班就完事了。社会是会改变的，每个人的阶段性计划也应随之调整，只要大的方向不变，适时地做出有利于自己的调整才是正确的思路。同学们，如果你希望自己的大学过得真正充实，而不是如同泡沫般虚幻，就请从现在开始为自己的未来制定一份详尽的规划，不要害怕起点低，也不要害怕起步晚，只要方法对了，持续下去，就能摆脱"瞎"忙活的困局，明明白白地过好未来的每一天。

当新鲜感褪去，我们还剩下什么？

近些年的综艺片可谓是琳琅满目、百花齐放。《爸爸去哪儿》《奔跑吧兄弟》《我是歌手》《时光音乐会》《向往的生活》《花样姐姐》《王牌对王牌》……一大波偶像明星出现在年轻人的视野中，呈现出了前所未有的关注度和收视率。作为辅导员，我或多或少看过一些。不可否认，这些节目的制作效果是非常精良的，娱乐味十足，而且节目中不时地会带有一些正面价值观方面的引导，比如提倡合作精神的《奔跑吧兄弟》、注重家庭文化的《爸爸去哪儿》等。这些节目的一个显著特征就是以"季"为单位播出，在赚足"眼球"的同时，也收获了不少"粉丝"。不过，随着"一季"又"一季"节目的不断开播，人们的关注度却有所降低，似乎没有了刚播出时的热情，原因之一就是节目的套路化以及创新效果的降低，新鲜感逐渐褪去。

综艺节目失去观众自然免不了停播。而当学生在面对丰富多彩的校园生活、五花八门的素质拓展活动、特色各异的专业课程时，会不会也出现新鲜感褪去呢？随着同学们逐渐适应大学生活，不再像初入大学时那么兴奋，不再像应聘学生组织时那么激动，不再像刚走进大学课堂时那么认真，他们又该如何面对自己的学习、工作和生活呢？新鲜感褪去之后难道就没有值得珍视的东西了吗？肯定不是，甚至可以说还有更重要的内容等待大家发现和领悟。我尝试着帮助同学们从大学期间的学习、工作（主要指的是学生在社团或学生会的工作）和生活中找到这些"财富"。

一、大学课堂的新鲜感一旦褪去，剩下的是由"自由"转向"自控"

当新生走进课堂之后，面对全新的授课形式和授课内容，肯定会产生新鲜感，这种新鲜感伴随着大学的陌生感以及猎奇想法一同存在。学生们试图在课堂上探寻不一样的东西，"大学老师会怎么上课""老师有没有课后作业""要不要做试卷""作业是什么样的"……许许多多的疑问会随同课程的展开而一一得到回应。而在大学课堂上最为不同的就是课堂氛围。老师们不再像高中那样"盯"着大家、"催"着大家，以什么样的态度对待学生的学习，更多的是学生自己的事。在课下学生的自主空间会更多，由此带来的就是学生的一种新的思想观念的产生——"自由"。学生开始认为任课老师不再管我了，没有了中学班主任的要求，个人时间越来越多了，我可以做很多我曾经没有做过的事情了。这种开学初的新鲜感伴随着"自由"观念同步呈现。然而随着新鲜感的逐步消失，学生的"自由"观念却不会跟着消失，反而会越发明显。因为随着学生在大学待的时间越长，他们"成熟"的心理就会越来越凸显，会觉得只要辅导员不管着我，我就可以过得很随意。所以，我们会发现经过一段时间的齐头并进之后，学生与学生之间的差距开始逐渐拉大。以差不多的成绩进入同一个班，但经过一个学期的学习就会拉开距离，其中最关键的一个因素就是对于"自由"的理解产生了不同程度的差别。实际上，无论是在学校还是在社会，"自由"都是有限度的"自由"，所谓"无规矩不成方圆"指的就是这个道理。因为没有人盯着我学习了，没有人逼着我考试了，我能够按照自己的想法上课了，我可以不听课，甚至旷课，只要不危及毕业就没什么事。抱有这样的想法，你的大学学习就会出现问题，甚至走向极端。

真正享受大学的学生，绝不会停留在短暂的新鲜感方面。当这种对大学的憧憬随着学习的不断深入而逐渐淡化时，他们并不会转移目标开始去享受所谓的"自由"带给自己的"快感"，而是开始思考自己应该度过怎样的大学四年。"没有了老师的约束，学生就应该选择自我放松吗？"这种想法和行为肯定不行，相反应该引起高度重视，不能任由这种"轻松"甚至"放纵"的思想作祟。大学课堂上的"自由"背后恰恰是"自控"。要学会提升自己的专注度，增强自己的学习力，这些都需要学生们具有强大的"自我控制能力"，要能够主动让"心"走进课堂。现在不少高校为了把学生的注意力拉回到课堂上，采用了一些比较新颖的管理模式，比如"手机入袋""在线点名"，甚至有老师利用上课期间发"红包"来观察有多少学生在玩手机，起到了一定的管控效果。但是一个好习惯的养成是全方位的，光靠课堂上的这些做法还不足以让学生改掉坏习惯和养成认真听讲的好习惯。这需要学校做出全方位的改革与调整，例如教师要提升课程的质量，让学生由低头到抬头再到点头；辅导员要加强学生的日常思想政治教育；学生社团通过举办素质拓展活动强化学生的自控力；等等。这样做的目的都是为了矫正学生的错误认知，把他们从"自由国度"拉回到"现实世界"，做有规矩的好学生。

二、学生工作的新鲜感一旦褪去，剩下的是由"权力"转向"责任"

除了需要在第一课堂刻苦学习，不少学生也会以学生干部的身份穿梭在校园内外。各种各样的校园活动让年轻的学生们应接不暇，尤其是一年一度的社团招新现场更是人头攒动。不少大学新生希望加入这些高中时代不曾参与的学生组织，以一个部员的身份开始一段学生工作旅程。当然，随着逐渐熟悉学生会或者社团的工作内容，一些学生会逐渐陷入流程化的工作状态，开会成为常态，组织活动成为一个个流程，一些学生在得到一定程度的锻炼后选择离开。我在《做学生干部切不可"点到为止"》这篇文章中谈了很多，大意就是希望同学们不要局限于一时的新鲜感，而是要突破工作瓶颈，再上一层楼。

当然在担任学生班干部的过程中，我们也发现了一些不好的现象。之前网上曝光了某高校学生会"官本位"现象严重，引起了社会热议。学生之间的互帮互助变成了我说你做的上下级关系，个别学生拿着手中的"权力"去要求甚至命令其他学生，这本身已经脱离了教育的本来要求。所以，当学生在学生会、社团工作，或者已经离开，一定不能忽视对于他们"责任"意识的培养，作为学生更应该时刻将"责任"放在首位，而不是"权力至上"。作为学生干部我们要做的就是以一种服务者的态度帮助身边的学生，以同学朋友的姿态而不是以领导管理者的姿态对待大家。我认为，若想养成这种意识至少需要做到三点：第一，始终记住奉献大于索取。在要求他人之前先做好自己。作为学生干部有时候会对其他同学的工作感到不满，会不自觉地产生抱怨或者批评的情绪，此时我们应该冷静对待，放低姿态，站在关心对方的角度慢慢说、仔细说、认真说，以解决问题为目的，而不是以发泄情绪为目的。第二，克服个人主义，始终将个人荣誉放在后面，把应尽义务放在前面。我们有些学生党员，当组织提出要求时总是把自己摆在和普通同学一样的层次，别人不做的我也不做，当组织给予奖励时，又不愿意放手，别人有的我也要有，这不是一名党员应该有的觉悟。第三，助人者自助，帮助他人就是帮助自己。有些学生干部多做一点事，总觉得是吃亏，是耽误时间，但这何尝不是一次难得的历练机会呢？辅导员、团委书记让你负责这件事，既是对你能力的肯定，也是对你的栽培，作为学生应该抓住这样的好机遇，多做一些、多学一些，将老师交付的工作承担下来，即使需要付出额外的时间，也应将之当作最好的成长机遇。

三、校园生活的新鲜感一旦褪去，剩下的是由"享受"转向"承受"

我这里谈的校园生活主要指的是课堂和工作之外的其他部分。新生面对丰富多彩的大学生活既感到陌生，也感到兴奋，一切都是未知的，但一切又都是充满期待的。所以我们会发现他们开始活跃在大大小小的活动现场，参加各种社团招新，组织各种交流会，开始认识新的同学和老师，尤其是没有任何住宿经验的同学，他们三五成群地走在一起，天南海北地讨论着自己的过去、现在和将来。相对于高中时的班级，现在的寝室多了一份"家"的味道。

但是，我们也会发现随着在大学生活的时间越来越长，大家对于校园生活开始变得见怪不怪，属于自己的生活空间开始挤占集体空间。以前寝室集体出动的情景慢慢缩减成各自的小圈子，原本没有隔阂的宿舍也开始出现一个个"帐篷"，似乎这里才是我的"家"，在"帐篷"里我才有安全感。而与此同时，同学之间因为不同的生活习惯和性格爱好而带来的差异和矛盾也在不断增加，直至影响彼此之间的宿舍关系，"友谊的小船说翻就翻"已经成为不少学生调侃又不得不面对的现实。相信很多辅导员在工作中都遇到过宿舍问题的处理，有时候由于宿舍矛盾已经到了不可调和的阶段，我们的工作方式就显得很被动、很无奈。同学们在享受大学校园带给自己快乐和自由之外，是不是也应该意识到这里不是独属于我的私人空间，大学是一个"小社会"，宿舍是这个小社会的一个单元，在这里我们除了享受之外，还要学会"承受"。承受的也许是挫折、挑战、困苦，你需要用自己的身体和灵魂毫无保留地接纳它们，将其变成你前行的动力。它也许不会让你感到舒适，但是绝对会让你学会思考；它也许不会让你感到愉悦，但是绝对会让你学会成长。生命中终究有些时候是需要你自己走下去的，就像在面对各种挫折挑战时，只有自己才能解救自己，任何人都只是你的助力，而不是决定你未来的原动力，否则人就会变得难以自立，就会形成"拐棍依赖"的心理。

我希望所有的学生们都可以将大学过得精彩，精彩的人生不仅仅是"经历"过那么简单，必然是在饱尝酸甜苦辣之后升格为"阅历"。这是成熟人应有的心态，是理性者的思想。我身边不乏这样的一些学生，他们在成绩面前不沾沾自喜，反而非常低调；在困难面前不轻言放弃，始终迎难而上。他们定义的青春不仅仅是鲜花和掌声，也有泪水和汗水。他们不仅仅满足于已经得到的荣誉，更期待挑战下一个难关。我想他们的生活尽管会比较累，但快乐却未曾离开。也许他们已经习惯了大学生活，但是他们更能享受未来的精彩。

同学们，其实新鲜感没有那么简单，我们理解的新鲜感不能停留在一时一刻，而是应该打开眼界、拓展思路，将人生道路上的精彩全部纳入进来。每当迎接一段新的人生、开启一段新的旅程时，我们所经历的都应给我们带来持续的新鲜感。此时，所有的"自控""责任"和"承受"将是你保有新鲜感的重要因素。一时新鲜感的流逝不可怕，只要你始终保持一颗上进之心，人生终将拥有更好的开始和更为精彩的旅程。

你真的做出选择了吗？

2020 年，考研推免的事情着实让我这个已经带过一届学生的"老司机"再次辛苦一回，一系列烦琐但必要的工作陆续展开。好不容易完成了大名单的确认，推荐人选和候补人选也基本尘埃落定，但小罗同学的"选择困惑"却引发了我的思考。

小罗同学通过自己的努力最终赢得了推免的资格，本该高兴的她，这两天却十分焦虑，原因是她不知道该选择什么学校和专业了。按理说，她的第一志愿是北京师范大学心理学专业，那就应该义无反顾地为此认真准备，但是暑期夏令营的失利，让她对推免产生了困惑，她开始考虑其他的高校。于是她询问了多位专业老师，希望从他们那里获得相应的帮助和可行的建议。然而结果并不理想，她不但没有理清头绪、澄清困惑，反而更加纠结。与她进行了一番交谈后，我得出的结论是："你真的做出选择了吗？没有！"

小罗同学似乎不太明白，因此我说出了自己的理解。

首先，不能把所有的建议都当作关键性的因素。

其实在整个选择学校和专业的过程中，小罗同学有若干个选择阶段，而影响这些选择阶段的核心因素是专业教师。每一个专业教师的建议对于小罗同学来说都成为她做出决定的关键因素，问题是这些建议之间是统一的还是不统一的，很显然，我们的主人公并没有得到统一的建议，而她又太过于重视这些建议，因此她形成了一个又一个不同的认识以及有了模棱两可的决定。总之，老师们的意见不但没能往一处使力，反而四处分散没有中心。我在这里并不是说老师们的建议有问题或者有过错，"建议"之所以是"建议"，主要是因为那是老师根据自己的理解、综合各方因素所做出的主观判断，他们的立意是好的，甚至站在学生的角度在考虑利益最大化，但却不可避免地带有倾向性，而这种倾向性会在不同人那里呈现出不同的特点，甚至会左右一个人的选择。因此，建议固然重要，但若是自己没有倾向性地选择，那么建议不但不是建议，反而是负担。所以，专业教师在提出建议时总会说："在我看来……仅供参考""我的建议是……仅供参考"，同学们往往只看到了建议的内容，而忘记了"仅供参考"几个字，我们的小罗同学就犯了这个错误。

其次，选择必须有一个自己的评价标准。

我们去超市买牛奶，如果在出发之前没有定好标准，例如品牌、价格。那么超市琳琅满目的标签就会扰乱你的选择。这个产品打价格战、那个品牌牛奶挣营养分……你会变得手忙脚乱、一筹莫展，最后只能硬着头皮选择一个品牌的牛奶，结果回家之后又开始纠结，甚至觉得自己买错了。小罗同学在院校选择问题上同样犯了这样的错误，自己没有相对明确的选择标准，或者说当几个选择摆在自己面前时没有甄别和排序的能力。这些能力在任何一次选择中都具有很重要的意义。职业生涯规划理论中有一个关于"决策平衡单"的工具，它的好处在于可以帮助你在最短时间里做出最"明智"的选择，为什么最"明智"，那是因为它是通过分数来判断结果的，换句话说，用数据说话。把自己每一个选择的干扰因素进行加权，并附以一定的分值，一番测算之后会得到一个结果，总分最高的那一个结果理论上就是最适合自己的选择，通常也应该选择这一个。但如果思来想去还是觉得另一个更好，那就不要放弃，直接做出选择。这种测算的最关键之处是给每一个干扰因素赋加权值，例如我很看重学校的排名，我赋值为5，我不看重地理位置所以赋值为1。对于所有干扰因素的赋值必须由自己做出决定，这个不能让别人给自己判断，否则所有的选择都不具有立论依据，这就是最核心的标准。我曾经听过一句富有诗意的话："当你不知道该去往何处时，就回到梦开始的地方。"听从本心有时候比任何他人的建议都更为重要。

最后，需要掌握一定的选择方法。

上面的"决策平衡单"是一种很实用也比较科学的评判工具。除此之外，还有一些方法可以借鉴。第一，当你面对多人给予的建议而无所适从时，不妨好好考虑一下每一个人给出这些建议的出发点以及他考虑的主要因素是什么，看一看这些人考虑的因素之间是否具有共同点，如果有共同点，都是什么，这些共同点是不是符合自己的需求。如果符合，果断记住；如果不符合，果断删掉。当一个老师的建议所包含的因素大部分被你认可，他的建议就可以保留，反之放弃。第二，认真了解一下自己的选择之间是否具有相同的因素。例如，我们这个事件中的小罗同学其实之前已经有了自己的倾向性选择，但是她并没有对自己的这几个选择做过认真分析，尤其是不同的学校专业间是怎样的内在联系、专业是否雷同、平台是否够硬、课程是否对口。第三，看一看自己的选择是否有可以提前尝试或体验的机会。比如，我建议小罗同学不妨去旁听一次课程，不要去刻意地寻找讲座，而是选择一堂与专业对口的普通课程，如果可以吸引自己，就要把该校考虑进来，否则可以暂缓选择这所学校。综合以上因素，再结合"决策平衡单"的方法应当可以得出一个相对合适的结果，然后要做的就是心无旁骛地认真落实了。

当然，我给出的建议同样只是建议，并不是帮助大家做出决定，和我之前说的一样，"仅供参考"。但是只要有了坚定的信念和科学的方法，你的选择将服从你的内心，你也能得到问心无愧的答案。

简历＝"简"＋"历"

2020 年由于新冠肺炎疫情，再创新高的待就业人群让不少即将毕业的"准社会人"感到压力巨大。我"憋"在家里除了每日安全问候，就是招聘信息推送。一时间线下冷清、线上热闹。但雷声大、雨点小的就业率又让我在"手忙脚乱"之余，感受到丝丝"寒意"，就业的"暖春"何时才能来呢？坐以待毙肯定是不行的，只能主动出击。于是我开启了作为辅导员最擅长的"软磨硬泡"，"一对一"线上指导成了我三月份以来的"常规核武器"。好在大伙都能接受，也愿意和我谈谈近况。这让我感觉到自己又像老师一样有了用武之地，而不是每天等着催缴"就业债"的"包租公"。不过，不谈不要紧，一谈更着急。不少同学似乎对于求职简历（以下简称"简历"）还处于"零经验"状态。尽管同学们大都制作了简历（有一小撮学生甚至简历还没有制作），但是与真正的好简历还有着不小的差距。于是，我每天专门抽出 1 个小时的时间和同学们探讨简历制作的相关事宜，并直接指导他们的简历修改。半个月下来，我发现大家的简历尽管形式上五花八门，但内容上大同小异，反映的问题也基本一致，尤其是一些认知盲点和误区更值得警惕。所以，我今天专门和大家谈谈简历中那些不得不注意的事。

一、别把简历想错了

参加的招聘会多了，看到的简历多了，与毕业生的交流多了，我意识到不少同学把简历想简单了，或者说他们还有不少认知误区。这导致大家从一开始就跑偏了，花力气完成的一份简历在 HR 眼里可能漏洞百出。

（一）本末倒置："简历就是一张纸"

现在很多网站包括 HR 都会告诉你，简历不要超过一张纸。那为什么不能超过一张纸呢？我们想到更多的是"因为用人单位时间有限"。我自己也做过面试官，也和一些 HR 交流过，其实一张纸不仅仅是因为时间问题，更重要的是一张纸足以留下你的"精彩"。可问题的关键在于，我们不少毕业生只关注"末"——怎样将简历压缩成一张纸，而忽视了"本"——怎样留下自己的"精彩"。因此制作的简历除了一些条条框框，啥也没有。实际上，简历都是由多到少，逐渐"减"出来的，是从自己大量的学习、实践、教育经历中挖掘出最重要的信息。可能有的同学会说"老师我没有那么多内容可以写"，我却要反问一句"大学四年所经历的一切真的无法填满一张纸吗"？说到底，还是你自己不会总结罢了。

（二）错失良机："简历随时可以做"

不少大学生到了毕业前最后几个月才开始动手制作简历，甚至明天找工作，今天做简历。这些学生普遍认为简历并不烦琐，随时随地都可以完成。殊不知一份高质量的简历除了"这张纸"之外，还涉及大学四年的学习、工作、生活等方方面面。如果没有抽出足够的时间认真打磨，得到的就只是一张没有什么价值的"废纸"。一些毕业生找工作的时候一投简历就石沉大海，他们自以为"怀才不遇"，实则是没有好好准备。一份好的简历绝不是一两天"赶"出来的，而是大学四年"走"出来的。我们在毕业前要做的只是最后的系统梳理和归纳整合。细心的同学会发现，每一年我们撰写"学年鉴定表"就是为简历添砖加瓦的绝佳时机。遗憾的是，一些同学只将它当作一个任务，草草了事。等到他们毕业前再挖空心思完善简历的时候，很多优秀的过往已经回忆不清了。

（三）投机取巧："简历有的是模板"

现在只要打开"百度"搜一搜"简历制作"，就会有大量的模板出现。其中不乏一些制作精美的模板。看到这些模板，不少毕业生如获至宝，将自己的"简历"随意嫁接，稍做调整，就以为"OK"了。殊不知，模板只是用来参考的，尽管框架较为完整，但仍有不少漏洞，尤其是与学生的个人信息不匹配，甚至与用人单位的需求不相符。一些同学习惯于将自己的实际情况往模板上填，却不知有一些必要的删减项。例如：我看过的很多模板都有"性别""籍贯""年龄"这些内容，但这些信息一般不需要出现在一份简历上。这就直接导致不少用人单位拿到毕业生的简历时，扫一眼就知道你是认真制作了个人简历，还是套用了模板，而这一个小小的改变就可以成为用人单位判断毕业生求职态度的重要参考点。所以，不要以为模板精美就可以了，不善于使用模板，同样会被"PASS"掉。

（四）包打天下："简历一份就够了"

我们常说的"人职匹配"理应体现在简历之中。这意味着当同学们应聘不同的单位和岗位时，就应该准备具有针对性的简历。例如，考虑从事教学岗位，就应该着重强调教学经历；考虑从事管理岗位，就应该着重强调管理经验。通过对大学经历有针对性地选择和完善，就能够制作出基本匹配用人单位的简历。只是不少毕业生未能意识到这一点，他们总是先根据自己的理解做好简历，然后根据自己主观喜好把简历投递出去，而不是根据岗位需求调整简历。这直接导致不少毕业生的简历与求职岗位间匹配度不高，甚至不符合对方的需求，直接丧失了笔试或面试的机会。当然，这不是让大家造假、随意篡改简历内容，而是在保证内容真实性的基础上，尽可能地挖掘自身的优势，做到人职匹配。这也就意味着，如果自己应聘某一岗位时并没有体现出什么优势，或者说没有相应的经验，那么在同等条件下被用人单位淘汰的概率就会增加。

二、简历的"好"值得拥有

我们既然要尽可能规避这些认识误区，就需要清晰把握"简历"的"好"。只有充分意识到一份简历的真正价值，同学们才会下功夫打磨简历。

（一）优势的象征

简历理应成为一个大学生走向职场的优势象征。一份优秀的简历能展示一个人的优势，尤其是胜任职场的优势。只有将你的优势充分展现出来，一份简历才可能脱颖而出，被 HR 看重。如果一名毕业生在简历中谈论更多的是自己大学期间的奖学金和课程学习，那这只能证明你的学业成绩较为优异，学习能力不错，却无法证明自己的其他素质，尤其是工作能力方面也很优秀。这部分内容需要学生以志愿服务、家教、实习等内容来呈现。因此，简历不仅仅是告诉用人单位我在大学里学过什么、做过什么，更要将自己的优势充分表达出来，即告诉对方做成了什么，尤其在学习之外还有哪些成绩，这些往往具有关键性作用。

（二）职业的敲门砖

若想赢得一份工作，简历起着至关重要的作用。一份好的简历不仅需要体现自己的优势，更为重要的是可以让用人单位看到一名毕业生的"才华"，尤其是胜任一份工作的综合能力。你的好只有得到用人单位的认可，并且成为用人单位需要的"好"，才是符合职业的"好"。当我们的毕业生们将自己制作的简历投递给用人单位时，就是在试图敲响属于自己的职业大门。这份简历越是精良、越是匹配，你敲门的声音就越是响亮，你被用人单位请进大门的机会就会越大。

（三）大学四年的成长

如前所述，一份好的简历绝对不是短短几天就可以完成的。从根本上来说，它是一名学生在大学四年磨砺出来的。你所要展现的恰恰是自己四年的成长。你要让用人单位充分感受到，经过大学四年的学习、工作与生活，你已经成长为一名优秀的毕业生，并基本具备了立足社会、胜任职场的能力与素质。有些同学说自己的简历不知道怎么写，似乎没什么可以写，这有可能是自己的撰写技巧问题，但根本原因可能还是自己没有好好度过大学四年，没有让自己的大学充实起来、活跃起来，没有一个为之奋斗的目标和方向。因此，只有见证了四年成长的简历才是真正属于自己的简历，才是值得挖掘的简历，才是让你底气十足的简历。

三、好简历优先在"简"

明白了简历的价值，就要用心制作一份简历。常规简历毕竟需要通过一张"纸"来呈现，因此必要的形式和内容规范仍然必不可少，我主要从两个方面加以分析。

（一）形式简约有章法

既然是简历，形式"简"是第一位的，但简历"简约"不"简单"。一方面要做到分门别类。例如，如果是寻求一份教师工作，简历中至少应该包含个人基本信息、教育经历、教学经历、实践经历等。每一部分又具有独立的内容，缺一不可。另一方面要做到条分缕析。以实践经历为例，很多毕业生都会在简历中撰写暑期社会实践，一般就是告诉用人单位参加了××团队、负责××事。但是若要在简历中写清楚这段经历，就应该做到逐条丰富、仔细说明，阐述自己在团队中的工作是如何开展的、带来了怎样的变化、取得了怎样的成效。总之一句话，要让用人单位感受到你优秀的协调、组织、管理和实施能力，尤其是这些能力又正好符合用人单位的需要。

（二）内容简练有重点

一份好的简历是需要删减的。那么，哪些内容值得留下来呢？主要取决于以下两点。一是明确自己想要什么。我们不少毕业生在撰写个人简历时面面俱到，生怕别人不知道自己优秀，反而忽略了自己的诉求。这种诉求不仅体现在"求职意向"这一信息填写上，同样应该呈现在整个简历中，你要让用人单位通过你的简历感受到你就是奔着这个岗位来的。二是告诉对方你有什么。你表达了对于职位的渴望还不够，更需要让用人单位意识到你所具备的素质恰恰符合这个职位，你能满足单位的需求，而不是你的一厢情愿。这两方面相辅相成，你要用自己的描述充分展现出人职匹配，将你的个人能力与用人单位的职业需求有效契合，以达到"非你莫属"的效果。

四、好简历关键在"历"

如果说简历其表在于"简"，是为了让用人单位发现你，那么简历其内就在于"历"，是为了让用人单位聘用你。可以说，一份好的简历正是你的一段经历、阅历和展现的资历，这也是一份简历的三个层次。

（一）第一层次：表现经历

大学四年在人生旅程中是短暂的，但是在人生的重要性上是不言而喻的，它是一名大学生走向社会的准备阶段。简历要反映的第一层次就是每一名学生大学四年经历的人与事，这些经历可能是一场活动、一个职务、一次奖学金、一段实习……你要在这些人与事之间，挖掘出最真实、最优秀的自己，并将它在简历中充分地表达出来，最为关键的是要让用人单位从中看到你的成长轨迹。

（二）第二层次：体现阅历

经历多了自然会积累经验，但只有足够优秀的人才能将这些经验真正内化，上升为阅历，最终变成自己的人生智慧，这也恰恰反映了简历的第二个层次。有同学可能会问"简历也能体现阅历"？这是当然的。你制作简历的能力和章法本身就可以上升到阅历的高度，包括你向用人单位介绍自己时的礼节（即使是电子邮件也需要将自我介绍写在正文部分）也同样是阅历的体现。以前，我的电子邮箱里收到过一些学生的简历，既不注明标题信息，也不写明提交来意，就是"简历"二字。我想，如果此时电脑那端是用人单位，估计对方连打开邮件的想法都不会有，因为一个不懂得尊重对方的人，又何须得到对方的尊重呢？这些学生可能不缺少智商，但一定缺乏智慧。

（三）第三层次：展现资历

你能不能得到认同，绝不是一段"自我评价"可以证明的。简历尽管只是一些信息和一段文字，但是这段信息和文字背后却是你实实在在的行动，而证明自己的最好方法就是自己的行动。因此，在没有机会展现自己的情况下，我们必然需要在简历中用曾经的工作、业绩尽可能地证明自己具备拥有这份工作的资格，这正是简历的第三个层次。展现资历并不是夸大其词的卖弄，而是实事求是的自证。如果你没有这份底气，又何谈得到一份满意的工作呢？在招聘简章中，我们经常可以看到"优先"二字，而几乎所有的应聘者都可以提供几点证明自己优先的材料，因此应聘者之间最终比拼的不再是谁"优先"，而是谁"更优先"。如果你没有，那么只能"OUT"。

说到这儿，大家可能发现，这篇短文其实并没有谈论多少技巧。因为在我看来任何技巧都是为事实服务的，如果你没有足够的"才华"，再多的技巧也仅仅是虚有其表罢了。当然，我们也不要害怕，毕竟大学四年，每一个人或多或少都有值得骄傲的地方，我们有时只是不知道如何表达而已，而这恰恰是简历制作技巧的用武之地。不过，对于低年级的同学们来说，越早沿着正确的方向积累，就越能在毕业时做到胸有成竹。到那时也就不必再纠结模板和技巧的问题了。总之一句话，好的简历是用大学四年的点滴成长慢慢书写出来的，它值得我们每个人用心努力，在此也希望每一位即将毕业的"准社会人"都能用双脚丈量出属于自己的美好未来，让自己的简历"简而不凡"。

警惕成功的假象

　　大三下学期那会儿，2016 级的学生们陆续找我交流有关考研的事情，大家似乎都想从我这里得到满意的答复，我也试图帮助他们解决存在的困惑。在和他们的交谈中，我发现不少学生都希望通过与已经读研或者考研成功的学长学姐取得联系，从而为自己的复习工作提供必要的指导。我对于同学们通过各种途径积极备考的做法表示认同，但在获取成功经验的同时，我们必须深入思考一个问题，即伴随成功的可能是失败的教训。很多时候我们处于成功前行与失败退后的制衡状态，成功的表象极易呈现，失败的隐患却难以察觉。也正是因为如此，学生有时候感受到的是成功，但实际上却同样承担着失败的风险，甚至已然处于失败的边缘，这就是我所理解的"成功的假象"。

一、自身容易沉迷于"成功的假象"

　　"成功的假象"往往以成功的样态展示在学生面前，举例来说，经过一个上午的学习我已经记住了 50 个单词，记忆这些单词所运用的技巧和方法都是根据自己的实际情况以及成功者的经验综合得出的。这会给人一种按照这个方法就能取得成功的积极感受，而实际呈现出的结果也反映了当事人的这种推断。但这里存在一个隐患，那就是你的方法带来的效益是最好的吗？在一个小时里你经历的一切都是正向推动带给你的合力吗？（参看文中图 2：成功的假象）正如《你从未真正拼过》这本书中所说的一句话，"你是在利用碎片时间，还是碎片时间利用了你"①。简单来说，如果你在上楼梯的过程中迅速记忆了 5 个单词，这叫作利用碎片时间。但如果原本 1 个小时的阅读时间里，你经历了翻看手机、回封邮件、接个电话、关注一下来往行人、与朋友

———————————
① 领英. 你从未真正拼过 [M]. 长沙：湖南文艺出版社，2016：11.

打个招呼……请问结果又会如何？是你控制了时间，还是时间控制了你？看似1个小时的阅读实际上远远没有达到1个小时的效果。不要告诉我，你不会存在这种状况。很多时候，我们的同学就是在这样的自我"欺骗"中度过了一天的学习。我曾经让我的学生做过一个实验，即在25分钟的时间里持续关注一件事情，例如复习一节课的内容、完成一张试卷、看一本专业书等。在这个过程中，当事人需要尽可能地保持注意力集中，一旦"开小差"就用纸笔记下当时的情况，直到25分钟结束。最终结果令我感到惊讶，在看似很短的时间里，同学们平均"开小差"的次数超过10次，这意味着25分钟的学习被严重分解了。我们原以为的"一分耕耘，一分收获"实则是夹杂水分的，事倍功半似乎更加贴切现实。所以，我们的前进"感受"很可能是以消耗更大的精力换来的。

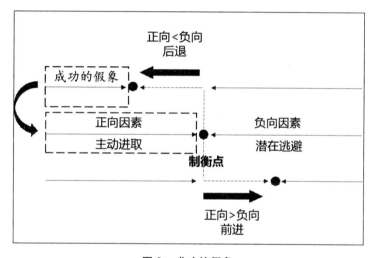

图2 成功的假象

二、之所以沉迷是源于趋利避害的心理

相对于失败，我们更愿意接受自己的成功，尽管这种成功很可能是表面的。有一种感受我称为"事务充实感"或者"时间满足感"，为了让自己看起来充实，人们常常喜欢在时间上下文章，将自己安排得满满当当，而最终目的是逃避最大的挑战和困难（这恰恰是导致自己不进反退的真正原因）。举例来说，你本周面临完成专业课一章内容的复习，但因为本章内容理论性很强，相对枯燥，因此你百般拖延。为了不让自己感觉到有所松懈，你会通过

给自己安排更多的任务（难度不一定高，而且数量很多），让自己产生一种很忙而没有时间复习的错觉，甚至是完成上述安排的任务同样很重要的感觉。你在忙碌的过程中，这种充实感会很明显，但一旦停下来之后，你未完成的、被你逃避的事情便会再次侵扰你的大脑，此时你很可能感到焦虑、紧张。意志力强大的人会迅速调整状态，回归到原有的正确思路上来，此时每前进一点，就是往"正向>负向"的状态迈进。一旦突破自己的心理困境，持续性的正能量就会改善自己的工作和学习状态，达到正向激励的目的。但如果意志力不够坚定，就会再次跌入舍本逐末的任务陷阱而不能自拔，最终只会自欺欺人。这也就是为什么不少考研的学生看起来很认真，每天早出晚归，但是实际上成效并不明显。其实，我们身边不乏这样的学生，一味地"充实"自己只是在逃避——逃避面对真实的自己、逃避面对最大的困难，习惯做一只"温水青蛙"，这就是所谓的忙而"茫"、忙而"盲"。没有敢于正视自己的勇气，是无法真正走出负向困局的。

三、能揭示失败往往比品尝成功更重要

若想真正战胜潜在的失败就必须首先揭示失败。可能有人会说，成功的经验容易获得，但失败的教训往往接触不到啊！在这里我需要指出：失败并不难找寻，很多时候仅仅是因为我们不愿意分析、不愿意认真反思而已。举例来说，我曾经指出，考研最为关键的三个时间段都有不同的作用，3—6月是夯实阶段，7—9月是强化阶段，10—12月是冲刺阶段。每个阶段的定位不同，意味着你投入的精力侧重点有所不同，但这并不表示三个阶段有重要性上的差别。可是我们有些同学会自然地进行排序，认为越往后越关键、越重要，这实际上和时间成本带给人的实际感受直接相关。可以说越往后时间成本越高，因此学生也会产生越往后越紧迫的想法。同时，由于打基础的阶段难度不大，攻克知识点的紧迫度不强，离考试期限较远，往往会被学生轻视，殊不知确立复习计划、搭建知识框架正是在基础阶段完成的。因此，若想揭示失败至少需要关注以下几个方面：第一，正视自己的内心焦虑，切不可避讳；第二，找可以信赖的人（建议是师长）帮助你分析原因，而不是单纯地靠自己消化（很多时候容易"消化不良"）；第三，要建立自信，将所有的可能隐患不加保留地暴露出来，逐个逐个地解决问题，而不是指望一次成功。凡成事者，必"把小事当大事干，一步一个脚印往前走"；第四，及时反馈，建议使用"360°评估"方式，多听意见，而不是故步自封。另外，一些学生

越往后越觉得焦虑、紧张，并将之归结为时间紧迫，也是错误的认识。这其实反映出该生的学习方法、学习计划存在纰漏，没有很好地运用"目标树动态学习方法"（即将目标进行分解，形成贯穿始终、导向明确的计划安排表，犹如整棵树的结构），同时也是身心调节机制没有充分发挥作用的表现。不抓住这些症结，考研的学生只会在时间的嘀嗒声中走向最终的"滑铁卢"。

四、在成功、失败的对抗中勇敢地往前走

如前所说，显性的成功因素与隐性的失败因素可能同时制衡你的前进，看似在往前走，实则你已经落后于正常速度，甚至你在事倍功半的状况里沾沾自喜。通过分析，我想大家应该唤醒了揭示失败的意识，下一步就是在正向和负向的来回牵制中迎难而上、踏实前行。例如，既然知道了时间碎片化的危害，我们就需要"刻意"解决这一问题。没错，就是"刻意"！这里推荐一本书《刻意练习》，很多时候我们对于问题的解决绝不是所谓的顺水推舟、迎刃而解，这需要付出较为艰辛的努力才能实现。此时刻意的反复练习就具有了价值，优秀的习惯永远都是培养和锻炼出来的。与此同时，面对时间管理的问题，推荐大家尝试"番茄法则"，这是一种较为科学的掌控时间、提升自控力的好方法。实际上，发现问题、揭示问题还不够，我认为更加重要的是承认问题之后的解决问题。此时，我们面临的往往是诱惑，是"糖衣炮弹"，是摇摇欲坠的"坚持"。你能否坚定信念、义无反顾地迈过困难，将决定最终结果。因此，我用"勇敢"二字表示此刻的觉悟。你往前一步，失败自然往后一步；你往后一步，失败自然往前一步。所有这一切谁也无法替你完成，只能你自己面对。而人的一生中是否敢于面对自己就是最大的挑战，也是导致失败的最潜在威胁。雅典德尔菲神庙印刻的那句话："人哪，认识你自己"实在是道尽了人一生最大的困难与成就。

总而言之，每个人都希望成功，成功绝不会简简单单地呈现，也不会轻而易举地获得。如果下一次你从考研成功的同学那儿获得了技巧和方法，千万不要沾沾自喜，不妨慎重地问他一句，你在复习过程中最难受的时候是怎样的心情？如果再让你准备一次，你希望自己不要犯什么样的错误？这么说，不是为了让你更接近他，而是希望让你更接近自己的成功。因为，无论你如何参考和借鉴，成功与失败的天平只会因为你的一次次选择而发生改变，它不会听从任何人，它只能相信也只会相信那个坚持走在"正向>负向"道路上的你。所以，看清成功的假象，勇敢向前吧！

为什么我们需要"心灵鸡汤"

我喜欢读书，所以会经常去书店转转。每次进入，最显眼的位置总是放着当下最畅销的书籍，其中既有新生代年轻作者的作品，也不乏耳熟能详的知名作家的杰作，而占比最多的类别中一般都包括励志类书籍，这类书的最大特点就是类似"心灵鸡汤"的文风。有些人爱它，也有人对其不屑一顾，实际上，对待此类书籍的态度与辅导员的日常工作密切相关。在我看来，作为辅导员应该多看看励志书，因为我们的本职工作就是鼓励、引导学生不断成长，我们的工作本质上就是育人向上。所以，很多时候我们的话语先天带有"鸡汤味"，成了一些学生嘴上和心里的"心灵鸡汤"。而每当学生如此表达的时候，并不是因为这些话触及了他们的心灵，让他们感到醍醐灌顶、为之一振，而仅仅是因为这些话语在他们看来就是"高大上的废话"，谁都会说，但又没什么用。然而事实真的如此吗？尽管现在市面上的鸡汤文、励志书很多，但是真的没用吗？我觉得这个问题值得好好思考，因为它关系到一名大学生的生活态度和生存价值。

一、真正的"心灵鸡汤"从来都是实践者的格言

学生不喜欢"心灵鸡汤"的主要原因在于这类励志作品多以鼓励为主（当然也有批判类），它习惯于站在一个理想的制高点评头论足，对于时下人们存在的诸多问题进行理性分析，然后给予大家一些可供参考的建议。之所以无法得到一些人的认同，是因为这些"心灵鸡汤"与当事人（阅读者）之间没有真正形成共鸣，或者说后者压根儿就没有经历过与作者类似的生活境遇。不可否认的是，我们的生活中确实有一些"伪作"，即书的作者完全在胡乱编造，想象出一个桥段或者场景，自编自导，以此达到让书热卖的目的。而这些书吸引的人群恰恰是那些祈求短时间内改变逆境之人，抑或是迅速获

得财富、权力之人。这些读者最大的特点就是好逸恶劳，企图走捷径，是一群不愿意脚踏实地工作和学习的"天真派""懒散派"，完全活在自己的想象中，而没有丝毫努力奋斗的念头。恰恰是因为这类人群不少，因此一些所谓的"畅销书"就获得了市场，其实都只是"镜中花""水中月"罢了。不过，这些书的存在大大挤占了真正好书的空间，以至于人一看到"心灵鸡汤"类的书就会想当然地归口到骗钱骗人的书籍之类，遭遇"一棍子打死"的尴尬境地。

实际上，我们都知道像《人性的弱点》这样的传世经典就是最为典型的"心灵鸡汤"，但它绝对不是市面上所谓的赚钱工具，它的问世与流传背后折射的是真正的心理大师的思想结晶。因为只有真正的经典才能穿透人的肉体，直击人的灵魂，把最真实、最深刻的道理传达给你我。而这些道理无一不是作者发自肺腑的感言，饱含着作者历经人世的深刻思考。雅典德尔菲神庙那句至理箴言"认识你自己"大家应当都很熟悉，如果抛开历史仅仅说出这样一句话，应该没有多少人会产生共鸣，但联想起古希腊，联想起西方文化百家争鸣的那个时代，联想起我们的日常生活，"Realize yourself"就呈现出别样的魅力。

我所认可的"心灵鸡汤"绝不是大脑里臆造的前因后果，更不是一些人谋取利益的工具，而是真正历经人世间酸甜苦辣之后的情怀、格言和感悟。若想判断一本书是否称得上是真正的"心灵鸡汤"，就要看作者是否有属于自己的人生故事。这些故事不一定是你我所经历的，也不一定会在将来遇到，但只要它的作者是用人生写出来的，就值得我们尊敬，这比那些所谓的效率书籍、挣钱手册真实得多，也有价值得多。所以，如果你对"心灵鸡汤"类的书籍不感冒，请记住一定是放弃那些不称职的作品，绝不是对类似卡耐基这样的心理学大师的回避。当然，"心灵鸡汤"类的书也不需要读得太多，读得太多反而会被书中作者的诸多境遇干扰，以至于找不到属于自己的人生起点和道路。正常来说，只要有几本与自己的生活境遇、未来选择有关的书籍就足够了。除此之外，市面上的不少书籍都相差无几，或者压根儿与你的生活圈子不在一个领域，就不必为之"买单"了。

二、忽视"心灵鸡汤"恰恰反映了个人的不成熟

我们的一些学生选择"一棍子打死"鸡汤文、励志书，既有此类书籍本身的滥竽充数，也不可否认学生自身认知存在的诸多不足。这恰恰是同学们

不成熟的表现，因为但凡做任何事情"一棍子打死"总是有问题的，或者说人云亦云、置之不理也是不理智的行为。也许我们谈不上喜欢"心灵鸡汤"，但至少不要"忽视"它。

首先，忽视"心灵鸡汤"意味着个人的思想境界还有待提升。

我们在否定一件事之前首先应该对这件事的利弊做出一个科学合理的判断，有关"心灵鸡汤"类的书籍本身绝不能"一刀切"。有时候，我们对于一些"鸡汤"不感兴趣，觉得没有价值，但是在经历了一些事情之后却会觉得当时的话非常有道理，懊悔当初没有放在心上。这种情况在辅导员与学生的日常交流中较为常见。辅导员在召开主题班会时教导学生注意一些事情，甚至拿自己的亲身经历来佐证，但是一些学生就是不当回事，直到遇到类似问题时才会重视起来，可是为时已晚，所以我们经常会说"吃一堑，长一智"，只是"亡羊补牢"不一定都是"为时未晚"，有时候吃的亏是难以弥补的。因此，作为一名大学生应该认真思考这些"心灵鸡汤"背后的意义，要结合自身的发展，而不能局限于眼前的琐碎。这样才能体现出较高的思想境界，也是对于个人成长的一种负责。

其次，忽视"心灵鸡汤"意味着个人的能力素养还有待增强。

"心灵鸡汤"中牵涉到很多关于能力素养提升的话题，而且往往直接给出了应对之策。但是，我们不少大学生由于自身的自控力不足、抗诱惑的能力不足、总结思考的能力不足，当面对书中提到的种种方式方法时，也仅仅是三分钟热度，难以持之以恒地做下去。这样的结果就使书中提到的不少具有一定成效的方法技巧无法贯彻，成为束之高阁的理论。举例来说，市面上有关"拖延症"的书不少，内容大同小异，中心思想就是克服自身的心理劣势，找到科学合理的应对之道。书中大多会告诉你一些有效的时间管理方法，当事人只需要按照书中提到的内容有条不紊地坚持下去就可以取得一定的突破。但问题就出现在"坚持"二字上，自身坚持下去的毅力不足，既希望解决问题，又不愿意付出努力，结果可想而知。所以，如果一个人没有足够的精力以及处理问题的决断力，那么再好的"鸡汤"也是难以下咽的。

再次，忽视"心灵鸡汤"意味着个人的成长规划还有待完善。

一个人的成长过程中不能缺少科学的规划，而科学规划的形成需要有效的指导，其中就包含"心灵鸡汤"的作用，这类书和文章可以给予对象以目标指引。即使辅导员开展谈心谈话，也会通过类似"心灵鸡汤"般的口吻来引导学生、鼓励学生。如果此时的学生对这些内容不感兴趣，对辅导员的话不加思索，就会失去一次绝佳的自我反思和提升的机会。我在给学生上职业生涯规划课的过程中，经常提醒学生要抓住一切可以历练的机会（包括举手回答问题），然后通过阅读一些励志类的图书，找到自身的短板和差距，并且在阅读的过程中不断找到自信和坚持下去的勇气。"人生不如意十之八九"，每个人的成长不可能一帆风顺，读书本身就是一种自我助力，看懂"心灵鸡汤"就是品味和践行人生的过程。我们都知道人生三境界：看山是山，看水是水；看山不是山，看水不是水；看山还是山。看水还是水，其中除了人生经历之外，也包括人生"阅历"——阅读的经历，多一些"心灵鸡汤"，就是给自己的阅读增加一些迎难向上的动力、不屈不挠的毅力，何乐而不为呢？

三、喝点"心灵鸡汤"目的是促进自身更快成长

辅导员在讨论"心灵鸡汤"时主要指的是相关书籍以及与学生交谈时的对话内容，作为学生的"人生导师"，我们的一言一行无不在指引学生走对路、走好路，帮助他们过好大学生活。因此，我们应该劝导学生喝点"心灵鸡汤"，尤其要告诉他们这样做的价值。在我看来，至少有两方面需要注意。

一方面，喝点"心灵鸡汤"能帮助大学生形成理性判断的能力。

"心灵鸡汤"的一大特点就是文字优美、思想深刻，总是以一种理性态度向阅读对象陈述自己的观点。我们在与学生开展谈心谈话的过程中，也时常会使用"心灵鸡汤"，此时往往都具有较为严密的逻辑判断，比如学生面临就业压力，作为辅导员肯定会告诉学生要缓解压力，告诉对方要补短板、强优势，在有限的时间里取得更大进步。这是正确的分析，也是符合学生实际的解释。需要注意的是，辅导员在谈话中与学生共同完成整个分析判断的流程绝不能少，这样做的目的在于最大限度地帮助学生形成理性判断的能力，而不是只会单纯地焦虑和迷茫。同样，在推荐"心灵鸡汤"类的书籍时，我同样也会告诉学生厘清书中的逻辑关系，因为作者的撰写思路体现了作者理性思考的过程，把握住了作者的写作目的和方法，就能有效抓住作者的内在想法，继而能够在自己的学习、工作和生活中做到有效参考和合理迁移。

另一方面，喝点"心灵鸡汤"能帮助大学生养成及时反思的能力。

"读万卷书，行万里路。"真正的"心灵鸡汤"饱含人生哲理，是人生阅历的思想精华，它充分体现了一个人的精神境界和思考能力。多读一些"心灵鸡汤"，多和学生讨论一些"心灵鸡汤"不是为了让学生"浮想联翩"，而是要帮助学生学会自我反思。"吾日有三省"，每一次"心与心"的对话都是

突破思想困境的绝佳机会。我时常会分享自己阅读"心灵鸡汤"的心得，当然这绝不是空对空的大话和套话，而是结合自身实际的感悟。尤其是在和学生的交谈中，有意无意地把这些心得告诉学生，甚至推荐学生购买相关书籍来看，并谈谈体会和感想，助推他们在自我反思中找到不足、把准方向，脚踏实地走下去。这个时代需要人们具有一定的忧患意识，绝不能像"温水青蛙"一样活在舒适圈里，让这些"鸡汤"好好告诉你，未来虽然光明，但道路注定曲折。

四、从"喝"到"熬"才是"一碗鸡汤"的真正价值

如果仅仅是"喝"还是不够的，因为这只是被动地吸收。一个学生若想真正获得"心灵鸡汤"的价值，不仅要会"喝"，更要会"熬"。所谓的"熬"是由被动走向主动的过程，是由享受走向历练的过程，是由平凡走向卓越的过程。它是一种境界、一种态度，只有拥有耐心、经历挫折、懂得方法才知"熬"的真谛，才能烹调好汤。

首先，"熬"的过程是学生由被动走向主动的过程。

授之以鱼不如授之以渔，这强调的就是方法的问题。"心灵鸡汤"存在的价值绝不仅仅是让人知道什么是对的、什么是错的，而是需要个人在自己的亲身实践中深刻领会。也就是说，我们不仅要能"喝"到可口的"鸡汤"，更要学会"熬"出可口的"鸡汤"，要懂得烹饪的过程，亲手去做。今天的不少大学生习惯于"等、靠、要"，总是希望答案近在眼前，而不愿意付出相应的努力。比如说，学生喜欢把各种问题抛给辅导员，专业课怎么复习，到哪儿去申请医疗报销，考研选什么方向……似乎只要问辅导员就有答案，而我们的一些辅导员为了体现对学生的责任心，就会"贴心"服务学生，以至于将学生"惯坏了"。我们应该让学生学会自我教育、管理、服务、监督，尤其是涉及人生重大选择的时候，更不能替学生做决定，而是以"授之以渔"的方式，鼓励学生主动思考——让学生自己想想我可以做什么，我能做到什么地步。当自己到达极限时，问问自己能不能再往前一步，尝试着迈出去也许自己的成长就在不经意间实现了。

其次，"熬"的过程是学生由享受走向历练的过程。

"温水青蛙"生活在舒适圈，这同样也是葬送它性命的地方。"心灵鸡汤"告诉人们最多的就是坦然面对挫折，要敢于迎接挑战。每个人都是从不会走向会的，"熬"汤难免一开始问题层出，但是只要坚持"熬"、认真学，

就能突破个人瓶颈。若想"熬"出好汤，就必须经历人生的酸甜苦辣，成功时不沾沾自喜，失意时不妄自菲薄，把握住每一次学习和吃苦的机会。习近平总书记这些年来与青年大学生有过多次语重心长的对话，他勉励大家要坚定理想信念、练就过硬本领、勇于创新创造、矢志艰苦奋斗、锤炼高尚品格，在弘扬和践行社会主义核心价值观中勤学、修德、明辨、笃实。青春之路本身就是一段历练，只有在不断迎接挑战、克服困难的过程中我们才能赢得机遇，获得成功。

最后，"熬"的过程是学生由平凡走向卓越的过程。

一碗"好汤"需要时间去烹煮，通常要经历几十道工序，最终从最基本的食材变为最香甜的鸡汤。一名学生学习"熬汤"，就要将生活中的点滴"精华"积累起来，让其在时间之大的"烹煮"中成为人生"美味"。例如，初入大学定下走入社会的目标，这本身就是理想中的"鸡汤"；为了实现这个目标，做好大学规划，就是形成"这道汤的食谱"；在今后的四年时间里，不断通过自己的努力实现理想，这就是"熬汤"的过程。试想，有了目标、规划和努力，离成功又有多远呢？记得几年前给2014级学前教育（中美合作）专业的学生讲授《成功的基础》这门课程时，我告诉所有的学生，进入大学是你们人生中前一个阶段的结束，也意味着下一个阶段的开始。这就像做菜一样，你在高中备好了所有的食材，只为在这里将其变成最美的菜肴。所以，我们需要从"心灵鸡汤"中汲取的是烹煮鸡汤的方法、技巧，目的就是有朝一日用自己的双手做出更好的鸡汤，并且让更多人喝到它，从中受益。

亲爱的同学们，读书能够开启一段人生，尽管"心灵鸡汤"看起来都是大道理，但是在今天，当我们变得越来越急躁、越来越无奈、越来越不知道如何在这个社会中立足、越来越没有安全感的时候，"心灵鸡汤"或许就是启人心智的良方。我很喜欢阅读这些书，也希望今天的这碗"心灵鸡汤"能够帮助更多的学生找到成长之路。

第二篇 **02**

| 微言明志 |

白纸、栋梁、骨干：新生入学教育的三个关键词

　　每年的9月都有一批"小鲜肉"步入大学校园，开始属于他们的新生活。作为一名在高校辅导员战线工作过十年的"准老兵"，我对新生主题教育有着自己的理解。通常辅导员会在班会、团建活动、宿舍座谈中强调新生入学后应该如何适应大学生活、如何完成大学学业，却容易忽视教育学生怎样面对当下社会、面对未来生活。不少大学生由于在校期间缺少培养适度忧患意识和本领恐慌意识的机会，导致进入大四后突感前途迷茫，不知所措，难以招架扑面而来的现实压力，在惶恐、困惑和颓废中匆匆毕业，留下了自己"遗憾""落寞"的背影。

　　在我带过的毕业班中，不乏这样一些学生，他们一方面后悔大学四年没有认真规划、好好学习；另一方面也为自己工作后或多或少暴露出的"不成熟"甚至"陋习"感到惭愧。而他们最想告诉学弟学妹的就是要懂得认真思考大学的起点、意义、道路。因此，辅导员从入学初就应当指引新生走上人生正轨。四年稍纵即逝，作为辅导员要有前瞻意识，更要有大局观，要关注学生成长发展的各个阶段，既要了解学生从哪儿来、过去经历了什么，也要结合自身的工作经验引导他们走好人生路，立足当下、努力前行，度过充实、有意义的大学时光。

　　"一名大学生应该以何种身份立足社会？""我现在是谁？""我应成为谁？""我该如何做？"面对上述问题，各位不妨从"白纸""栋梁""骨干"这三个关键词尝试解答。

一、我现在是谁？我现在是潜力无限的"白纸"

　　用一张"白纸"形容大一新生最为合适，因为在进入大学之前他们对于大学的了解仅仅停留在零散、片面的印象中。那些粗浅的了解还不足以帮助

他们适应校园。不过也恰恰是因为知之甚少，才让他们的可塑性更大，成为具有 N 种可能性的"潜力股"。

（一）"白纸"意味着从头开始，飞驰人生

每一个进入高校的学生都需要从一个新的视角重新认识自己，无论是学习、工作还是生活，都将与高中截然不同。我记得自己在 2014 级新生见面会上，就召开了名为《新生·新生》的主题班会，在那次班会上，我告诉同学们，"进入大学就意味着新的开始，这种'新'不仅仅是眼睛看到的'新'，也不仅仅是各种体会的'新'，更是生命的蜕变、精神的超越。如果仅仅满足于眼前的新奇变化和数之不尽的新鲜体验，那大学生活会随着你的逐渐适应而变得平淡无味。我们只有在精神层面不断发掘新的自我，去寻找大学真正的精神财富，并在持续的探求中丰富自己、完善自己、提升自己，当有一天离开大学时才能真正体会到这四年的价值"。所以，每一名进入大学的新生都将经历"凤凰涅槃"，这意味着曾经的荣誉已然成为过往，丰富多彩、充满挑战的未来在向大家招手。朴树的《平凡之路》中有这样一句歌词："我曾经拥有着一切，转眼都飘散如烟。我曾经失落失望失掉所有方向，直到看见平凡才是唯一的答案。"这何尝不是大学新生的一种生活写照呢？平凡中足见卓越，平凡中看到未来。就像《飞驰人生》这部电影中的主角张驰，光环不在，生活继续，从头开始，只为成就最后"撞线"时的义无反顾。所以，大学是每一名学生平凡之路的新开始，而你所要成就的恰恰是属于自己平凡而不平庸的"飞驰人生"。

（二）"白纸"意味着无限可能，前景光明

"白纸"给了作画之人足够的想象空间，我们可以画出五彩斑斓的风景画，也可以画出整齐划一的格子图，甚至可以漫无目的地胡乱涂鸦，"白纸"最终是变成一笔千金的名作，还是毫无用处的废纸，完全取决于作画人的态度以及他的用心程度。众所周知，大部分新生在入学前的成绩与水平基本相当，他们在中学经历的学习生活也基本一致，但是为什么进入大学后学生与学生之间会逐渐产生差距？这实际上和每一名学生的适应性以及潜在的能力有着很大关系。例如，一个学生本来非常喜欢音乐，由于高考的压力，她将自己的这份爱好深埋心底，待进入大学后，曾经的音乐细胞重新恢复活力，她成了学校里的文艺骨干，展现出了不一样的才华。再比如，有些新生在学生会、社团等招新面试中屡遭"打击"，逐渐丧失了继续"PK"的毅力和勇气。他们没有想过在今后的学习、工作和生活中弥补不足、克服弱点，反而选择了用时间填补遗憾、让年龄遮蔽隐患。很显然，这是治标不治本的行为。其实在毕业季我们总会发现一些学生在人际交流、计算机应用等方面的技能依然薄弱，主要原因还是这些年没有足够重视这些技能的提升。所以，无论是辅导员还是学生自己，都不应该让自己的四年旅程黯淡无光，而是应该大胆地闯、大胆地试，敢于面对一切挑战，敢于"试错"，用无限的可能去成就光辉的未来。

（三）"白纸"意味着主动思考，审慎下笔

明确了自己应该拥有一个无限美好的未来，那么扣好第一粒扣子就显得尤为重要，否则无论是中途放弃抑或是半路调整都将造成无法挽回的损失。大学四年走的不扎实、不细心，很有可能出现南辕北辙的情况。仰望星空的美好每一个人都曾经体会过，但是脚踏实地的艰辛与苦楚却不是所有人都切身经历过的，否则也不会有那么多人一辈子活在"梦和想"之中，却终究难以实现梦想。如果说，小时候我们对"梦想"的理解还过于感性和直白，那么进入大学，作为一个成年人，我们难道不应该为自己的梦想认真思考一次吗？"到底，我想要的是什么？""我希望自己成为什么样的人？"……这些影响人一生的问题需要我们静下心来，好好想一想。了解一点国画基础的人都应该知道，在国画的绘制过程中，有一种技法叫作"留白"，尤其在绘画山水美景时经常使用，这是为了表达山水之间虚无缥缈的云彩、溪边人家微微升起的云烟，给人一种"言有尽而意无穷"的意境。"留白"可以说是画者勾勒山水美景的点睛之笔，而恰恰是画者布局中的"不作为"造就了山水间的神韵。大学何尝不是一幅人生画卷，我们不仅需要明确自己应该做什么，还要明确不该做什么，如果没有对于大学的审慎描绘，没有在"留白"时的无尽畅想和主动勾勒，这张属于自己的白纸上又怎么会诞生出那让人意犹未尽的"白云山色"呢？

二、我未来是谁？我未来是社会需要的"栋梁"

知道了自己初入大学的"身份"，同样不可忽略走出校门时的模样。可能有学生会说，大学四年我都还没有开始，谈毕业是不是为时尚早？实际上，不深刻体会毕业后面临的挑战，校园生活是无法真正充实而有价值的。从进入大学的第一天开始，我们就应该为自己设定一个可能的未来角色，这个角色可以来自不同的职业，但无论是教师、公司职员、公务员抑或是其他，都不能忽略一个事实，那就是努力成为社会主义的合格建设者和可靠接班人，即祖国的栋梁之材。"栋梁"说起来容易，但实现却不是一朝一夕之事，需要面临诸多挑战与坎坷，这正是一个学生走向成熟、成长成才的前提条件。

（一）成为"栋梁"需要有能堪大任的担当

一个民族的崛起需要指点江山的伟人，需要浴血奋战的勇士，更需要千千万万的人民。作为未来社会的栋梁，我们必然要在各自的工作岗位上兢兢业业、一丝不苟。也许这份工作本身没有多么伟大，没有多么出彩，但是只要坚守住自己的工作，把它转变为自己所热爱的事业，就是一个人逐步成才的表现。全国道德模范郭明义的工作非常普通，感动中国人物小岗村书记沈浩的工作非常平凡，但是正是这份责任与担当、坚守与执着才使得他们成就了自己，更成就了他人。学校每年都会有"西部计划"、研究生支教团等项目，相应地也会涌现一批学生前往贫困边远山区奉献自己的青春。这样的学生今后无论走向何处都会成长为这个时代的栋梁。榜样的作用是无穷的，对于大家的影响也是潜移默化的。新时代的大学生并不一定都能像这些人物一样做出卓越的成绩，但只要在平凡的岗位上脚踏实地的工作，就是一种付出、一份奉献。当然，这些人物都有一个共同的身份——中国共产党党员。辅导员老师也真诚地希望有更多的同学可以早日入党，为国家的建设与发展添砖加瓦，做出属于自己的成绩。

（二）成为"栋梁"需要有自我追寻的勇气

如果说堪当大任是一种觉悟的话，那么在实现这一目标的过程中必然会遇到艰难险阻。不同的人会有不同的选择，成功者懂得不畏艰险，失败者只知轻言放弃。大学是一个练兵场，更是一个小社会。如果在大学期间面对学习、生活上的困难就停滞不前、中途放弃，那么走入社会又怎能面对竞争以及伴随而来的压力呢？今天的辅导员有一个看似形象的称谓——"保姆"，这其实是对辅导员现实工作的一种描述，但这种描述恰恰反映了两个问题：第一，我们的辅导员工作能力强，对待学生无微不至，但是学生在辅导员眼中就是长不大的孩子，需要"喂养"，不敢放手，事必躬亲，这样学生永远无法自立；第二，学生无法离开辅导员的照顾，一旦有问题就直接找辅导员解决，没有独自面对困难、挫折的能力和勇气。这样培养出来的学生只能是温室里的花朵，经不起风雨吹打。在高校，辅导员的关键价值在于人生引导，就是要给予学生足够的成长空间，在挑战面前多给予一些鼓励、多留下一些耐心，让学生自己去寻求答案、自己去完成任务。起初辅导员会比较辛苦，但是在不知不觉中学生得到了成长，辅导员也可以明确工作的方向和重心。实际上，辅导员在大学里要做的就是给予学生引导、疏导、指导、辅导，学生也正是因为辅导员在这些方面的不断付出才逐渐找到人生的意义所在。

（三）成为"栋梁"需要有迎难而上的毅力

挫折并不一定是一时一刻之事，也不一定是巨大挑战。有时候成长路上的困难随时随地都会出现，它可能像蚊虫一样时不时影响我们的日常生活，也可能像放在餐桌上的甜点总是引诱我们放弃坚持。成功者坚持住了，失败者没有坚持下来。我之前看过一本书叫作《自控力》，它阐释的中心思想就是自我控制。这其实是一件十分考验人的事，因为只要在一件事情上我们选择了松口，那么在其他任何事情上就同样具有了可以放弃的借口。举例来说，一个健身达人绝对是一个自控力极强的人，因为健身本身对于生活饮食方面的要求极高，它不允许你有丝毫的放纵，这样的人久而久之在其他方面也能很好地保持自制力。所以，对于刚刚进入大学的新生来说，学会如何坚持就显得尤为重要。当然，我们不需要也不应当一开始就给自己设定一个巨大的目标，这样的目标难以实现，更不要谈长期坚持。相反，"坚持"都是从小处着眼慢慢积累的，正所谓"不积跬步，无以至千里"。以跑步为例，也许三公里就是我的第一个目标，能够坚持把它跑完，并且逐渐轻松应对，我就可以为自己设定五公里的第二个目标，久而久之，这种不断进步带给自己的快乐将会激励你前进。一名大学生若想在未来成为一个对社会有用的人，就要学会从一开始坚持做好自己，不要给自己的失败和错误找任何借口，也许第一个三公里就是各位通向成功的起点。

三、我该如何做？我应该做超越自我的"骨干"

从现实的我走向理想的我，绝不是顺其自然的事，也不是一蹴而就的事，再美的画也需要时间去完成，没有千锤百炼的技艺，一切都是徒劳。这个"千锤百炼"的过程就是磨杵成针、超越自我的过程，就是让自己努力成为超越自我的"骨干"。

（一）未来可期，作为"骨干"应当形成规划人生的前瞻意识

这个时代不相信命运，只相信将命运牢牢抓在手中的人。若想抓住命运，

就需要对未来有足够的预期。这不是让我们的学生过早地去设定一个不切实际的目标，制订一个模棱两可的计划。辅导员要把握高等教育的发展规律，教书育人的规律、学生成长成才的规律、引导学生把握时势，因时而动，应势而为，对于未来做出科学合理的判断，并且以此制定详尽且具有可操作性的大学生涯规划。这不仅说明"扣好人生第一粒扣子"的关键价值，也充分体现了培养学生前瞻意识的重要意义。具体来看，我认为至少把握以下几点：一是所学专业的发展趋势，这是立足社会的身份牌和核心前提；二是必备能力的提升空间，可以通过参加一些补短板的素质拓展活动来实现这一目标；三是未来职业的发展前景，对于与专业相关相近的职业要尽早做出较为详尽的分析和判断，了解行情和趋势，为今后进入此领域打好应有的基础。

（二）成事在己，作为"骨干"应当具备驾驭人生的综合素质

知道自己想要什么，就需要为之奋斗。在大学期间，我们除了要掌握专业必备的知识之外，还需要不断提升自己的综合素质，强化这些能力更多地依托第二课堂和第三课堂。我在自己的另外一篇文章《做学生干部切不可"点到为止"》中，分析过学生干部应该如何对待自己的这份"工作"。有一位同学在留言处表达了自己的观点，他认为学校一些社团的设置与活动无法吸引学生，工作难以有效开展，因此学生干部得不到锻炼和提升，当然不愿意在此工作了。但是，我想说无论是社团还是学生会等都是学生的自治组织，它的好与坏取决于学生自己努力的结果，如果我们没有提升的觉悟又怎么会有更好的学生组织呢？所以，我若想成为"骨干"，必须时刻懂得锻造自己，要抓住一切可以抓住的机会。面对社团的诸多不足时，不要气馁，这恰恰是我们发挥能力的好机会。只可惜不少大学生总是以一种"事不关己，高高挂起"的心态扮演着所谓的"正义联盟"，实则是搬起石头砸自己的脚。关于综合素质有哪些，我觉得完全可以参考职业生涯规划中所谈到的三大技能，即"专业知识技能""可迁移技能"和"自我管理技能"来拓展。当然除此之外，文化素养和人格魅力也是需要不断塑造和培养的重要品质。

（三）矢志奋斗，作为"骨干"应当树立成就人生的理想信念

"骨干"既不是"一枝独秀"之人，也不是"鹤立鸡群"之人，这样的人顶多是某个领域的佼佼者，但绝不是值得效仿的榜样。我心中对于"骨干"的定位是，具有示范引领带头作用的优秀学生。这样的学生都具有坚定的意志，具有努力进取的强大精神动力，他们的理想信念牢固而不可动摇。作为

时代骄子，我们要明确理想信念的深刻内涵，它是舵，是指引青年学生发展方向的精神指南；它是锚，是帮助青年学生理性判断的精神基石；它是舱，是发挥理想信念真正价值的精神食粮；它是桨，是推动青年一代砥砺前行的精神动力。作为青年学生，我们要珍惜韶华、敏于求知，练就过硬本领；大胆创新、积极探索，谱写人生美丽诗篇。同学们，青春是岁月对话中最真的告白，不需要什么豪言壮语，不需要什么激情浓意。当习近平总书记离开梁家河时，岁月已然流淌在他的血液里，它因为责任而沉淀、因为理想而惊艳。这是一份使命，更是对于未来的向往。志存高远，脚踏实地。今天的年轻人，我们能否将青春融入岁月？能否将小我融入大我？能否让青春年华在岁月长河里生根发芽？我想，只要你愿意，就可以！

谨以此篇小文送给所有奋战在辅导员工作一线的同事们以及刚刚踏入大学校门的同学们，愿前途似锦、光华照人。

我们凭什么加入中国共产党

翻开学生们撰写的入党申请书，首先映入眼帘的是"敬爱的党组织"这六个字。当第一次写下这几个字的时候，大家有怎样的感受？是激动？兴奋？平静？还是无所谓？……中国共产党在同学们的脑海里到底是怎样的形象呢？

我想，对于很多学生来说，她应该没有那么清晰，似懂非懂。你可能会说中国共产党很好，是为人民服务的政党，但是你却无法准确说出她好在哪里，怎样体现为人民服务。你可能会说中国共产党有过失败、犯过教条，现在正与时俱进地走向成功，却又无法准确阐明她的发展历程，难以完整述说那些可歌可泣的故事。

其实，我和大家一样，对于党的认识并不全面，我仍然有很多不明白的地方，但我不避讳自己的知识漏洞，我选择在自己最青春的年华加入她，就是想更好地了解她。每撰写一篇入党申请书，每完成一篇思想汇报，每参加一次党组织活动，我对于党的认识就又清晰了一分，我的入党动机就更端正了一点，我自身的成长就再进了一步。我不惧怕曾经的自己，只想做更好的自己。

之前，我在网上看到一位复旦大学博士生的感悟，他说："'想要成为优秀群体的一员'，可能是很多青年学生党员选择入党的最初动机。但如果只是想成为一个优秀的人，那么不入党也可以。在学校里专心做好学问，提升自身素质，你也可以成长为优秀的人。而想要成为一名党员，需要大量的时间和精力——从递交入党申请书开始，学习党的基础知识，参加党校培训，接受党组织的考察，经历两年到三年的培养过程，才有可能成为一名共产党员。这绝不仅仅是一纸入党申请书那么简单。"然而，这样一个看似漫长甚至烦琐的过程，恰恰是我们一个不断确认自我选择的过程。我们了解自己要加入的政治组织，清楚自己的权利和义务，明晰党员身份对我们自身行为的约束，我们愿意做出这样的选择，并且认为自己的选择是慎重的。"①

没错，自我选择的过程。没有人逼着你一定要加入中国共产党，我所带的 2014 级教育学专业的一位学生各方面条件都很优秀，我有意培养他入党，几次交流之后他对我说："辅导员，我现在还没有想好为什么要入党，也许有一天我认为自己想明白了，有资格了，我会主动撰写一份属于自己的入党申请书。"我为他有这样的认识而感到高兴。只有真正明白了入党的意义，明确了自身的价值，你才有可能和党站在一起，成为她的一员。也许这是一个漫长的过程，但至少你跨出了那一步。当我得到他的回复时，非但没有觉得自己前期的思想工作失败了，反而觉得遇到了一位好学生、一个值得培养的学生。为什么？因为他在认真思考，审慎判断，没有人云亦云，更没有随波逐流。这样的思想与行为很宝贵。

我欣赏学生的主动思考，这个社会需要大家去琢磨，需要大家去判断。"人不思考，和咸鱼有什么区别？"如果做别人的提线木偶，你永远也不会长大，永远也无法跨出大学校门。

也就是这段时间，在和"入党启蒙教育"培训班的各位驻班党员的交流中，她们向我反映了一个问题。有些同学对于现在要求他们撰写心得、记录笔记、自学视频产生了困惑。"做这些有什么用？""日常学习与'启蒙班'活动时间上有冲突，我想退出行不行？"也有学生说"我递交入党申请书，但是不参加这个班，后面有没有机会发展？"我很感谢每一位同学的提问，如果大家都是被动参与，培养就会变成单纯的任务，流于形式，走向失败。而与此同时，不经历应有的磨砺，你就无法获得真正的成长，更不要说成为党组织的一员。

实际上，我们无法准确地判断一个学生起初的入党动机，但是却可以在其今后的学习、工作和生活中不断熟知。通过解读学生的日常行为，我们至少可以从侧面了解他的真正想法。在入党问题上，学生有思想困惑可以理解，关键是化解症结，这是一个去粗取精、去伪存真的过程，可能需要一年、五年、十年，甚至更长的时间，但只要坚持主动去做，入党动机就会逐渐端正，入党才能变得更加纯粹而具有意义。

当然，平白无故的喜爱是站不住脚的。若想让自己离中国共产党更近一

---

① 张冰莹. 什么是"90后"党员最深的"情怀"［EB/OL］.（2016-05-25）［2022-7-8］. http://www.xinhuanet.com//politics/2016-05/25/c_129013508.htm.

步，至少得做点什么。今天我主要和大家分享四个关键词：理解、认同、坚持、逐梦。

关键词一：理解——我们加入中国共产党的认知前提

什么是"理解"？就是通过人的大脑对事物进行分析而产生的对其本质的认识，即通常所说的"知其然知其所以然"。理解经常以问题解决的形式呈现，你对于问题解答得详与简、深与浅直接体现你理解的程度和水平。理解有两个非常重要的标志：一是能够用自己的话语表达理解的对象，表达得越清晰、越准确，说明你的理解能力越强。难以用自己的话语表述，或者仅能背诵原文，则说明你并未真正理解对象；二是可以根据对某一事物的理解，自己独立完成工作。如果仅能依靠他人的指导来完成工作，就说明你没有真正理解事物。良好的理解理应是二者的结合。理解事物时，需借助过去已有的知识经验，过去知识经验的有无或多少，对理解能否顺利进行有着十分重要的影响。

既然知道了"理解"的基本标志和要求，我们就需要回答一个现实问题，对于中国共产党我们能否理解？若要理解她，就需要我们借助已有的知识用自己的语言去表达认知，需要我们用行动去验证自己的认知，并不断丰富认知。我们可以做如下分析：学生在首次递交入党申请书时充分表达了自己的观点吗？我想，未必。我们会在入党申请书上写下对党的认识、对人民的理解，但这些更多的是已有的文字和范本，并不是你对党的真实感受。诚然，一些有关党的表述是固定的、规范的，但这并不表示我们不用做进一步阐释，否则只能说明我们"照本宣科"。如果一篇入党申请书无法表达清楚，就再写一篇。两篇不够，可以继续写，直到真正明确自己入党的坚定意志。所以入党申请书从来不是任务，它可以是 1 篇、2 篇、3 篇甚至更多。即使已经发展为入党积极分子，每半年一篇的思想汇报同样是你进一步强化理论认知、提升党性修养的重要抓手。入党申请从来都是越写越深刻，思想汇报向来都是越说越真实，所以我们才会说"组织入党一生一次，思想入党一生一世"。当然，仅仅表达观点还不够，我们必须将自己的观点有效落实到行动中，有独当一面的能力，不用一直依靠他人的指导和帮助，可以在主动实践中加深自我认识，否则大家就容易形成"拐棍依赖"。只有做到理论和实践的有机结合，一名大学生对党的理解才算"入门"，才有可能对党组织产生应有的认同感。

关键词二：认同——我们加入中国共产党的精神动力

在解读"认同"之前，我们可以思考几个问题：你们是否认同目前中国共产党的政绩？你们是否认同国家取得的成就？你们是否认同一位普通大学生获得的荣誉？我想答案是肯定的。那你们在什么情况下会质疑身边人的成功呢？举个例子，如果一个班级评选优秀大学生，一个学生成绩很好但是人缘不太好，一个同学成绩不太好但是人缘不错。如果辅导员选择了前者，你认同吗？如果选择后者，你认同吗？我们评选贫困生，一个学生被评议小组评为特困生，但是他平时表现的和普通同学没什么区别，甚至使用一些名贵的电子产品，你能认同吗？我想每个人的想法都会不一样，有时候我们确实不好判断，因为标准不统一、信息不全面，就无法得出准确的答案。

实际上，认同是一种心理上的积极暗示，可以理解为认可、赞同。既然认同，那就需要有"根据"。我们有时候不认同某件事甚至某个人就是因为他在某些方面没有满足"根据"。这个"根据"也许是评判者的主观想法，也可以是客观依据。一般情况下，客观依据更容易说服人，依据的量又直接决定认同的度，这就是我们常说的认同感。中国在取得一系列成绩的同时仍然面临很多挑战，存在不少不足，可这并不影响我们的认同，为什么呢？因为我们的成就远远超过我们的短板，已有依据足以支持我们的认同。这里需要注意的是，当我们面对的对象是一个与自身没有多少利益纠葛的客体，我们更容易做出客观判断，也显得更加理性。但如果我们评判的对象与我们利益直接相关又会怎样呢？如果那个被说闲话的特困生就是你，那个未通过优秀大学生评选的人就是你，你还会认同结果吗？如果你会，为什么？如果不会，又是为什么？我想此时大家的心中都会有两个声音，一个是"我确实还有进步的空间"，一个是"我没有不足的地方"。偏向前者，你就能欣然接受落选的结果，继续努力；偏向后者，你就会觉得评选不公平，怨天尤人。如果你是一位普通同学你也许会去据理力争，但倘若你是一名入党积极分子甚至一名党员你还应该有如此强烈的情绪吗？你是否会为自己的利益争取一下呢？我想，无论权益大小，无论利害关系如何，我们都应该以一种谦虚谨慎的态度接受现实并且努力让自己变得更好，因为你在乎的结果背后反映的正是你对于党员身份的认同和入党决心的彰显。

关键词三：坚持——我们加入中国共产党的意志品质

习近平总书记在陕北梁家河一待就是7年，他将自己的青春留在了那里，为老百姓做好事、办实事。这种坚守非一般人可以胜任，支撑他信念的正是对党的执着，他将党的宗旨牢牢记在心里。回到当下生活，曾几何时我们也为自己的梦想奋斗过、奔跑过，但梦想实现了吗？理想与现实之间的差距你丈量了吗？一些人克服了恐惧，战胜了挫折，离自己的梦想越来越近，但仍有一些人始终活在自己想象的世界里，像井底之蛙一样不敢踏出一步。今天的入党和革命年代的入党已经截然不同，革命年代为组织挡一颗子弹就足以证明你对人民的忠诚，所以我们会在很多战争题材的影视剧中看到重伤的战士从口袋中掏出染着鲜血的入党申请书和两块银圆，向组织郑重地提出入党申请。尽管这更多的是一种电影桥段的表现形式，但此时除了感受到顽强的革命意志和无悔的人生追求我们又会感受到什么呢？反观今天，入党程序越来越复杂，环节也越来越多，这代表着党员的培养和发展越来越规范，入党动机审查也越来越严格。我们不仅要看一名学生的日常表现，还要看他在关键时刻的表现，只有把二者充分结合起来，我们才能最大限度地了解一个人。当然这仅仅是入党前的要求，入党之后的表现如何，更多地看你的主观努力和积极作为。

那么我们到底应该坚持什么？或者说坚持什么才是一名党员应该做的呢？我想至少包括三个方面：第一，坚持不断审视自己，做一个头脑清醒的人。吾日三省吾身，时刻让自己处于思考的状态，凡事多问几个为什么，不人云亦云，要清晰地明白什么才是有价值的、什么是无意义的；第二，坚持不断提升自己，做一个能力出众的人。党组织需要的绝不是碌碌无为的闲人，从你递交入党申请书的那一刻开始，就应该做好"强身健体"，无论是生理还是心理都应该逐步变得强大，这么做既是党组织对你的考验，也是你立足社会的基础；第三，坚持不断奉献自己，做一个服务社会的人。拥有能力如果仅仅是为了索取利益，那么这样的人只能说是自私自利的人，即使取得成功也只是一时的。记得以前看《蜘蛛侠》，彼得·帕克的叔叔告诉他"能力越强，责任越大"。一个优秀的人理应为他人、为社会做些什么，这样的奉献得到的更多，"助人者自助"说的就是这个道理。以上三点绝不是一劳永逸之事，必须将其融入自己的骨血中，使其成为自己的生活习惯、工作态度、学习目的。若想成为一名共产党员，我们绝不能停留在口头表态，必须做到亮身份，作承诺，当先锋，树形象，这样才能真正体会"坚持"的意义。

关键词四：逐梦——我们加入中国共产党的崇高追求

这里的"梦"已经突破个人诉求，而升华到国家富强、民族振兴、人民幸福。可能一些学生会说，国家强大固然重要，但是我一个普通的人又可以为国家、为社会做些什么呢？个人与国家的关系好似水滴与大海，个人的力量虽微薄，但是"不积跬步，无以至千里；不积小流，无以成江海"。每个人都是民族、国家的一部分。没有个人的努力就没有国家的发展。所以，我们首先要承认自己的价值，并在最美好的年华勇立潮头，让奋斗成为青春最美的底色。回到 1921 年，在动荡的中华大地上一个日后改变中国的政党应运而生，他们怀揣着梦想一路坎坷走到今天，从一个 50 多人的小党派成长为 9000 多万人的执政党。有些人因为相信所以看见，这叫信仰；有些人因为看见所以相信，这叫现实。共产党人的初心就是这份信仰，眼前的现实没有击垮他们，为信仰而活，为解放而生，这是他们的使命。正如当年的马克思，他穷其一生都在为解放全人类而努力，即使再多的坎坷和挫折也无法撼动他的意志。虽然他没有看到资本主义覆亡的那一天，但他的思想成为今天广大社会主义国家的行动指南，指引越来越多的人走向幸福。

实际上，基层党组织要肩负起组织群众、宣传群众、凝聚群众、服务群众的职责，要引导广大党员发挥先锋模范作用。加入共产党就是要在力所能及的范围内全心全意为人民服务，这就是我与国家的联系，就是以小我成就大我。我们身边有些同学虽然顶着班干的名头，但是不承担班委的职责。真正的好班干不仅要能够做事，还要善于做事，要懂得在同学中发挥带头作用和表率作用。什么时候班干能从"给我上"转变为"跟我上"，大家可以从"要我上"转变为"我要上"，一个班级就达到了最理想的状态，也是一个优秀大学生的合格姿态。我不会要求每一个人都这么去做，但你在一个班级的态度也往往决定了你在其他领域的态度。勿以恶小而为之，勿以善小而不为。若想真正成为一名优秀的共产党员，就应该先从自己的点滴生活做起。

我们凭什么加入中国共产党？就是因为我们愿意去理解这个党，愿意在理解中将心贴近这个党，就是因为我们努力追求卓越，以坚定的理想信念逐梦远航。我已经在这里了，但仍在努力前行。下一刻，欢迎你们的加入！

让你的假期从"三本书"正式开始

　　每年的寒暑假，对于大多数同学来说都是难得的休息时间。大家选择放松的方式也各不相同，每一个人都像是亟待吸水的海绵一般，尽情享受难得的闲暇时光。可是"龚导"偏偏要反其道而行之，在大家的娱乐盛宴上"撒一把盐"，一些学生非但没有觉得食之有味，反而多了一丝干涩苦闷。"好好的放假为啥要做这些事？""还能不能愉快地玩耍了？"估计他们在内心深处已经狠狠地"诅咒"了我一番。

　　其实我为每一名学生安排的事情就是"读书"。不定范围，不设内容，自行选择，每天抽出一点时间（哪怕只有半个小时）用于读书。实际上，根据我的切身感受和这些年的观察来看，不少学生在放假前都会带上一两本书（个别学生会带五本以上，或是在网上购买，或是在图书馆借阅）回家，书的种类不同，但是大多倾向于两种，一种是休闲类的，一种是专业类的。此时，大家的内心独白大抵如下："这个假期我要继续给自己'充电'，读读书，多学点东西。""假期是难得的提升机会，时间有限，绝对不能浪费。""放假不偷懒，持续看书学习，感觉真棒。"于是乎，拖着"沉重"的行李箱，学生们陆续返乡。可是，假期后，结果又如何呢？回家的时候带了三本新书，回校时还是三本新书，顶多在扉页"郑重"地写上了自己的姓名。这些书就像从来没有和你有过约定一般，被无情地搁置一旁，直到你打开自己的箱子整理衣物时，才突然发现放假前的三本书安静地待在那里。此时你的心理阴影面积又有多大呢？（难怪一些学生回校后的前几天心情比较"沉重"，我想可能就和这几本书有关吧。）

　　难道是我们真的忘记了自己放假前的约定了吗？还是说我们真的没有时间读书呢？据我所知，有些学生明知应该读书，但依然没有去落实，虽然每天仍会给自己安排很多事情去充斥自己的时间，却无法排解心中挥之不去的若有若无的失落感，他们会试图麻痹自己，避重就轻，但是又在这种自欺欺人的感觉中无法自拔。到头来，临近开学时草草地看几页，翻几章，以安慰自己似乎没有荒废时间。可是你真实的感受不会欺骗自己，你仍然会觉得自己虚度了假期，然后在等待开学的过程中暗暗下定决心，"开学后一定要努力"，至于接下来到底会不会有所改观，就又成了一个大大的问号。

为什么不能抓住难得的假期时光去读一些书呢？读书对于我们来说意味着什么？我们又该读什么样的书？怎样读书呢？作为一个有着同样苦恼的人，反思势在必行。

一、读书不是"工作任务"，它是你的生活

如果有人问你，读书是不是一项"任务"时，我想绝大多数人都会表示"不是"。"读书怎么会是任务呢？我读书是因为个人的喜好、兴趣，如果是为了完成任务而读书，读书还有什么意思呢？"这样的回答基本符合大多数人的心理预期，也应该得到大部分人的认同。但问题是，在现实生活中你不得不承认有时候读书已经被当成一项"任务"。当读书本身与我当下饶有兴趣的一件事情（比如旅游、聚会）发生冲突时，读书似乎就变成了一项任务、一种负担。它对于你来说不再是开心快乐的事情，反而成为挤占你生活空间的包袱。在欢声笑语中你选择了"抛弃"它，但随后你又会因为自己的一时放纵顿感后悔，也许你就在这种"纠结"的心理状态下结束了一天（这种感觉实际上并不会持续太久，一两天之后你很可能又会开始麻痹自己）。

实际上，读书本身能够以"兴趣"为出发点，但对于读书的持续关注却不能仅以"兴趣"为动力。因为，人的兴趣本身并不是稳定持久的，很多时候人们的兴趣点会随着外部环境和主观认识的改变而发生改变。所以，仅仅将读书当成一种兴趣，就很有可能因为兴趣点的变化而对读书失去兴趣。除此之外，当你在放假之前告诉自己假期要读一些书时，实际上已经在无形中给读书贴上了"任务"的标签。在潜意识里，读书变成了你的工作，与假期的"休息"格格不入（因为大多数人并不愿意在休息的时候去干活）。而在这样一种潜意识的操纵下，你也极有可能将工作和"负担"联系在一起（尽管读书并不是负担，反而是提升自己的绝佳机会）。人本身作为趋利性动物，自然会选择简单轻松的生活，于是乎，本应毫无负担的读书就被所谓的休闲活动给代替了（这种休闲活动往往更加无聊、单调甚至是消磨时间）。在这样反反复复的过程中，很多人都会试图利用千奇百怪的理由去说服自己不要看

书，但当你静下来认真思考时，你还是会感到失落，而造成这种心理落差的根源何尝不是自己呢？

我想没有人希望自己一直处于这样的状态之中，这就意味着读书本不应该成为一项"工作任务"。那我们又该以怎样的一种状态去对待书籍呢？我认为关键在于自己的生活态度，或者说是否将读书当成你生活的一部分。这句话说出来容易，但做起来却并不简单。我曾经在学生中做过一个测试，看看他们在一个月的时间里最多能阅读几本书，能否借此养成读书的习惯。结果绝大多数学生一本书也没有读完，很多人在开始的时候还信心满满，但随之就选择了放弃。理由也几乎都相同——"学习压力大，没时间读书。""读书的感觉太痛苦了"……这个时候我不禁反问一句："出去玩的时候，寝室闲聊的时候，拿手机刷朋友圈的时候，怎么不觉得自己没时间呢？不觉得自己痛苦呢？"说白了还是读书带给你的直接效益与感官刺激不够大吧。但是，我们又怎么能仅仅活在那样的浅层快乐中呢？我记得自己读大学时，老师经常说："你们现在是最幸福的，有完整而充足的读书时间，千万要抓住啊！"那时的自己对此半信半疑，现在想来当时真该认真听老师的话。立身于社会，我不止一次遇到"书到用时方恨少"的窘境，但已无法回到那段美好的时光重新开始了。对于现在的我来说，抓住一切可以抓住的时间读书，不让自己的灵魂凋零已然是最大的幸福。所以，大学是我们接受知识、提升自己的最佳时间段，读书对于我们来说也是必不可少的一件事。当你意识到未来的人生道路不能没有丰富的学识为基础，当你明白一个人的涵养与他的阅历息息相关时，读书就会成为你不断成长的必需品，指引你走向成熟。同学们，千万别把读书当任务，读书对你而言就是现在的生活、未来的人生啊！

二、读书要有眼光，"三本书"代表三个境界

曾经有人说，一个人的眼界决定一个人的高度。读书同样要有眼光。懂书的人会选书，读活书；不懂书的人瞎买书，读死书。我虽然读书不多，但是对于读书也有自己的一些浅薄认识。在我看来，大学期间要学会读"三本书"，而这三本书也代表了人生的"三重境界"。

一是学业之书。它教会我们理解知识，告诉我们大学的专业"是什么"，可以从这个学科中学到什么。如同中学一样，传递知识是它的首要任务，而它也是我们将来安身立命的基础和前提。读学业之书，一是明白知识，二是习得掌握知识的能力（知识技能）。如果学业之书最终仅仅变成了期末考试的

标准答案，那么这本书也就读"废"了。按照现在的知识更新速度，很快你所掌握的这些"硬"知识就会被淘汰，而且你所谓的"掌握"可能仅仅是短暂的"记忆"，"记忆"一旦消失，"掌握"也就不复存在。所以，读学业之书不能局限于知识本身，否则就会变成读"死"书，必须掌握知识背后的东西，我称之为"隐形价值"。例如，学业之书给我带来的思维转变、视角迁移、格局提升等。这些内容，书本也许无法直接告诉你，但是在课堂上、在交流时、在实验里可能会让你豁然开朗，这远比知识内容本身更让你兴奋。此刻你最应该做的就是将这些感受——记录下来，因为它是你获得进步与成长的重要标志。当然，这里的学业之书不能仅仅局限于本学科的知识，不同学科的书籍同样可以划归此类。有时候，我们需要通过触类旁通的方式补短板。学理工科的需要文史熏陶，学文史类的同学需要理工思维。此时，思维、视角、格局远远比抽象晦涩的概念、符号更加重要。今天的大学为什么越来越重视通识课程，选课时为什么要交叉修习？我想与人的全面发展不无关系吧。

二是社会之书。离开高校象牙塔，步入社会大熔炉。我们在学校获得的学识开始经受社会的检验。此时也许你会听到一些不和谐的声音："在学校学的东西在职场毫无用武之地""HR不信我们那一套""进入社会从头开始"……社会用一个又一个残酷的案例告诉我们"现实不是我们所想象的那样"。一名2018届毕业生在离校前颇为认真地对我说："导员，我发现自己以前学的专业知识在这里毫无用途，我得重新交'学费'。"大多数学生在毕业之前都认为自己已经做好了踏入社会的准备，但实际上真正进入社会、走进职场，我们又是如此的不堪一击，似乎在所有的事情面前我们都变得迟钝了、退缩了。往日的朝气荡然无存，有的只是每天的不解与自我否定。我承认，社会带给刚刚毕业的"雏鸟"们的直观感受有时候并不太好，所以经常会有刚刚毕业的学生告诉我："老师，这里的工作和我想的不一样。"但恰恰是这种困惑与质疑的双重压力，才会让你更加明白大学对于我们的价值。大学从来不是产品加工厂，不是把你打造成一个异化的社会零部件，它的优先任务和根本目的始终是育人。社会的历练如同抽丝剥茧一般，让你逐渐发现大学的真正内涵。它让你学会承担，懂得珍惜，明白进取。这些感受，大学虽然没有直接给予你，但是却在与社会这个大舞台的交织中产生了化学反应，此时的你也许才能真正明白走出象牙塔意味着什么。很多时候，我们的学生要等到毕业很多年之后才会明白其中滋味，而这就需要付出比大学更为高昂的

"学费"去补课。如果可以重来，我想很多毕业生们会选择在大学期间好好读一读"社会"这本书，抓住有限的"休闲"时光充充电、补补课，至少在那个时候我们的付出不需要用金钱去弥补，不需要用失败去定义，有的只是经验的增加、阅历的增长，而我们在面对一个个否定之后得到的何尝不是一个人对于未来的肯定回答呢？

三是成人之书。如果说，社会之书与学业之书的交集让你懂得了质疑与困惑的积极意义，那么在此之上我们需要读懂的就是其背后的更高价值——"成人"。学业之书理应让我们明白"何为人"，社会之书让我们思考"人为何"，而在这样一种理论与实践的交互中，我们逐渐懂得了尊重、包容、谅解，明白了历史的变迁、社会的进步、生活的艰辛、知识的力量，直至对于"人之为人"产生了敬畏和向往。人活一世，可以随遇而安，可以苟延残喘，可以碌碌无为，可以丰功伟绩，可以平平淡淡，但无论选择哪一种都是对生命的一种态度。这些错综复杂的感觉可能会在一瞬间喷发而出，刺激脑神经的同时，也让你的心中浮现出久违的大学、舍友、老师……许多让你我困惑不解的东西在此刻全都迎刃而解。"原来一切本该如此""我就是这样的存在"，你不再对未来感到彷徨，因为你懂得了未来的路靠的不是当下的那点知识，而是我在大学许下的永不放弃的誓言；你不再对现实抱有愤怒，因为你明白了与其怨天尤人，不如整装重来。这不是你心血来潮的想法，而是在大学一次又一次的失败中总结的经验。其实，我们从来没有忘记自己需要什么。社会暂时遮蔽了我们前行的视线，而我们必定要在前行中打破黑暗。此时的你和我也许会感谢上苍的垂怜，感谢命运的安排，但最应该感谢的还是自己对生命的不懈追求，对人与人之间那份执着的感动。这些看似矛盾的想法不正是我们大学四年里无数次在图书馆、自习室、宿舍、课堂上早已想到的吗？我们走了这么一圈，回过头来最终只是对曾经的自己做出更加真实的回应与更加肯定的回答罢了。

同学们，无论哪本"书"都不是一个简单的叠加，它们相互交融，不分先后。对于生命的敬畏、成长的渴望早在大学生涯里就不止一次地被我们所提及。质疑声时不时在我们的脑海中回响——我能够适应这个社会吗？否定之否定后的豁然开朗继续指引我们不断向前。其实我们并不缺少这些书，它们充满了我们的生活，有时候我们缺少的只是些许面对它们的勇气。"书到用时方恨少"对于现在的你们来说就是一个"伪命题"，因为大家每天都在经历着生活之书，如果以前没发现，现在你应该清醒了。所以，翻开你生命中的那些书，用心品读，让自己来一次成长的飞跃吧。

三、书不是白读的，最终要懂得学以致用

在今天这个时代，物质的极大丰富似乎并没有带来精神的极大满足。"精致的利己主义者"让这个社会充斥着利益、权术。人们活在面具之下，看似井然有序，实则内心恐慌。在大学校园里，"忙"和"茫"像一对生死冤家一样紧缠在一起，理不清，扯不断。时常有学生对我诉苦："老师，我很忙，但是也不知道在忙什么。""导员，我不知道自己以后想干什么。""怎么做才是有价值的？"其实这一切都和你的成长经历有关，而读书在其中起着至关重要的作用。如何读书？读书何用？我想我们无外乎做好以下几件事：

一是在温故知新中经历由自发到自觉的成长过程。有些人读书喜欢追求数量，总是拿读书多少来标榜自己的知识储备。所以，他们不在乎读什么书，只在乎读书本身。看似养成了一种生活习惯，实则是毫无目的的消遣娱乐，只是浪费时间。我心目中的读书一定是循序渐进、厚书读薄、薄书读厚的过程。经典之书不可不读，学者名著不可不读，在读的过程中尽量去做摘引，在摘引的过程中要写下自己的体会，最好在一本书通读一遍后写上心得，寥寥几行或者万字文章均无不可，只要它是你的切身感受就行。有些书读一遍即可，有些书则需要反复阅读，多次体会。如果说刚开始读书是为了满足自己的求知欲，那么多次读下来，感悟则大有不同，这些新的感悟甚至已经与书本身没有任何直接联系了。此时，读书对于你来说才是真正意义上的自觉行为，寄情于书，以书解惑。试想一下，清晨坐于书桌前，泡上一杯清茶，拿出心爱的书籍，如同知己好友坐于身旁，诉说、聆听、交心，何其自在。不知从何时起，我养成了写读书笔记的习惯，每当翻看曾经的潦草字迹之时，总会觉得时空周转，我似乎与曾经的自己在对话，有时甚至会被自己的话语感动，原来我也曾经这样彷徨过，我也如同书中作者一般立下了誓言。这是什么呢？这就是书的魅力，这就是温故而知新带给我们的成长答案，我们就是在这样的生命旅程中走向成熟，与书为伴，如遇故人。

二是在觉知躬行中体味学以致用的现实价值。书贵在用，所谓"用"就是让书发挥它在现实生活中的价值。而书的价值能否得到充分体现，就完全依赖于使用它的人了。我们都明白"纸上得来终觉浅，绝知此事要躬行"的含义，都懂得要将书本上学到的知识运用到实践中去，在实践中检验真理，并更好地完善知识，最终目的就是为了更好的生活。因此，读万卷书必须行万里路。在大学里，大家每天都在读书，但是很多时候我们读的是"死书"，

而不是"活书"，以至于在今天的大学校园里，我很少再能看到学生们下课围在书桌前讨论问题，鲜有学生在课后追着老师求解困惑。大家已经习惯于听老师说，而不是主动去思考。我想，其中一个重要的原因就是大家剥离了知识与生活的联系，生活是生活，学习是学习，读书要么是为了消遣娱乐，要么是为了期末考试。于是乎，读变成了玩，变成了背。试想，这样的读书价值何在呢？要发挥书的价值，要懂得读书的意义，就必须在现实生活中探明究竟，在书中找到指引人生的路径。今天的成功学书籍为什么始终畅销？一方面是因为太多的人需要改变自己，另一方面也说明太多的人始终未能真正改变自己。所以，与其抱着一本成功学"宝典"做着白日梦，不如迈开自己的脚步在实践中找到书的真谛。读书就是读自己，就是读生活，如果可以感受到自身阅历的增长，体会到处变不惊的平静，我想你也就懂得了学以致用的真正价值了。

三是在慎思明辨中感悟由知转智的人生蜕变。今天我们已经进入读图时代，相对于"单调"的文字，人们似乎更加喜欢图片和视频。刷手机远远比抱着一本书泡在图书馆更有意思。但是有意思的事情未必有意义。我不止一次听一些学生的抱怨，发誓不再无聊地刷屏，但是这种所谓的"发誓"并没有多大意义。因为这种自我责怪仅仅是当下的一种情绪宣泄，并没有真正触及内心深处的痛点。用我的话说，没有经历过刻骨铭心的失恋就不会懂得爱的代价。同样，没有做到慎思明辨，就不会明白由知转智的蜕变。"吾日三省"在今天似乎变成了奢侈品，学生们习惯了在夜间"拼"得"你死我活"，聊得"海枯石烂"，看得"惊心动魄"，却在第二天的课堂上用"无神的眼睛""耷拉的脑袋""连片的哈欠"面对老师，以至于我一度怀疑今天的一些学生，是否还有朝气，是否还有动力，也许，我们不能太奢望今天的大学生能够顿悟，懂得利弊。作为辅导员，作为"人生导师"，在关键时刻我们需要挺身而出，走进宿舍，打开QQ，弹出微信，用一番"刻骨铭心"的对话帮助他们学会迎难而上，帮助他们重回正轨，帮助他们重新审慎地思考人生，帮助他们从偌大的图书馆中找到引领方向的精神读本。由知转智，本身就是一个不断实践、不断升华的过程，它体现在我们日复一日、年复一年的反思之中，是我们精神财富的结晶。当有一天别人用"智慧"二字去赞扬你时，我想你的书就真的读懂了、读透了，你的人生也就有了这个时代最绚丽的光彩。

亲爱的同学们，此刻还需要犹豫吗？当然不需要。让我们的假期就从这"三本书"正式开始吧！

做一个"清醒"的青年马克思主义者

我们常说青年一代"长在红旗下，生在春风里"。这个"红旗"就是社会主义的大旗，这个"春风"就是改革开放的春风。今天的美好生活正是源于马克思主义在中华大地的生根发芽、开花结果。作为青年一代，不仅要为祖国的繁荣昌盛感到自豪，更应该努力成为信仰马克思主义的青年马克思主义者。当前，不可否认，一些青年人不愿谈信仰，觉得这是旧社会的东西，觉得这是虚无缥缈的空话；也有些大学生不敢谈信仰，觉得在这样一个"物欲横流"的社会，做一个"精致的利己主义者"何谈信念、责任与抱负？但是同样也有一群青年大学生坚守信仰，用自己的青春汗水浇灌祖国大地，用无愧于时代的勇气与担当奉献自我、成就自我。究竟我们应该成为什么样的人？答案看似不止一个。但是，我认为每个人的心中都有一个英雄，都希望自己可以成为家人眼中的骄傲，那就需要我们付出极大的努力，面对所有的虚妄之言勇敢反驳；面对物质诱惑以精神力量去猛烈回击，而要做到这一切就需要我们时刻保持冷静和果敢，将马克思主义真正运用到现实生活中，做一个当代"清醒"的"青马人"。

一、"不清醒"的样子是啥样？

要做到"清醒"就应该知道什么是"不清醒"。早晨起来昏昏欲睡可以看作"不清醒"，但这只是一种生理状态。在我看来，"不清醒"更多的是形容一个人的精神状态，表现为思想观念、精神意识、价值理念存在困惑、模糊、混乱，无法看清事物的内在本质，难以做出科学合理的判断。而作为一名青年大学生，这种"不清醒"至少包括以下三个方面：

一是政治意识淡薄。众所周知，鸦片战争时期西方列强用鸦片和大炮硬生生地破开中国大门，使中国沦为半殖民地半封建社会。面对亡国灭种的危机，中华民族经过英勇无畏的斗争与牺牲，最终建立了新中国。70 多年的建设、改革与发展，今天的中国已经昂首进入新时代。然而，我们在为辉煌成就感到兴奋与自豪的同时，必须清醒地认识到西方国家对于中国的威胁和渗透从未停止，尽管他们收起了坚船利炮，但是意识形态领域的交锋却愈演愈烈。新自由主义、历史虚无主义、民粹主义、泛娱乐主义等更具有渗透性、迷惑性、威胁性的社会思潮正企图侵蚀国人思想，尤其是在青少年中，这种影响更加深刻、隐蔽和难以察觉。今天，处于"拔节孕穗期"的大学生的世界观、人生观和价值观尚未成型，他们对于政治的关注度有限，政治判断力、政治领悟力、政治执行力还比较薄弱。这恰恰给了西方敌对势力可乘之机，他们就是要在一轮又一轮的"糖衣炮弹"中腐化、西化、分化中国青年，以没有硝烟的"意识形态战争"击垮中国的未来脊梁。作为青年人，如果不能清醒地认识这一点，没有辨别利害的能力，没有坚定的政治信仰，就极易在未来的成长过程中遭遇政治风险。

二是思想观念混乱。我们今天说中国特色社会主义已经进入新时代，这是对国家发展的一种准确判断和科学界定，是符合中国的基本国情和建设方略的。但同时我们也必须清醒地认识到，伴随着改革开放大门的越开越大，各种思潮、观念、价值观"纷至沓来"，无时无刻不在变换形式与内容，企图搞乱老百姓的思想。如果仔细观察就会发现，现在的大学生思想更加开放，对于新鲜事物的兴趣也更大，网络的飞速发展更进一步增强了他们的好奇心和"胆量"。各种思想观念就在大学生的"关注"中渗透进来，他们打着"自由""民主""平等""人权"的口号，诱导大学生做出有损民族尊严、诋毁国家名誉的事。大学生容易被外在的形式和包装所吸引，迷醉于舒适的物质享受之中，在西方和平演变中逐渐迷失自己，弱化民族意识，甚至推崇西方文化，贬斥中华文明。这就给广大思政工作者提出了更高的要求，需要广大教师尤其是思政课教师、辅导员及时"掌握学生思想行为特点及思想政治状况，有针对性地帮助学生处理好思想认识、价值取向、学习生活、择业交友等方面的具体问题"。[①] 这绝对不是一朝一夕就可以完成的，我们必须充分认识到意识形态领域的战争始终存在也将长期存在。

三是行动目标模糊。马克思在其 17 岁时的中学毕业论文《青年在选择职

[①] 普通高等学校辅导员队伍建设规定［EB/OL］.（2017-09-29）［2020-12-10］. http：//www. moe. gov. cn/srcsite/A02/s5911/moe_ 621/201709/t20170929_ 315781. html

业时的考虑》中说道："每个人眼前都有一个目标，这个目标至少在他本人看来是伟大的，而且如果最深刻的信念，即内心深处的声音，认为这个目标是伟大的，那它实际上也是伟大的"。① 这个目标就是人的行动方向。马克思的目标是什么？是"为人类而工作的职业"② "不是可怜的、有限的、自私的乐趣"。③ 正是因为在青年时代马克思就明确了自己崇高的目标，因而在未来近50年的时间里，他将自己的一切奉献给了人类解放事业，尽管物质贫乏，精神却无比丰足。今天很多大学生之所以会感到迷茫、困惑，会觉得手足无措，一个很重要的原因就在于没有明确的目标，没有清晰的行动指南。大学生进入校园，不再像高中一样有明确的目标（上大学），不再像高中一样有班主任耳提面命。习惯了约束状态的学生们突然获得了"自由"，除了兴奋之外，更多的是紧张、焦虑，他们急需引导，却难以得到有效的帮助。（很多时候，我们的辅导员由于工作阅历较浅，自身教育引导能力尚不成熟）在这样那样的纠结、矛盾中，学生没有方向，没有道路，难以走出自己的思想困境，自己应该追求什么、人生在哪里？这些问题在学生脑海中都是混乱而没有答案的，因此不少大学生就在自我麻醉、自我欺骗、自我倦怠中浑浑噩噩地度过了大学四年。

二、给"不清醒"的自己找找原因

我们的一些大学生之所以会"不清醒"，主要原因在于没有正确认识政治理论学习，忽视社会实践活动带给自己的"转变"，更是以一种自我放弃的心态回避思想困惑。

一是以刻板印象错判理论学习。今天社会主义核心价值观已经成为耳熟能详、家喻户晓的"关键词"，很多大学生在校园里天天都能看到它，但实际上对其进行背诵并不是我们的目的，理解并践行才是我们的最终目标。一些大学生之所以表现出"政治意识淡薄"就是因为对政治理论学习有认知误区，把学习政治理论知识当成是自己的额外负担，把背诵那些条例、规定、参考答案当作学习本身，用枯燥的背诵一次又一次考验自己的记忆力。马克思曾经说："我只知道我自己不是马克思主义者"，④ 这"与其说是一个马克思与

---

① 马克思恩格斯全集：第 1 卷 ［M］. 北京：人民出版社，1995：455.
② 马克思恩格斯全集：第 1 卷 ［M］. 北京：人民出版社，1995：459.
③ 马克思恩格斯全集：第 1 卷 ［M］. 北京：人民出版社，1995：459.
④ 马克思恩格斯选集：第 4 卷 ［M］. 北京：人民出版社，2012：603.

马克思主义的关系问题，不如说是一个如何正确对待马克思主义的问题"。①
他要抨击的恰恰是那些拿着马克思主义的读本，自以为是地诵读条文，而不
联系实际去分析甚至批判学习的"本本主义者"。在马克思那里，真正的马克
思主义的信仰者一定是在理解中、在实践中、在发展中学习的。因此，今天
的很多大学生"不清醒"的原因之一就在于把政治理论的学习"条目化"
"枯燥化""刻板化"，而不是在自己的实际生活中去体会和探寻它的实际价
值。古希腊城邦的公民所信奉的政治恰恰是在广场上的交流与思考，是一种
生活参与。几年前，我在一次散步的途中偶然看到一块"社会主义核心价值
观"的展示牌，上面将"法治"误写成了"法制"。我随即给镜湖区文明办
打了一个电话，向他们指出了这个"失误"。当时在我看来，这是一个市民的
责任和义务，现在想来，这何尝不是一次很好的学习经历呢？如果没有对于
这些文字的理解，又怎么能意识到一个字的失误所造成的巨大影响呢？所以，
作为一名青年马克思主义者，我们不应该局限在自己对于政治原有的、粗糙
的、片面的理解，而是应该在生活中感受政治的力量。尤其在学习变得如此
时尚的今天，不妨多利用"学习强国"这样的 APP，你也许就会发现，这些
都是你成为一个"青马人"的好机会。

　　二是以敷衍了事曲解社会实践。实践出真知。这句话并不仅仅说明理论
源于实践，同时也说明只有在具体的实践过程中反复思考，在思考中反复实
践，才能真正把握事物的本质，才能在自己的思想里增添"货真价实"的知
识，才能帮助自己廓清思想困惑的"迷雾"，从"不清醒"的状态中解脱出
来。我们每天都要活动，但不是所有的活动都是实践，只有那些真正有益于
身心健康、有益于思维成熟、有益于能力成长的活动才值得我们关注和参与。
举例来说，每年7—8月，学校都会开展暑期"三下乡"社会实践活动。这项
活动的目的是什么？这项活动应该怎么做？答案很明显。但是我们的身边总
有一些学生图形式、走过场。原因就在于他们没有意识到社会实践的重要性。
"受教育、长才干、做贡献"绝不是一句空话、套话，它恰恰反映了一名合格
大学生的思想境界，它是我们成为一名"青马人"的准则之一。我在《"三
下乡"不得不提的"三个转变"》一文中指出：暑期社会实践可以帮助我们
实现三个转变，即行动上，要实现从"观看"到"观察"的转变；角色上，

---

① 梁树发. 马克思主义者身份认同与马克思主义发展主体意识自觉 [J]. 马克思主义理论
学科研究，2018，4（03）：76-83.

要实现从"旁观者"到"参与者"的转变；内容上，要实现从"专业优势"到"实践优势"的转变。这些转变不仅仅是暑期社会实践需要的，在我们的其他社会实践与志愿服务中同样需要实现这些转变，这是我们真正踏入社会的重要保障。理论联系实践，最终是要改变自己，服务社会，而不是用自己拍摄的那些图片、视频安慰自己。"清醒"地意识到这些，你的大学生活才会真正变得有意义。

三是以自我抛弃回避思想矛盾。看过《士兵突击》这部电视剧的人应该都记得那句经典名言——"不抛弃，不放弃"。王宝强所扮演的士兵许三多，并不比别人聪明，甚至有些"憨傻""执拗"，特种队里比他聪明的人很多，但是他能进入综合实战能力最好的"老 A"，恰恰是因为他身上具有作为军人的精神气质——那种对于目标的执着、胜利的渴望以及战友的关怀。在他的眼中，作为军人就应该勇往直前，就应该保家卫国。同样，对于大学生来说，我们是不是也应该具有这种"不抛弃，不放弃"的精神呢？现在的一些大学生整天喊着迷茫，喊着焦虑，但又有谁会真正去反思自己呢？实际上，今天很多人觉得自己很忙，其实都是在回避最应该做的事，通过一种忙里忙外的"充实"自我逃避，让自己陷入一种没有时间去完成真正需要做的那件事的假象，看似是由于客观原因导致的，而实际上都是自己造成的。处于自我麻痹中的人，怎么可能会有"清醒"的认识呢？马克思从一个有着不错家庭背景的特里尔青年最终"沦落"为一个穷困潦倒的无国籍人士，到底是为了什么？答案很明确，就是为了实现全人类的解放。正如恩格斯在马克思的墓前所说的那段话："在整个欧洲和美洲，从西伯利亚矿井到加利福尼亚，千百万革命战友无不对他表示尊敬、爱戴和悼念，而我敢大胆地说：他可能有过许多敌人，但未必有一个私敌。"① 马克思用自己的一生有力地回应了中学时就确立的伟大梦想。亲爱的大学生朋友们，你们的目标在哪里呢？你们能否为自己看似纠结、迷茫、无措的生活找到出路，能否以自己的顽强信念跨越挑战挫折呢？倘若你自己不去努力，不去争取，不去奋斗，又怎么会得到真正的成长呢？

三、做一个"清醒"的"青马人"

解铃还须系铃人。若想使自己保持"清醒"，以一个不断成长的"青马

---

① 马克思恩格斯选集：第 3 卷 [M]. 北京：人民出版社，2012：1004.

人"的姿态面对未来，就必须拥有坚定的政治方向、正确的思想观念和清晰的行动轨迹，这是明确自己的"三个关键点"。

关键点一：政治坚定，做到初心不忘

习近平总书记曾勉励广大青年："中国梦是历史的、现实的，也是未来的；是我们这一代的，更是青年一代的。中华民族伟大复兴的中国梦终将在一代代青年的接力奋斗中变为现实。"① 可以说，实现"中国梦"是当代青年最崇高的政治使命。作为"青马人"，头脑"清醒"就要做到不忘初心、牢记使命，始终将国家发展方向与个人发展目标相结合，将小我融入大我，在青春奋斗中实现自己的人生价值。我们常说"一颗红心跟党走"就是要站在历史的新起点，帮助每一位有志青年不断提高自身思想水平、政治觉悟、道德品质、文化素养，引导他们进一步了解人类社会演进的一般规律，从我们党的革命、建设与改革实践中认识和把握人类社会发展的现实曲折性与历史必然性，不断增强为共产主义远大理想和中国特色社会主义共同理想而奋斗的信心，真正让中国特色社会主义的道路自信、理论自信、制度自信、文化自信扎根于灵魂深处，落实到行动之上；要引导他们通过中外互动，找准思想症候，厘清思想混乱，解决思想困惑，帮助学生在国际比较中坚定信心，站稳立场；要鼓励青年大学生在奋斗中体现价值，将"青春梦"融入"中国梦"，将个人的理想追求融入国家和民族大业中，勇做走在时代前列的奋进者、开拓者；要帮助他们坚定理想信念，锤炼意志品格，勇于迎难而上，不懈追求卓越，努力成为又红又专、德才兼备、全面发展的中国特色社会主义合格建设者和可靠接班人。

关键点二：思想清晰，做到信念不移

清醒的认知意味着必须有清晰的思想。中国共产党一路走来，之所以能够带领中华民族取得一次又一次的胜利，正是因为坚持"解放思想、实事求是"。青年大学生之所以容易被各种思想观念影响，也正是因为面对自我、他人与社会时并不总是能够做到客观、理性，并不总是可以做到理论联系实际、实事求是。毛泽东同志在《改造我们的学习》中指出："'实事'就是客观存在着的一切事物，'是'就是客观事物的内部联系，即规律性，'求'就是我们去研究。"② 只有把握了事物的规律性，我们才能够明确自己的思想脉络，

① 习近平谈治国理政：第3卷 [M]. 北京：外文出版社，2020：54-55.
② 毛泽东选集：第3卷 [M]. 北京：人民出版社，1991：801.

才能够进一步解放自己的思想，而不是故步自封，人云亦云。也只有做到了解放思想，我们才能更好地实事求是。中国取得今天的伟大成就，恰恰是因为我们既不走封闭僵化的老路，也不走改旗易帜的邪路，而是选择了最适合我国发展实际并能推动实现国家富强、民族独立和人民幸福的中国特色社会主义道路。这就是我们这个国家的"清醒"认识。对于青年大学生来说，保持头脑"清醒"就是要做到思想清晰，时刻把握"解放思想，实事求是"的深刻内涵，就是凡事多问几个为什么，知其然更要知其所以然，以"求"的心态更好地指导我们的学习、工作与生活，以一种时不我待、只争朝夕的信念引领自己不断成长。

关键点三：行动明确，做到道路不偏

航船有了指南针的帮助才不会偏离航向，大雁有了温暖大地的指引才能够飞跃寒冬。大学生只有明确了自己的目标，才能找到奋斗的方向。什么样的目标需要我们去确立？《礼记·大学》说："古之欲明明德于天下者，先治其国；欲治其国者，先齐其家；欲齐其家者，先修其身；欲修其身者，先正其心；欲正其心者，先诚其意；欲诚其意者，先致其知，致知在格物。物格而后知至，知至而后意诚，意诚而后心正，心正而后身修，身修而后家齐，家齐而后国治，国治而后天下平。"[①] 这就是我们常说的"修身齐家治国平天下"。一切都是从自我升格开始，而最终目的是国家繁荣富强。每一个人都是社会的一分子，只有我们努力了，国家才能够进步；也只有国家强大了，我们才能够安康。"人生之所重者元气，国家之所重者人才。"[②] 只有成为有用之人才，才能成为社会之栋梁。成为值得他人需要、社会需要、国家需要的人才就是我们的不变目标，就是我们的奋斗使命。把握住了这一点，我们做的每一件事就被赋予了价值和意义，我们才可以在日常生活中不断检验自己和勉励自己，做到"吾日三省吾身"，时刻让自己保持在正确的轨道上。今天越来越多的大学生选择到祖国需要的地方去奉献自己，他们是这个时代最宝贵的财富，这不仅彰显了当代青年的远大目标，更彰显了一代又一代"青马人"的责任担当。

这段时间我一直在读《共产党宣言》（以下简称"《宣言》"），尽管《宣言》当初是共产主义者同盟委托马克思和恩格斯起草的一份"详细的理论

---

① 马少毅，李若飞，刘文婷. 国学读本［M］. 徐州：中国矿业大学出版社，2018：108.
② 山阴金编，金缨校注. 格言联璧［M］. 武汉：湖北人民出版社，1994：178.

和实践的党纲"①，它产生的历史背景和实践环境与今天已截然不同，但是这并不影响它的历史地位与时代价值。这个"出生于"19 世纪 40 年代的小册子直到今天依然是共产党人的"圣经"，它的发表标志着马克思主义的诞生，是所有真正信仰马克思主义之人的精神武器和行动指南。《宣言》在最后一章说道："无产者在这个革命中失去的只是锁链。他们获得的将是整个世界。"②这是共产党人的最高诉求，更是所有信仰马克思主义之人的最终理想。一部《宣言》就是对思想的洗涤，就是让你我保持"清醒"的真理学说。也许有学生会问："老师，成为一个清醒的马克思主义者、成为一个真正的'青马人'真的有那么重要吗？"在我看来，这很重要。这呈现的不仅仅是一代人的人生观，更是一代人的品格和信念。也许你从来没有意识到自己能够成为"青马人"，但只要你拥有了勇气、决心、动力、目标，只要你希望自己更好、社会更好、国家更好，你就具备了成为"青马人"的资格，并终将在未来的实践中认清自己、成就自己。到那时，你就是最"清醒"的青年马克思主义者。今天的我们失去的只是"舒适圈"，但获得的将是最精彩的人生。

　　谨以此文与所有奋斗在梦想道路上的青年马克思主义者共勉！

---

① 马克思，恩格斯. 共产党宣言［M］. 北京：人民出版社，2014：51.

② 马克思恩格斯选集：第 1 卷［M］. 北京：人民出版社，2012：435.

青年学子的格局：观天下事，
说中国话，做利民人

今天大学生生活的时代和我读大学时已经截然不同，"00后"的他们是不折不扣的"互联网原住民"，但科技的进步是不是意味着思想的进步呢？对于大家来说，网络意味着什么？它是提升自我的新媒体，还是封闭自我的自留地，抑或是娱乐自我的舒适圈？我想每个人都会有自己的想法，但也有不少人不敢正视自己的想法，因为他们确实正在自留地上自欺欺人。这几天，我关注了好几所兄弟院校的微信软文，它们都不约而同地谈到了学生和老师到哪所高校交流、去哪个国家访问，新闻的字里行间表现出的都是这些师生的视野、眼界以及让人钦佩的能力。回到我们这个小小的教室，我突然想问"我们可以做到吗？"可能有同学会说，他们是名校，他们有资源，我们如果有的话，也可以。从客观环境来说，我们确实有差距，但一个人的视野和境界的养成、自身能力的培养绝不仅仅是这些外部环境可以决定的。作为"互联网原住民"，信息社会如此发达，怎会不能开阔眼界、增长见识呢？我认为，真正关键的还是培养自我格局，也就是看问题的角度、高度和深度，至少在以下三个方面可以帮助我们有所精进。我将其总结为：观天下事，说中国话，做利民人。要看，要说，更要做。

一、观天下事，开阔视野更要理性思考

随着网络世界的逐渐扩大，我们了解中国和世界的可能性越来越大，足不出户即可浏览全球热点。2021年华为公司的事件引发热议，中美贸易纷争的背后却是两个超级大国之间的博弈，中国用属于自己的方式维护着应有的尊严，也赢得了世界的认可。我经常和大家说，年轻人应该多看看外面的世界，但这绝不是单纯的旅游（诗和远方是有含金量的）。每年有不少学生会利用假期出去旅游，看看世界名胜和祖国河山，但是又有多少学生会选择游学呢？我并不否认旅游度假的必要，但我更看重大家在最宝贵的青春年华为自己奋斗了多少。当然，你完全可以在家里通过网络领略全球美景，但你的网络空间、手机 APP 又有多少是"成长"的代名词呢？你的眼界决定了你认识自己和这个社会的高度。如果现在有一个学生和我聊天谈论某个综艺节目请了几个明星，我并不会 get 到兴奋的点，顶多闲聊几句；但倘若一个学生与我交流的是校园欺凌的危害以及我们应该做什么，我反而觉得值得深谈一次，甚至为此召开一次主题班会，申报一个工作课题。其实对于今天的不少大学生来说，他们缺乏深度思考的能力，这和他们的视野有很大关系。就像井底之蛙一样，坐井观天的你所理解的世界可能就井口那么大。我鼓励学生们要多读书，有字之书和无字之书都应学习，目的就是开阔眼界。只有看得多了，才会引发你的思考，才有可能产生思想困惑，才有继续深入下去的可能，我们才能进一步成长，这正是学习的目的所在。

当然，思考绝不是胡思乱想，它同样有方法和策略。思考绝不是感性地发表言论，而一定是理性的审慎判断。要做到这一点，必须注意三个关键点：一是尽可能地了解相关信息，在范围上尽量全覆盖；二是有自己独立的思维空间，不要人云亦云；三是掌握一套分析问题的策略，简单来说就是"三段论"（是什么、为什么、怎么办）。具体来说，若想做出理性判断首先必须增强认识事物的可能性，年轻人容易犯的一个毛病就是着急判断，刚有眉目就立马做出结论，缺乏耐心解读、审慎思考的意识。这种思想观念非常危险，就像谈恋爱一样，在没有充分了解对方之前就选择结婚，那婚后生活肯定会遇到问题，有些问题甚至会影响婚姻本身。所以，大家在做出自己的价值判断之前应当先对事件有一个比较全面的了解，用我的话说就是轻易不发表观点，一旦发表就要掷地有声。掷地有声是因为你掷下去的力量足够，而这个力量从某种程度上来说就是你了解问题的全面性。当然，光了解还不够。网上铺天盖地都是对于某个问题的一片叫好或者一片叫骂，你虽然看得多，但是如果没有自己独立的判断，最终也会变成"吃瓜群众"。这段时间看微信，一位剑桥博士在美版知乎 Quora 上回答了他人针对中国提出的尖锐问题，这位名叫 Janus Dongye 的博士用翔实的资料和数据回答了"14 亿中国人是如何喂饱自己的？"他对中国的了解和判断甚至比很多中国人都要翔实，这里有他的学历和专业的原因，但更多的还是他有着自己的客观判断标准，而不是人云亦云的胡编乱造。他在分析问题时表现出的缜密思维恰恰又是我们每一位年轻人应该学习的。他从提问者过于宽泛模糊的概念——"中国贫困地区"开始讨论，逐步确定研究视角和范围，并开始了超长的深度解读。大量的图片、数据和独到的分析让他的文章一经发表就被疯狂转载，并引起了很多外国人的共鸣，也让更多人了解了中国，更加认同中国的改革发展之路。这样的正面导向绝不是溜须拍马换来的，也不是蓄意造假得到的，而是真真切切地用事实说话。所以，他赢得了掌声，也赢得了中国人民的尊重。建议感兴趣的同学可以看看《剑桥博士发震撼长文：为何中国肯下血本在西方绝不做的"亏本买卖"上》，对于提升你理性思考和分析研判的能力大有裨益。

二、说中国话，加强交流更要传承文明

今天的中国在世界上越来越具有发言权，学习中国话也成为一种新的风尚，就像 SHE 的主打歌里唱的一样："全世界都在学中国话，孔夫子的话越来越国际化"。今天的孔子学院已经开办到世界各地，我们正在向全球展示中华文明的魅力。2015 年 3 月 28 日，博鳌亚洲论坛 2015 年年会在海南省博鳌开幕，习近平主席在发表主旨演讲时说："中方倡议召开亚洲文明对话大会，加强青少年、民间团体、地方、媒体等各界交流，打造智库交流合作网络，让亚洲人民享受更富内涵的精神生活，让地区发展合作更加活力四射。"[1] 2019 年 5 月 15 日，亚洲文明对话大会如约在北京举行。习近平主席出席大会开幕式，发表《深化文明交流互鉴　共建亚洲命运共同体》的主旨演讲。"文明因多样而交流，因交流而互鉴，因互鉴而发展。"[2] 西方一些反华国家总是拿他们那套"丛林法则"宣称中国必然走上弱肉强食的道路，但细数中华五千年，但凡文化繁荣、国家繁盛之际，我们是以何种姿态面向世界的呢？张骞出使西域，郑和七下西洋，我们面向世界的不是刀枪剑戟，而是共享繁荣的和平姿态。反观西方，一旦有了足够的资本就企图占领中国，瓜分中国，而他们最终掠夺的也仅仅是中华文明的沧海一粟，无法真正折断中国的根，这就是上下五千年的国魂。我们都知道"中国"用英文翻译是"China"，而"china"就是"瓷器"的意思，可见世界认识和解读中国同样是从我们的文明宝藏开始的。

我希望今天的大学生可以肩负起传承中华文明的重任，不仅仅是让自己

---

① 央广时评：亚洲文明对话　世界期待聆听 [EB/OL]. (2019-05-13) [2021-1-8]. http://news. cnr. cn/dj/20190513/t20190513_ 524610360. shtml

② 习近平谈治国理政 [M]. 北京：外文出版社，2020：468.

了解，更要让世界了解。这是一种文化自信，更是一种大国担当。我们不需要用坚船利炮强制让你屈服，我们完全可以用互利共赢的未来获得相互信任。说中国话不仅仅是用我们的语言解读中国和世界，更是向世界展示我们的价值理念和文化思想。当前中国基本上已经解决"挨打"和"挨饿"的问题，但"挨骂"依然是我们面临的现实困境。面对挑战，我们唯有不断巩固和发展自己的话语体系，打破西方话语范式"唯我独尊"的禁锢，才能在世界舞台中央更好地把握住话语权，在扩大对话空间的同时表明中国的立场与态度，展现大中华的"泱泱气派"。说中国话就是要用中国的思维逻辑去向世界解读我们的认识与理解，我们不强制输出，也绝不随波逐流，在交锋中交流，在交流中互鉴。对于年轻的大学生来说，我们应该有这样的自信，也应该有这样的觉悟，相信大家一旦有机会向世界展示自己国家的时候，也会这么去做的。

三、做利民人，服务社会更要成就自我

有了理性判断的能力和话语表达的自信，我们同样需要将理论付诸实际，需要在承诺的基础上践诺。我经常对"圆滑"和"成熟"进行分析，成熟之人更加懂得责任的价值。而"责任"从某种意义上来说就是你对于他人的意义以及你自身对于这份意义的坚持和执着。"得到"APP有一讲专门讨论人在群体中的地位，简单来说有三个变量很重要，分别是"度中心度（数量）""中介中心度（位置）""特征向量中心度（质量）"。"度中心度"是你在群体中被多少人所知道，这就好比你是一个微信群的群主，群的产生因你而成，所有的成员都应知道你的存在；"中介中心度"是指你被别人依赖的程度，别人越需要你，越说明你的中介中心度值高，例如这个群是关于学前儿童教育问题的，尽管你不是群主，但是却是学前教育领域的专家，很多群里的人员都会与你发生交集，这就会增加你的中介中心度值；"特征向量中心度"指的是和你发生联系的这些人，其自身的重要性如何，如果他们的重要性在你的影响下越大，也就说明你的特征向量中心度越大。因此，当一个学生在班级中能够成为同学们熟知的对象，同时又可以满足同学们的合理诉求，成为帮助同学们成长成才的好班委，而这些得到帮助的同学在自己的领域内发展又很不错，成为更多人敬佩和学习的榜样，那么这个学生就是群体中真正的优秀者，真正的领头羊。我们今天谈"要做利民人"，就是向成为这样的榜样出发。每年学校都会开展十佳大学生、十佳班集体、十佳志愿者等评优

评先工作，我们理应尽可能提升自己的"三个度"，以自身的优秀带动更多人成长。一花独放不是春，百花齐放春满园。只有摆正位置，积极行动，我们才能不断强化所在组织的整体性和凝聚力。

当然，大学生不能仅仅局限于此，大学只是我们彰显价值的小舞台，更大的舞台是社会。同学们可以通过西部计划、"三支一扶"等项目努力实现自己的理想抱负，发挥自己的专业优势，这么做的目的不是为了拿一个奖、找一份工作，而是将自己的责任心、使命感最大限度地彰显。每年的暑期社会实践都会成立若干校、院、班三级团队，甚至有些团队可以冲到省级甚至国家级。对于这些团队成员的思想引领非常重要，作为团队队长更应该在责任担当意识上加强同成员的交流，尽量避免"糊任务""走过场"现象的发生，真正让大家在社会实践中受教育、长才干、做贡献。与此同时，同学们一定要厘清小我和大我之间的关系，今天的大学生容易陷入小我的圈子里，不愿投入广阔的大我天地，这需要警惕，更需要加强引导和自我教育。过度关注小我，人的格局就会变小；过度关注大我就会变得不切实际，好高骛远。正确的方法应该是将小我融入大我之中，既不要忽视小我的力量，也不能忽略大我的指引。做到以小我成就大我，成为其他人努力攀升、全面发展的价值基点；以大我引领小我，为人生指明正确方向和前行道路。我想，这不是什么难事，只要踏出那一步，自然就会有所感悟。可能有些人会说自己没有那么大的抱负，只想平淡过一生。但我想告诉大家，平淡可以，但绝不应该平庸，即使是最简单的粗茶淡饭也能够体现一个人对于生命的理解和珍视。他们放弃了物质世界的纸醉金迷，只是为了精神世界的更大满足，这种满足一定和他崇高的职业相挂钩。正如当年的马克思一样，放弃家族，放弃财富，甘愿贫苦一生，只是为了更伟大的人类事业。我们成不了马克思，但是却可以做更好的自己。"虽不能至，心向往之。"

作家杨小米在《行动变现》一书里曾说："我认为不要把格局想那么复杂，其实就是思维方式的改变更加全面系统，当别人做得好时，多想想他们如何做到的，自己要如何才能成功。当你做好了每件小事，时间久了，你自然就能做成大事了。"① 同学们，开阔眼界，提升自己的思维与格局，准备实现下一个人生进阶吧！

---

① 杨小米. 行动变现 如何让我们的拼搏更有价值［M］. 江苏凤凰文艺出版社，2018：24.

大学转折点，学会狠狠地"作"

在高校担任辅导员，主题班会是我们集中开展思想教育工作的重要手段。主题班会既不是课堂教学，也不是工作例会，而是一个沟通交流、传递思想的对话平台。因此，不应给这个场合增加太多的严肃感。如果单方面变成了辅导员一个人的"表演"，那无异于一碗浓稠到极点的心灵鸡汤，好看不一定好喝。

以下是我在2016级辅导员交接工作之后召开的第一次主题班会。我将其中的部分内容进行了整理，形成了这样一篇不长不短的小文章，仅供交流。

刚才的交接环节，我相信大家应该已经知道我是谁了，不过知道的可能只是我叫什么，是干什么的，对于我的很多信息还不够了解，所以接下来我先"厚脸皮"地介绍一下我自己。这有点像某相亲类节目，希望在我后面几分钟陈述里，大家不要把我"拍死"。

我是学生眼中的"完美主义者"，追求完美，一度让一些学生"苦不堪言"。虽然会有累的时候，但也乐在其中。因为在我看来，这个社会需要我们认真对待自己，对待他人，追求完美只是为了让自己更好。与我接触不深的学生往往给我打上"严肃到孤高"的标签，以至于我自己有时候都怀疑自己是不是有点高冷，但了解我的学生和同事都知道其实我热心如火焰。我喜欢学生工作，喜欢与学生聊天，不仅善于倾听，更关键的是在适当的时机可以给对方一点小小的建议。所以，外冷内热才是真实的我，只要你与我接触就能感受到熊熊燃烧的"小宇宙"，绝对会让你觉得遇到了一个值得吐露心声的知心大哥。

也许此时会有人拿性格说事，说自己性格内向，不善言辞。我觉得性格无好坏，关键是你是否有效地运用了自己性格的优势，规避了性格的劣势，甚至将劣势转化为优势。如果你一度对自己的性格产生困惑，甚至对当下的自己产生怀疑，不妨和我交流一次，相信你我都会从中有所收获。也有人会说，"老师我看你这么忙，真心担心给你'添麻烦'。"如果是这样，建议大家读一读我微信专栏"微伟道来"中的另一篇文章《辅导员不能小看"添麻烦"》，也许你就会不再"怕给我添麻烦了"，我们就有了进一步交流的可能。

言归正传，大家都是即将迈入大三的学生，大三对于大家来说是非常关键的转折点。"转折点"意味着什么呢？我总结起来就是一个字——"作"。

"作"是对"安分守己"的宣战，这里的"安分守己"绝不等同于遵纪守法，而是循规蹈矩、墨守成规、不思进取……当一个人抱有这样一种心态时，就如同困在一个舒适的牢笼里而放弃了所有的可能，失去了本该拥有的跌宕起伏、耐人寻味的生命旅程。在人生最值得拼搏的年华，不去呐喊一次，奔跑一次，你最终收获的可能只是一句"我后悔了"。在我们实现理想、试图让自己变得更加美好的关键时期，怎能"安分守己"呢？

"作"是一种态度、一种精神、一种一往无前、面对挑战和困难勇敢说NO的决心。人们总是说"No Zuo No Die"，我觉得应该再加上一个关键词"No Success"。

大家不妨想象一下，大一的我们曾经穿着同样的军训服，迈着整齐的步伐宣告自己进入大学；大二的我们现在穿着同样的暑期社会实践队服，手拿队旗肩负起一份责任；大四的我们终将穿上同样的学士服，在镜头下告诉所有人我们可以独当一面了，唯独只有大三的我们没有统一的服装，没有统一的动作，这是不是在告诉所有人一切的美好和不确定性都将在这一年尽情地绽放和实现呢？

所以抓住这段时光，狠狠地"作"吧！

第一，学习要狠狠地"作"。习惯于拍PPT、埋头玩手机的你能否为学习"作"一次，怎么"作"？我们可不可以问问自己学习这门课到底有什么意义？"学以致用"何以用，如何用？我认为抓住以下几个关键词至关重要，即知识、方法、思维、格局、眼界。《超级演说家》的冠军北大才女刘媛媛的一句话让我印象深刻，"命运给了你一个比别人低的起点，是希望你用你的一生去奋斗出一个绝地反击的故事"。与其艳羡他人，不如努力超越。你如果对现在的自己有诸多不满，对所处的环境有诸多抱怨，那就拿出你"作"的勇气，往前走一步吧，有时候我们的迷茫并不是因为其他什么原因，只是因为我们懒惰罢了。之前有一档综艺节目《创造101》让我们认识了李子璇、吕小雨、王菊、杨超越等一众"小姐姐"，在很多人质疑赛事公平性的同时，我反倒觉得她们能否出道并无太大争议，因为她们已经成功赢得了粉丝的认可与支持。而我所认可的是她们不服输的精神和执着向前的勇气。在聚光灯下的自信笑容和燃情绽放就是最好的自己，这值得我们每一个人尊重和敬佩。所以，为自己的学习"作"一次有何不可？

第二，生活要狠狠地"作"。我非常佩服一类人，虽然每天工作很忙碌，但总能在他们的朋友圈看到点滴浪漫，这是对生活的一种追求、一种正面暗示，会让你身边的人同样感到愉悦。这里要提两个人，一个是我的发小，目前在新加坡一家全球知名的金融公司工作，虽然每天的工作很累，但是定期可以看到他在群里的一些分享：今天又尝试做了什么新的菜品，又回忆了哪段青春时光……认识他近30年，他始终保持着很好的身材，相较于我日渐肥胖的趋势，他活得很健康。如今的他是一个忠实的长跑爱好者，从"半马"到"全马"，我想对于他只是时间的问题。前不久我和他提到了"戈10"挑战赛，他却付之一笑，这谈笑间让我想到了一句话，"没有困难，制造困难"。就是这样一个男人，爱写旅行游记，动不动就三四万字，有时候真心让我望尘莫及。另一个是学前教育专业2017届的一位毕业生，曾经的学生会副主席，保研至南京师范大学，现在任职于深圳一所幼儿园，她的学习自然优秀，但是她给我的最佳印象却是她对于生活细节的认真态度，这是一个拍照极其上相的女孩，也是一个爱笑的女孩，最关键的是她喜欢摄影，喜欢将生活中很多不被人发现的美好记录下来，我想这就是她的生活旋律。正如田家炳教育书院二楼法国伟大雕塑艺术家罗丹那句经典名言："生活并不缺少美，而是缺少发现美的眼睛。"我们每天都经过那里，你发现它的美了吗？同学们，如果可以的话，请记录生命中让你感动的每一个瞬间，也许此刻你无法清晰地表达它带给你的意义，但是时间一定会告诉你一切。

第三，未来要狠狠地作。我和一些学生聊天时，他们总是表现出对于未来的不自信，总是觉得自己没有未来，过一天是一天，以一种"躺平"的心态对待自己。这实际上就是一种消极回避的行为。我之前与学生分享过一个观点，叫作"目标树理论"。如果说树根是人生目标，那么结出的果实就是这个目标的具体实现，而在此之前我们需要经历生根发芽、开花结果的过程，这个过程就体现在我们的日常生活之中，体现在我们每一天的每一次付出。当然，美好的目标如果没有足够的前提条件作为支撑是难以实现的。我们有时候会将这些条件认定为由外界给予，所以一旦目标未能达成就会怨天尤人，却不曾想过自我反省。我们总是习惯于批评社会、责怪他人，却并不情愿进行自我批评，从自身找原因。这是我们人性的弱点。所以我认为，想拥有更好的未来和人生，就要学会挑战自己的弱点。逆风前行向来痛苦，但如果此时的你不动的话，你的未来就只能自己买单。不要说什么问心无愧和绝不后悔，这只是自欺欺人的心理安慰。如果想让自己不后悔，唯一的办法就是让自己变得更好。好的标准很多，但至少让你可以独立生存，可以得到一些人的认可和信任。因此，为未来的你好好"作"一次，不要惧怕困苦，苦尽甘来的快乐与幸福值得拥有。

最后用四个关键词结束今天的主题班会，那就是"素质过硬、渴望进步、行动力强、善于学习"。这四个关键词看似简单，却蕴含着丰富的人生哲理，无论是谁都不希望自己变成连自己也瞧不起的人，每个人都力求追逐更大的可能性。亲爱的同学们，带着这份可能，继续努力吧！我想这不仅是大家未来学习生涯中追求的目标，也是我今后工作中需要努力提升的地方。让我们共勉、共享，不为别的，只为成就更好的自己。

在师大的历史长河里留下你的印记

2020 年 6 月 24 日这天，我收到了小罗同学的信息，她登上央视了。在央视新闻频道采访毕业学生的视频中，她成了华东师范大学的硕士研究生代表，这个曾经因为研究生推免选择而紧张焦虑的小姑娘，现如今已经完成了她的学业。接下来，她将开始一段新的人生旅程。也许她并不知道，正是因为当初与她的一次谈话，让我萌生了在学院官微开通"微伟道来"微信专栏的想法，也促成了我接下来一系列对于学生工作的思考。从这个意义上来说，我应该感谢她，感谢这位曾经彷徨、如今灿烂微笑的优秀校友。

时间来到 2020 年 7 月 6 日，我送走了自己的第三届学生（尽管是从大三接手），看着收拾整洁的宿舍、看着渐行渐远的身影，我突然意识到，作为一名师大学子，从你踏入师大的那天开始，就注定将与这所拥有 90 多年历史的高等学府结下不解之缘。而从你毕业的那天开始，你将作为校友继续传承"厚重朴实、至善致远、追求卓越、自强不息"的师大精神，在母校漫长的历史长河里留下属于自己的印记。

一、曾经的你由师大哺育

人们常说"儿行千里母担忧"，可能从毕业的那天开始，你们也将成为师大牵挂的对象。尽管师大对于你们来说只有短暂的四年，只是人生旅途上的中转站，但就是这四年却成为每一位毕业生最为重要的人生阶段。

（一）她教会你为什么而出发

我看过一本书，叫作《求职从大一开始》，主要就是告诉读者未来的职场生涯应该从大一就开始准备，在社会站稳脚跟的综合素养理应从大一就开始磨砺。当你们离开母校时，不仅仅是能力的提升，更是心智的成长。如果说初入师大时还不知道做一个什么样的人，那么经过四年的培养，每一名学生的心中必定留下了信念的烙印，也更加明确自己学习的目的、为何而出发。在和毕业班同学进行最后一次谈话时，我们共同探讨了这个话题，并且达成了共识。一是为了民族复兴而出发。做社会主义合格建设者和可靠接班人是一名大学生的使命担当，在实现中国梦的历史征程中每一个人都是不可或缺的力量，这个力量不分大小，不分贵贱，无数微小力量的汇聚终将形成磅礴之力，推动民族复兴的车轮滚滚向前。二是为了母校发展而出发。从踏出校门的那一刻起，大家就成了师大校友。师大用四年培养了你们，你们理应带着母校的期许在未来成就自我，为师大的发展做出贡献。这种贡献不能简单地理解为"为师大回馈什么"，而是要铭记"厚德、重教、博学、笃行"的校训，传承师大"厚重朴实、至善致远、追求卓越、自强不息"的精神，以实际行动展现师大人"严谨治学、敬业奉献、教书育人、为人师表"的教风与"勤学慎思、质朴谦逊、知行合一、求实求新"的学风。以作为师大人而感到光荣和自豪，能够在各行各业的舞台上奉献自我，就是对于母校最大的回报。三是为了个人成长而出发。要想在社会上立足，没有一技之长绝对不行，没有一定的社会适应能力也无法生存。个人的成长与国家、民族的强大息息相关。师大不仅教给大家知识，更为重要的是教会大家如何更好地提升自己、发展自己。它体现在师大的每一次素拓活动、每一场专业论坛、每一次志愿服务……怀揣着抱负、理想、责任、担当，每一位毕业生都会走得更加稳健、更加坚定。

（二）她教会你为什么能出发

在大学的"象牙塔"里同学们远离尘嚣，难以感受到社会竞争的残酷。同学们不能寄希望于学校为大家解决所有问题，很多时候大家需要自己去探索，去尝试。我在很多场合都说过，大学是一个相对宽松的环境，在这里只要你不违反党纪国法，遵守校纪校规，就有足够的空间和时间去"试错"。师大允许大家"改过自新"，给予每一个人足够的包容与鼓励。只要你争取，你就可以获得许许多多的机会；只要你努力，你就可以赢得许许多多的掌声。我们常说"机会总是青睐有准备的人"。当你用心准备了，成功迟早会来。母校在一次又一次激励我们前行的同时，也不忘警醒大家，努力必须实打实，容不得半点虚假。我在《醒脑之书》中看到过一句话："任何不做计划的'努力学习'，都只是作秀而已；任何没有走心的'自强不息'，都只是看起来很努力。"① 所以，大学告诫我们要有目的地"忙"，要沿着正确的方向去"忙"。忙碌是成功的基础，曾穿梭于教室、社团、学生会、实验室、操场、社区的各位毕业生们，你们是不是都从"忙"中驱散了"盲"和"茫"，规避了白忙、穷忙、瞎忙，找到了通向成功的正确道路呢？至少，在我看来，母校没有阻挡大家忙碌的脚步，反而激励大家去忙碌。在学校这个小社会，大家经历了多少、承担了多少，都将换算为成长的砝码，让社会这座天秤去做最终的检验。母校做了应该做的，剩下的靠大家了。

（三）她教会你为什么敢出发

如上所述，"试错"是学校给予学生的机遇，但是否敢于"试错"才是学生能否成长的关键。作为辅导员，我曾教导自己的学生应当把重心放在"敢"字上。"敢为天下先"既是一种气魄，更是一种能力的体现。在学校学院大大小小的比赛、活动中，你敢报名，你敢参与，你敢竞争，你敢坦然面对失败，你敢心平气和地接受胜利，这些都是能力的体现。大家每迈出一步，就离成功近了一步。我调查过一些往届学生，他们中的大部分直言进入职场才意识到自己的大学耽误不少，没能充分利用好上讲台、登舞台、进社区的机会，很是遗憾。其中不乏一些学习成绩优异的学生。但是这些学生中很少有人会去埋怨自己的母校没有培养好自己。从这一点可以看出，学校对于每一个学生都是公平公正的，甚至通过学分的方式鼓励大家参与活动。只可惜，我们的一些学生没有意识到这一点，本末倒置，把精力放在了如何与学分打交道了。好在学校的活动多、平台多，供学生选择的机会也多，就算自己不主动迎难而上，也要被动地"掉一层皮"，以至于进入职场时不那么狼狈。因此，无论是遗憾抑或是懊悔，都没有任何必要，因为就算自己收获不多，但只要细细想来，大学四年间你总会找到一些自己"冲"在前面的片段，回忆起毅然做出决定时的畅快，哪怕只是一瞬间，都是师大留给大家的宝贵资源，而接下来需要做的就是将它放大，并持久地坚持下去。

二、今天的你为自己点赞

每一个走出师大校门的毕业生都应该为自己曾经的努力和付出而感到自豪，能够顺利毕业，本身就意味着这四年在挥洒汗水间经历了无数的跌倒和爬起，拥有了苦尽甘来的精彩人生。此刻要做的就是竖起大拇指，为今天的

---

① 老杨的猫头鹰. 醒脑之书［M］. 北京：现代出版社，2019：17.

自己点赞。

（一）大学有你的汗水泪水

青春从来不是只有欢声笑语，它还夹杂着酸涩和苦闷，有些人经历了、沉淀了、成长了；有些人放弃了、妥协了、失败了。大学就像一个旁观者一样审视着每一个学生的来与去，她不会左右你的前进与后退，但却时刻提醒你做出适合自己的选择。今天的你们已经顺利毕业，这充分说明四年来你们经受住了考验，战胜了一个又一个挫折，跨过了一个又一个坎坷，最终骄傲地带上了那顶属于自己的学士帽。临行前的几天，不少学生来向我告别，一是对于两年来的相伴表示感谢，二是希望在毕业前再听我说几句。借着这难得的机会，我说道："在与你们见面的第一次主题班会上，我曾告诉大家，你们每一个人随时都可以跨出校门，但真正走出去是需要四年来实现的。前两年你们的前任辅导员陪伴你们度过了，后两年我会与你们共同走完。今天我可以告诉大家我做到了。这两年，我见证了你们的成长，这是你们用泪水和汗水换来的，不要吝啬自己的感情，也不要觉得自己脆弱，我们需要情绪，需要磨砺，这才能说明我们是活生生的人，而不是单纯的野生动物。哭过是为了更好的笑，汗水流过是为了更好的未来。珍惜曾经的付出，无惧未来的挑战。"其实，有时候再多的话语都没有躬身实践来得透彻、来得清楚。我们无须太多的解释和告白，抓住生命中那一瞬间的感动和无悔，自然会让我们刻骨铭心，终生难忘。亲爱的同学们，你们要记住这些时刻，把曾经的泪水和汗水化作人生路上的给养，勇敢地走下去，带着笑，像阵风，无惧前行。

（二）大学有你的跌倒爬起

在和部分"后进"学生座谈时，我分享了自己初中时的一段回忆。当时学校举办运动会，班上的"校花"也是一名运动健将，在那一年的 4×100 米接力赛上，她是最后一棒，启动不到 5 秒，她不慎跌倒，当时我们已经认为倒数第一了，但是她硬是爬了起来，一路狂奔，直至拿到全校第二。在颁奖时，看着她小腿上的擦伤，我忽然觉得"跌倒了并不可怕，可怕的是不再爬起。"你们在大学经历的何尝不是一次又一次地跌倒爬起？失败为什么是成功之母？就是因为它磨砺了人的心智，强化了人的意志，增加了人的经验，让你在面对新的挑战时不再那么紧张无措，不再那么踌躇不前。爬起虽然只是一瞬间的选择，但是对于一些人来说却需要极大的勇气和顽强的意志。在面对人生越来越多的挑战时，只有那些坚持下来、战胜思维局限的人才会笔到最后。邓小平同志"三落三起"的故事大家耳熟能详。作为国家领导人，在面对巨大的压力时，他毅然决然地选择站出来，支撑他的正是实现国家富强、民族振兴、人民幸福的崇高使命与无悔选择。今天，从大学校门走出的你们，何尝不是开始了一段新的征程？未来人生道路上的坎坷不值得你们惧怕，因为只要想想自己是如何度过大学四年的，你就会发现，任何困苦都是一种历练，只要心志坚定、披荆斩棘，终会战胜挫折。那个在舞台上第一次跳舞的你做到了，那个在教室里第一次汇报的你做到了，那个在书桌前第一次写策划书的你做到了……还有什么跌倒不能让你爬起呢？

（三）大学有你的苦中作乐

我们在什么时候会感到快乐呢？毕业快乐吗？应该是快乐的。因为我们经历了一段吃苦的时光。吃了越多的苦，毕业时越会觉得难舍难忘。也许有学生会问："我到大学毕业时才觉得自己大学白读了。我全是遗憾，没有快乐。"诚然，一些学生大学四年"游手好闲"，学习及格就好，毕业时只感觉时间稍纵即逝，只是在一个地方苦待了四年。但不可否认的是，即使是这种懊悔的心态也有可能成为你未来奋斗的精神食粮。美国前国务卿基辛格先生在他的《论中国》一书中表达了他对于"丛林法则"的认知，这种弱肉强食的自然规律似乎无法打破。但是中国用自己的实际行动告诉世界，我们坚持的是和平与发展的时代主旋律，信奉的是互利共赢、携手并进的契约精神。任何要求进步的国家和民族都将成为我们的伙伴。国家如此，个人何尝不是？大学里的苦都是未来微笑生活的伙伴，即使四年没有好好度过，此时的感悟仍可以激励你前行。当然，令我庆幸的是绝大多数毕业生的四年都是丰富多彩的，这就意味着你经历了困惑、焦虑、紧张，同样分享了喜悦、兴奋、感动。这些情感也许浓烈，也许平淡；也许短暂，也许持久，但只要经历过，你们就不枉此行，更会记忆犹新。可以说，"苦中作乐"是一种心境、一种执着、一种坚持，每一位毕业生终会带着四年的苦与乐开始一段新的人生，请把它当作财富，当作积淀，当作砝码，让时代去承载这份苦乐，指引你前行，最终帮助你实现梦想。

三、未来的你令母校骄傲

毕业了就是师大的校友，作为校友就应该有校友的觉悟与担当。在师大九十周年校庆时，来自全国各地的校友都发来了真诚的祝福，其中不乏各行各业的精英翘楚。能感念母校的养育之情，能为母校的发展略尽绵薄之力，这本身就是一个优秀校友的宝贵品质。

（一）成长勿忘母校恩情

师大的四年是难忘的四年，更是自我成长的四年。无论你在这里收获了多少，母校对你始终如一。每个人的成长有快有慢，主客观条件并存，其中既有学校硬件设施的投入，也有领导老师的关怀，更重要的是自己的努力和奋斗。人生中最重要的扣子是在师大扣好的，她伴你成长，教你做人，那就应该带着母校的祝福和嘱托向前迈进。不过，这些年我也看到一些毕业生离校后就和母校"断联"了，可又偏偏在需要学校帮忙时电话、信息不断。作为校方，我们固然可以帮助这些毕业生解决一些事情，但是按照我的理解，这是出于情分，出于教师的道德责任，是值得尊重和感谢的。而反观学生，如果没有意识到自己行为背后存在的不足，或者说对于母校的感念之情缺失，那帮一次是帮，再往后就少了一份师生情谊，多了一份公事公办，这是残酷的，更是可悲的。我们希望看到的是能担责懂感恩的优秀青年，而不是事事为己的"精致利己主义者"。因此，"常怀感恩之心"是母校的最后一次教诲、最后一份宝藏，无论在任何时间、空间，都不要磨灭自己的感恩之心，怀揣着对师大的感情，让她变得持久、沉静，成为你记忆深处挥之不去的情愫。我想当你再次想到母校、提及母校时，眼中将充满笑意，更会有泪光。

（二）成功常念回校看看

有情结的毕业生通常都会在若干年后举行返校纪念活动，既互诉衷肠，更表达感慨，最重要的是回到曾经的母校、熟悉的教室、记忆的开始，重温那段时光，感恩那些过往。毕业后，大家各奔东西，有些人发展得很好，有些人过得平淡。大学时畅想的百种人生最终定格在了一种里，卧谈时那场说走就走的旅行也因为现实而被无限期搁置。大学留下了很多遗憾，进入社会何尝不是呢？但无论怎样，从进入社会的那天开始，就意味着你们应当成人了。面对社会的残酷，千万不要忘记校园的美好，它是你前行的精神动力。我的一位发小现已定居国外，但每当他的母校举行庆祝活动时，他都会以自己的方式表达感恩之情。作为校友会的主要成员之一，即使相隔千万里，对于母校的心却不变。我也希望所有毕业生们，当你站稳脚跟时记得回到这里向曾经教育过你的老师们说说你的故事，向学弟学妹们说说你的经历，这同样也是师大的财富。我从来不把成功看作"开天辟地"般的大事，但凡在自己的工作岗位上取得一点成绩和突破都是一种成功。用我的话说"只要成长了就是成功"。未来的人生很漫长，我们不用把时间规划得太远，也不用太近，5 年、10 年、15 年……用人生的节点定位自己，让每个关键阶段的自己告诉母校，我过得还不错，我想母校了，而那时的我该回来报到了。

（三）成才永怀助力母校

十年树木，百年树人。大学四年努力教会你们如何成才，但成才之路极为漫长，绝不是一朝一夕就能实现的。有些人穷其一生也未能成为自己理想中的那个人。这其中有很多原因，但最为关键的还是自己的选择与付出。2020 年一段有关《后浪》的视频刷爆朋友圈，这个源自哔哩哔哩的创意褒贬不一，有人认为它激励了一代年轻人，有人认为它就是一则重金打造的广告。但在我看来，我们每一个人都应该抓住一生中最为重要的那几年，冲向前浪，超越前浪，成为更优秀的自己。在成就自我的同时，我们最应该做的是什么？当然是奉献自己，释放自己的光和热。而这其中就包括对于母校的感谢。我们都应该为母校做些事情。一声问候、一次返校、一封书信……总有合适的方式能表达你对母校的感情。《普通高等学校辅导员队伍建设规定》（43 号令）指出："辅导员应当努力成为学生成长成才的人生导师和健康生活的知心朋友。"① 每一位毕业生都应该记住人生路上陪伴你四年的各位领导老师，你的成才离不开他们。助力母校发展将是你未来人生路上不可忘却的重要事情之一。希望若干年后能够看到你们成为各自领域的佼佼者，骄傲地说出自己是师大人，并为师大的发展繁荣贡献自己的那份力量。

此时此刻，你们已经开始了一段新的旅程，而每一位毕业生终将成为师大历史画卷中的一段风景，成为师大历史长河中的深深印记。四年的时光短暂而难忘，希望你们在未来的人生路上，牢记"师大人"的身份，争做师大文化的传承者，勤做师大精神的践行者，乐做师大发展的参与者，乘风破浪，踏歌前行！

---

① 普通高等学校辅导员队伍建设规定［EB/OL］.（2017-09-21）［2021-4-25］中华人民共和国教育部，http://www.moe.gov.cn/srcsite/A02/s5911/moe_621/201709/t20170929_315781.html.

青春需要挥洒，但绝不能挥霍

说到青春，每个人都有自己的定义。身处大学校园里的学生们经常会用"正青春"来形容自己的生活状态，这是一种积极向上、乐观开朗的心理暗示和行为表达。把握住这段青春时光，不仅仅是对于当下生活的一种负责任的态度，也是对于未来更好的自己的承诺与努力。然而，在青春的年华我们应该做什么，如何去做？这是一个看似显而易见，实则充满假设、想象、可能和诸多不确定性的过程。有些学生很明确，有些学生很迷茫，还有些学生无所谓，这就给每一个人的未来都蒙上了一层神秘的面纱。未来到底会怎样？这取决于你的思考以及在此基础之上的行动。

一、我理解的青春

既然与大家谈到青春，我觉得有三个关键词不得不提，分别是"朝气""渴望"和"梦想"。"朝气"展现一个人的身心状态，"渴望"对应一个人的现实需要，"梦想"直指一个人的未来追求。

（一）充满朝气的青春

1957 年 11 月 17 日，毛主席在莫斯科大学发表主旨演讲时，一开始就对留学生们说："世界是你们的，也是我们的，但是归根结底是你们的。你们青年人朝气蓬勃，正在兴旺时期，好像早晨八九点钟的太阳。希望寄托在你们身上。"[①] 太阳是温暖的，它能使冰雪消融、万物复苏；太阳是上升的，它意味着一天的开始。毛主席用太阳比喻年轻人，就是看到了青春之光冉冉升起的澎湃力量以及他们未来无可限量的成长空间。作为大学生，理应让自己的

---

① 中共中央文献研究室. 毛泽东年谱（1949—1976）：第 3 卷 [M]. 北京：中央文献出版社，2013：248.

每一天都沐浴在阳光之下。我在与一些辅导员、学生交流时谈道："大学校园里最让我感动的瞬间是什么？恰恰是学生们紧张而忙碌的学习状态。当看到教室里每一名学生认真学习的样子，我能充分感受到这个国家、这个民族未来可期。"对于青春，我们不能仅仅以年龄来衡量，身处 18 岁、19 岁年龄的大学生理应是最青春的，但是"丧""宅""佛系""躺平""内卷"不也是这个时代一些年轻人呈现出的精神状态吗？这非但不是朝气蓬勃，反而会影响很多人对青春的理解，这需要我们正视。现在的大学校园里，"00 后"已经是主力军，我们在他们身上看到的也许就是一个时代的缩影，未来的中国去往何处，归根结底还是要依靠这些年轻人的成长与发展。所以，不要怀疑他们的未来，不要惧怕他们的变化，在关键的节点和转折期给予他们真诚的回应，这个年轻的"太阳"自然会上升得更高，他们的青春之花也会绽放得更加灿烂。

（二）充满渴望的青春

之前在参与相关专业的活动时，一位教授对学生说："你们是来求学的，求学就要有'求'的姿态。"这里的"求"就是建立在强烈愿望和坚强意志基础之上的"求"，即是"渴望"。"渴望"是一种积极正面的意义追求，它能调动人们行动的主观意愿，令人奋进。大学生在青春年华理应表现出对于知识的"渴望"、对于成功的"渴求"。我喜欢和学生交流，当我和学生聊到感兴趣的话题时，可以明显体会到学生的主动性和积极性。眼神是我衡量这种状态的重要标准，这就是我们常说的"你的眼里有光"。有时候我们对于"渴望"的理解过于局限，仅仅理解为课堂上的学习。其实，大学生在第一课堂上听课时应该是"渴望的"，因为知识的思索能够让你找到"我为何而来"；在第二课堂上活动时同样应该是"渴望的"，因为能力的培养能帮助你明白"我凭何而去"。拥有渴望，就意味着拥有了不竭的动力，在遇到任何艰难险阻、挑战挫折时都可以毫不畏惧、一往无前。跌倒了并不可怕，可怕的是失去继续努力的勇气，失去追寻更大可能的决心。大学里，"渴望"有时候会和"犯错"联系在一起。我们应该学会试错，敢于犯错，不要因为一两次的错误就犹豫不决，畏首畏尾，但是也绝不能任由自己随意犯错，不吸取教训，要懂得及时反省。只有这样，"渴望"才能化作动力，激励着每一个人脚踏实地，奋勇前行。

（三）充满梦想的青春

每一个人都有梦想，有些人的梦想从小到大都没有变过，比如马克思在自己的中学毕业论文《青年在选择职业时的考虑》中就表达了自己要为全人类的幸福而工作的宏愿，并且一直坚守至终。有些人的梦想随着年龄的增长而发生改变，比如我小时候就没有当老师的想法，但是读研之后意识到自己可以成为高校辅导员，于是走上了学工之路。实际上，无论是不变的还是改变的，梦想都不能说变就变，更不能朝令夕改。每一名学生进入大学其实都是怀揣梦想的，但是为什么有些学生毕业后还是只有"梦想"呢？就是因为这些学生没有真正思考过到底想要什么，没有真正为之努力、奋斗过，把人生当成说换就换的廉价商品，到头来只能徒有"梦"和"想"。我认为，梦想需要坚持，你可以在进入大学后再去考虑这个问题，但是绝不能忽视这个问题。有些学生所谓的梦想，或者是想法，或者是幻想。想法是短暂多变的，幻想是虚无缥缈的。梦想应该坚持，同时也必须坚持。这就是说，梦想一定要具有实现的可能并且需要你付出持久的努力。因此，每一位在大学里追寻梦想的同学都值得我们赞扬，也需要辅导员认真引导，帮助他们把握梦想的真谛，理解梦想的实现路径，一步一个脚印，无悔前行。

二、我害怕的"青春"

"把青春活成让自己热泪盈眶的样子。"这是我对于青春的定义。每当看到年轻的大学生在操场上奔跑着、在课堂里追寻着、在人生舞台上奋斗着，我就觉得大学无比美好。但是，不是所有的大学生都意识到了青春的美好与价值，甚至有些学生肆意挥霍、践踏青春，似乎它是这个世界上最不值钱的东西，他们在拿自己的未来开玩笑。

（一）得过且过的"撞钟人"挥霍时光

有一句俗语叫"做一天和尚撞一天钟"，表达的是过一天算一天、凑合着混日子的消极生活态度。这种人对于未来没有任何期许，活着的目的就是重复之前的事情，不求进取，自甘平庸。我们的身边就有这样的学生，看似每天的生活很有规律，宿舍—教室—食堂是这些学生雷打不动的"三点一线"，但实际上对于自己，他们不抱有任何目标，学习就是为了完成任务，任务完成了，学习就结束了。他们不会去考虑学习的意义，不会去考虑成长的价值，只要让自己能够"平心静气""无忧无虑"就是最好的生活。朱自清先生在《匆匆》一文中写道："去的尽管去了，来的尽管来着；去来的中间，又怎样地匆匆呢？早上我起来的时候，小屋里射进两三方斜斜的太阳。太阳他有脚啊，轻轻悄悄地挪移了；我也茫茫然跟着旋转。于是——洗手的时候，日子从水盆里过去；吃饭的时候，日子从饭碗里过去；默默时，便从凝然的双眼前过去。"① 如果把《匆匆》置于今天不少大学生的生活里，那就是日子在一局又一局的游戏里过去，在一集又一集的影视剧里过去，在一次又一次地刷看手机里过去……我们的一些学生就是在这种看似充实，实则虚无的"日子"里度过了大学四年。他们的眼里没有光，有的只是无味和无奈。

（二）空空荡荡的"稻草人"漠视成长

我们常说知识改变命运，但是很多大学生对于知识的理解仍然停留在"死记硬背""枯燥理论""你讲我听"这样的误解和曲解上。建议那些希望自己变得更好，能够了解知识的同学们读一读《你的知识需要管理》这本书。真正的对于知识的掌握绝不仅仅是第一课堂的学习（我们一些学生在第一课堂也仅仅是人在心不在，打开手机拍拍拍），掌握知识就必须做到知行合一。季羡林先生说"学以致用"，用在何处？我认为，就是要用在生活中、事业上。不过，让我感到遗憾的是一些大学生直到毕业也没有明白"学以致用"的意义，以至于无论是知识储备抑或是能力培养都非常缺乏。举例来说，作为辅导员，我几乎每天都要和各种表格、文件打交道，让学生提交一份表格时，三番五次地出现错误，不是格式问题就是文字问题，甚至有些学生到了大四还是无法做到严谨细致。再比如，学生给我发消息时，总是先说让我干什么，却从不说明原因（一些学生甚至都不告诉我他是谁）。每次遇到这种情况时，我都会问问他们："读大学，你究竟读到了什么？是专业知识还是文字符号？是能力素质还是嘻嘻哈哈？当大学毕业走入职场时，你拿什么赢得他人的尊重和认可？难道就是用'新人''应届毕业生'缺乏经验来为自己开脱吗？如果是这样，那只能说明你太年轻（幼稚）。"千万别把自己活成了一个身无长技、空空荡荡的"稻草人"，偶尔吓唬一下乌鸦可以，但倘若始终胸无点墨，毫无改变，总有一天"乌鸦"将不再怕你，开始戏耍你，甚至最后都不再理你了。到那时，你除了哀叹大学之憾，还能做什么呢？

（三）茫茫然然的"摇摆人"远离梦想

我经常会问我的学生，你在大学里"忙"吗？你的生活"充实"吗？很多学生都告诉我"老师我挺忙的，但是我并未感到充实，甚至都不快乐。"这

---

① 朱自清. 朱自清散文选集［M］. 天津：百花文艺出版社，2020：7.

涉及一个很现实的问题——梦想和现实的差距。我们的一些同学带着梦想来到学校，但是随着大学生活的展开，会被迫陷入自己也理解不了的忙碌中。"大一社团招新，为什么去这个社团？报名人多，听说不错。""大二大家都开始兼职了，我要去吗？去！有钱赚还长经验。""大三要准备考研了，选择什么学校？反正必须是名校。""大四我该何去何从，简历上我可以写什么呢？能写的都写吧。"这些场景时常在学生之中出现，我不止一次听到毕业学生诉说自己曾经的困惑和失落，后悔当初没有好好努力。是因为没有梦想吗？在我看来不是。是没有努力过吗？在我看来也不是。真正的问题是自己努力的方向不对，没有回到现实中问自己到底什么才是正确的。职业生涯规划课上专门谈到"人职匹配"问题，如果没有认真了解自己和职业，又怎么能在大学里做到有的放矢呢？"茫然"是很多大学生的通病，而问题的症结恰恰在于没有将自己和现实联系起来，没有明确自己当下的任务和负重前行的责任，就向大海里的小船一样随波逐流，任凭风浪拍打，直到最后也无法看到指引自己前行的灯塔。

三、我追求的青春

面对青春期的阵痛，我们不能妥协放弃，必须迎难而上。呈现在我们面前的大学生活不全是积极阳光的，其中也夹杂着诱惑、困顿、挫折、伤害……有些学生抵御住了、坚持住了，有些则没有，把未来的主动权交给别人，终究碌碌无为。只有选择负重前行，才有成功的可能。

（一）在课堂上求索，让青春畅游

课堂是学生们集中学习的地方，打破单一的"灌输"需要师生双方共同努力。作为学生应该学会主动思考，这种思考不仅表现在"低头沉思"，更表现在"抬头提问"。要在学习的过程中找到知识运用的轨迹，系统学而不是零碎学，互动学而不是单向学；要明确学习的目标，准确把握学习的意义。不要因为课程缺乏趣味性，对教师授课方式的不适应就否定课程的重要性。也不要因为形式上的趣味性就忘记学习的重点。要懂得"求索"的意义，在主动探求的过程中思索学习的价值，不要因为前人已有的知识贡献就因此停滞脚步。相反，凡事多问一个"为什么？"让自己回到知识的原点，不要成为"拿来主义"的代言人。在课堂上学习不是为了完成任务，不是简单地拿到一个成绩，学习要和现实生活联系起来，要"把学习作为一种追求、一种爱好、一种健康的生活方式，做到好学乐学"。① 只有真正意识到学习对于人生的意义，我们的学习才会充满活力，眼里才会绽放出光芒。

（二）在工作中锤炼，让青春飞驰

大学里除了课堂之外，学生组织也是非常重要的地方。如果说第一课堂帮助你学会运用知识，那么学生组织可以让你得到历练，学会组织管理，学会统筹工作，更多强化自己的可迁移技能。这需要你至少做好以下三点：一是找到自己的能力短板，在社团活动中，班级组织中补短板。例如，有些学生的口语表达能力不强，就主动选择演讲类的社团；有些学生的抗压能力不强，就积极争取台前展示的机会；有些学生自制力薄弱，就努力进入自律力强的学习小组……总之，只要能够帮你发现不足、弥补不足的组织都值得参与。二是发挥自己的专业优势，在学思践悟中不断成长。能够将自己在第一课堂的所思所想运用到工作实践中，以专业促进工作，用工作夯实专业。例如学习心理学的同学可以考虑积极情绪对于工作的重要性，通过团体辅导进一步凝聚班级建设；学习文学的同学可以强化文化传播，在班级建设中融入中国传统优秀文化。三是磨炼自己的坚强意志，在未来人生道路上披荆斩棘。很多时候我们的问题不是做了什么，也不是为什么而做，而是能否坚持去做。意志力的培养仅靠外力是无法解决的，必须通过自己的不断尝试与努力坚持才有可能成功。一次工作挫折只是给了你继续前行的理由，无论遇到何种挑战都能"笑出强大"，这才是胜利者应有的姿态。

（三）在生活里体悟，让青春绽放

大学里除了课堂和各种学生工作，还有校园生活。每个学生都希望自己的校园生活多姿多彩，有挑战、有刺激、有快乐、有荣誉。所有生活中的酸甜苦辣都有可能构成大学生活的全部。有人说，大学现在已经不是所谓的"象牙塔"，它是一个小社会，在这里的每一个人都在经历人生的转变。在我看来，无论做出什么转变，有一件事不能忘，那就是"学会吃苦"。所有的一切都需要自己找到答案，这是抉择之苦；所有的困难都需要自己克服，这是挑战之苦；所有的不愉快都需要自己承受，这是历练之苦……吃得苦中苦，方为人上人。多一些生活中的挫折与坎坷，不是什么坏事，反而是你通向成功的跳板。如此种种都在帮助你走向成熟。2013 年"五四青年节"，习近平

---

① 中共中央宣传部. 习近平新时代中国特色社会主义思想学习纲要 ［M］. 北京：人民出版社，2019：235.

总书记在同各界优秀青年代表座谈时曾说："青年时代，选择吃苦也就选择了收获，选择奉献也就选择了高尚。青年时期多经历一点摔打、挫折、考验，有利于走好一生的路。要历练宠辱不惊的心理素质，坚定百折不挠的进取意志，保持乐观向上的精神状态，变挫折为动力，用从挫折中吸取的教训启迪人生，使人生获得升华和超越。"① 我相信，只要你愿意去努力，就可以成为人生赢家。

李大钊先生在其《青春》一文中写道："此其谓道，殆即达于青春之大道。青年循蹈乎此，本其理性，加以努力，进前而勿顾后，背黑暗而向光明，为世界进文明，为人类造幸福，以青春之我，创建青春之家庭，青春之国家，青春之民族，青春之人类，青春之地球，青春之宇宙，资以乐其无涯之生。"② 年轻只有一次，青春不能重来。让我们把握住最美的年华，逐梦远航吧！

---

① 中共中央文献研究室. 习近平关于青少年和共青团工作论述摘编 [M]. 北京：中央文献出版社，2017：48-49.
② 李大钊全集：第1卷 [M]. 北京：人民出版社，2013：318.

赓续红色血脉，绽放青春光芒

2022 年 4 月 25 日，习近平总书记到中国人民大学考察调研时深情寄语年轻一代，他"希望全国广大青年牢记党的教诲，立志民族复兴，不负韶华，不负时代，不负人民，在青春的赛道上奋力奔跑，争取跑出当代青年的最好成绩!"① 一个伟大的民族，总会把关爱的目光投向青年；一个伟大的政党，总会用热情的怀抱迎接青年。总书记的殷殷期待和谆谆嘱托，为广大青年奋勇投身新时代、接力建功中国梦指明了前进方向、注入了强大动力。作为青年一代，我们应该在韶华之年勇做时代的弄潮儿，在不懈奋斗中书写人生华章。

一、披荆斩棘，乘风破浪，在历史选择中唱响中国主旋律

我是一个热爱电影的人，喜欢在战争题材的电影中追寻历史的印记。《建国大业》的彻夜未眠，《建党伟业》的精神震撼，《建军大业》的热泪盈眶，中华民族的前途命运在一群热血青年的奋勇抗争中得以延续，这种甘洒热血写春秋的豪迈令人折服。现实的美好生活始终无法代替曾经的硝烟战火。一些人的青春虽然消逝了，但留下的却是永不磨灭的奋斗之魂。

一次运动彰显了民族的勇气与担当。1918 年，第一次世界大战结束，随后的 1919 年巴黎和会，中国虽然是战胜国，但在会议上却屡遭歧视，野心勃勃的日本政府更企图继承德国在胶东半岛的特权。辩论会上，中国外交官顾维钧慷慨陈词，获得全世界一致称赞。但会议最终拒绝了中国的正义要求，同意了日本的无耻行径。北洋政府竟然逼迫代表团在和约上签字。顾维钧的好友肖克俭在凡尔赛宫广场举火自焚，顾维钧最终不顾政府指示，拒绝签字，

---

① 争做堪当民族复兴重任的时代新人［N］. 人民日报，2022-04-26（002）.

成为代表中国向世界列强说"不"的第一人。北洋政府的懦弱之举点燃了中国国民心中早已按捺不住的怒火。5月4日，一场发生于中国北平、以青年学生为主的学生运动轰轰烈烈地展开了，这就是震惊海外的"五四运动"。示威游行、罢课罢工、暴力对抗政府等多种形式的爱国运动如井喷一样骤然展开。"外争国权，内除国贼"的抗议口号响彻中国大地，久久回荡。青年学子的振臂高呼，不啻惊雷，震碎了侵略者们的春秋大梦，唤醒了中华儿女的昂扬斗志！五四运动虽已结束，但以爱国主义、振兴中华为核心的五四精神却长存不衰。

一次会议宣告了中国的前途与希望。1921年7月23日晚，中国共产党第一次全国代表大会在上海法租界贝勒路树德里3号秘密召开，参会代表13名，代表全国50多名共产党员。一大通过了《中国共产党党纲》《关于当前实际工作的决议》，正式宣告了中国共产党的诞生。从此，中国出现了一个完全崭新的、以马克思列宁主义为行动指南的、统一的无产阶级政党。中国的劳苦大众有了翻身解放的希望，中国的革命从此焕然一新。当我们关上岁月的大门，闭眼回想这段历史时，一切仍是那么的跌宕起伏，正如武侠小说中的桥段一样，邪恶永远无法战胜正义。可是，在那样一个时代，当夜幕降临，黑暗笼罩中华大地，又有多少人能够站出来，敢于站出来，为中国的明天找到前进的方向，为民族的未来插上飞向胜利的翅膀。历史可以假设，但不可置疑。我们回想历史，更应敬畏历史。据统计，与会13位代表最为年长的何叔衡45岁，最为年轻的刘仁静19岁。30岁以下的共有9位历史重要人物，占到五分之三。13位代表的平均年龄只有27.7岁。正是这样一群朝气蓬勃、敢作敢为、开天辟地的青年人，不顾个人安危，将国家与民族挑在双肩，艰难前行，无怨无悔，硬是在旧世界中闯出了一条通向光明的路。

一次起义坚定了革命的信心与立场。1927年3月，蒋介石在南京另立中央，国民党在武汉的汪精卫集团和南京的蒋介石集团的矛盾公开化，"宁汉分裂"就此出现。反革命集团残酷屠杀共产党人和革命群众。为了反抗国民党反动派的屠杀政策，挽救中国革命，中共中央于1927年7月12日进行改组，停止了中央委员会总书记陈独秀右倾机会主义的领导，新的北伐即将拉开帷幕。同年8月1日，在周恩来、贺龙、叶挺、朱德、刘伯承的领导下，南昌起义正式打响。一夜激战，革命军全歼守军3000余人，缴获各种枪5000余支（挺），子弹70余万发，大炮数门。8月2日，南昌市各界群众数万人集会，庆祝南昌起义的伟大胜利和革命委员会的成立。各界青年踊跃参军，仅报名的学生就有数百人。南昌起义，打响了武装反抗国民党反动统治的第一枪，标志着中国共产党开始独立地创造革命军队和领导革命战争，更是创建人民军队的开始。也正是在这场起义中，一批青年领袖脱颖而出。粟裕大将时年 20 岁，叶剑英元帅时年 30 岁，聂荣臻元帅时年 28 岁，卢德铭将军时年 22 岁，陈赓大将时年 24 岁，正青春的他们用热血书写了英勇无畏的壮丽诗篇。1927 年的那声枪响，它划破的不仅仅是死寂的夜晚，更是唤醒民族崛起的心声。国之利器终出鞘，我辈楷模仰天啸。不畏烈火焚我身，精忠报国扬正道。

二、珍惜韶华、脚踏实地，在生动实践中放飞青春大梦想

梁家河，一个贫困偏僻的陕北农村，这里没有锦衣玉食，只有黄土高坡，但习近平总书记将他最为宝贵的青春留在了这里。2007 年时任上海市委书记的习近平在给梁家河村民的信中这样写道："我离开梁家河村已有 30 多年了，从 1992 年回到梁家河村看望乡亲们到现在也有 15 年了，但我始终不曾忘记在梁家河村度过的难忘的七年，始终不曾忘记那片曾经劳动、生活过的土地和朝夕相处的乡亲们"。① 每个人的青春只有一次，习近平总书记的青春是与人民在一起的，也正是因为了解了这段知青岁月，我才可以更加清晰地感受到"青春"的丰厚内涵和价值底蕴。

青年人要做勇立潮头的奋进者。历史在变革，时代在进步。新时代的提出，意味着近代以来受尽磨难的中华民族迎来了从站起来、富起来到强起来的伟大飞跃，迎来了实现中华民族伟大复兴的光明前景。我们应该由衷地感到自豪与骄傲，更应为此勠力同心，埋头苦干。然而在今天的大学校园里存在这样一些群体——"低头族""后排族""大二病"……我的学生曾经问我："龚老师，我本以为进入大学就会知道需要什么，但是现在看来我并不知道。当我看到别人在忙碌时，我却不知道从何忙起，我的未来在哪里呢？"这就是青春期的阵痛，谁的青春不迷茫？关键是你是否有足够的勇气去面对它、足够的信念去战胜它。人只有在自我反思的过程中才能不断成长，生活可以简约一点，但绝不可以乏味；要主动培养忧患意识，但绝不要杞人忧天；自己要明白"本领恐慌"，但绝不要过度自卑。在这个伟大的时代，作为青年要

---

① 中央党校采访实录编辑室. 习近平的七年知青岁月 [M]. 北京：中共中央党校出版社，2017：210.

以时不我待、只争朝夕的精神，走在时代前列，勇立发展潮头，在困难面前不推脱、矛盾面前不推诿、失误面前不推过，敢于担当、敢下深水、敢啃硬骨头，以钉钉子精神学好专业、做好工作、无愧青春。

青年人要做勇于探索的开拓者。从中国触动到中国震撼，再到中国超越，创新驱动发展，改革引领时代。"创新是一个民族的灵魂，是一个国家兴旺发达的不竭动力。"[①] 一个人如果没有探索的勇气和创新的魄力，就会碌碌无为；一个国家如果没有发展的动力和创新的能力，就会被开除"球籍"；人类如果没有探索未知的勇气和创新创造的壮举，就不可能走向现代文明。中国共产党自诞生以来，在带领全国人民奋力实现中华民族伟大复兴中国梦的道路上始终坚持创新，1949 年当《义勇军进行曲》定为国歌时，毛泽东等老一辈无产阶级革命家坚持保留"中华民族到了最危险的时候"这句歌词，这不是守旧，而是在更高立意上的创造，以此来砥砺全党和全国人民居安思危、奋勇前行。青年时期是接受新事物的最佳时期，也是思维最敏捷、最活跃的阶段，让我们以初生牛犊不怕虎的精神，锐意进取、大胆创新，在拼搏开拓中打开新天地，在时代浪潮中奉献大才智。

青年人要做勇担使命的奉献者。作为社会上最有活力、最具创新精神、最富责任感和使命感的群体，青年是每一个时代发展和进步的主力军。当代青年不能将自己束缚在狭小的天地里，而是要增强忧患意识、机遇意识、使命意识和发展意识，勇于承担社会责任、心系祖国、服务社会，要积极响应党的号召，在投身中国特色社会主义伟大事业中体现青春价值。在素有"苦瘠甲天下"之称的西北最贫困地区——甘肃定西，活跃着一群同济青年忙碌的身影。作为同济大学新一批入职的大学生辅导员，每年 10 月，他们都要到位于崇山峻岭中的通渭县常河镇常河职业中学支教 3 个月，负责多科目的日常教学。这是同济大学为每一个新上岗辅导员定下的一门必修课。这样一场不散的"约会"既推动了西北贫困地区的教育教学改革，也培养锻炼了一批优秀的大学生思政工作人才。我的学生——2014 届心理学专业的陈圆圆，作为安徽师范大学研究生支教团成员与自己的小伙伴们前往四川省松潘县中学开展了为期一年的支教，他们在那里留下了青春的汗水，更留下了青春的赞歌。能与这些人生在同一个时代，我感到荣幸，也为有这样的同仁和学生而感到自豪。

---

① 江泽民. 论科学技术 [M]. 北京：中央文献出版社，2001：107.

三、不忘初心、砥砺前行，在接力奋斗中书写时代新华章

党的十九大闭幕仅一周，中共中央总书记、国家主席、中央军委主席习近平带领中共中央政治局常委于31日专程从北京前往上海和浙江嘉兴，瞻仰上海中共一大会址和浙江嘉兴南湖红船。他指出："这里是我们党梦想起航的地方。我们党从这里诞生，从这里出征，从这里走向全国执政。这里是我们党的根脉。"① 总书记的话发人深省。青年的初心在哪里，中国的未来就在哪里。我们在历史的长河里探秘，在人生的奋斗中实现。言"青春"之志，力"青年"之行。青春无边，奋斗以成。珍惜韶华、敏于求知，方能练就过硬本领；大胆创新、积极探索，方能谱写人生美丽诗篇。

年轻的朋友们，什么是青春？

它是岁月对话中最真的告白。不需要什么豪言壮语，不需要什么激情浓意。当习近平总书记离开梁家河时，岁月已然流淌在他的血液里，青春因为责任而沉淀，因为理想而惊艳。这是一份使命，更是对于未来的向往。志存高远，脚踏实地。今天的年轻人，我们能否将青春融入岁月，能否让青春年华在岁月长河里生根发芽，我想，只要你愿意就可以。

什么是青春？

它是仰望天空时最亮的夜星。抬头仰望星空，总有一颗最亮的星，那是启明星。它象征着希望与梦想。青春的信念、追求、坚持就是这颗启明星；它是舵，是指引青年人未来发展方向的精神指南；它是锚，是帮助青年学生理性判断的精神基石；它是舱，是发挥理想信念真正价值的精神食粮；它是桨，是推动青年一代砥砺前行的精神动力。它为青年一代点亮理想的灯，照亮前行的路。

什么是青春？

它是复兴之路上最美的风景。一代人的革命斗争，一代人的艰苦奋斗，一代又一代人走在复兴之路上，他们把青春与梦想融入生命，他们描绘了最美的图画，也领略了最美的风景。今天，感念新时代的荣光，积蓄新征程的力量，放飞新起点的梦想。站在承前启后、继往开来的新时代坐标系上，回首极不平凡的五年，我感到无比振奋。历史性成就，是新时代的生动注脚；

---

① 中央党史和文献研究院. 习近平谈治国理政：第3卷［M］. 北京：外文出版社，2020：498.

历史性变革，是青年一代对未来的信心所在。我们应该有能力，更应有信心接过前人的画笔，在领略风景之时，继续绘制属于我们的新时代蓝图。

年轻只有一次，青春不能重来。让我们高举中国特色社会主义伟大旗帜，听党话，跟党走，为中华民族伟大复兴而继续奋斗！信仰不渝、困难不畏、学习不止。这是你我的青春，更是中国的青春。

活力、理性、担当：当代青年学子的精神品质

2019 年是纪念五四运动 100 周年，100 年前无数热血青年用实际行动捍卫了民族尊严，谱写了一首可歌可泣的青春诗歌。现如今，百年已过，青年学子从五四运动中应该汲取什么，五四精神又内蕴怎样的时代内涵和价值？关于这个话题我们可以从多方面解读。正如一位学生党员所理解的那样："'青年'总会让人联想到'青色'和'青春'。'青色'是介于蓝色和绿色之间的一种颜色，'青出于蓝、而胜于蓝'，它有着蓝色的沉着冷静，又兼具绿色的活力与生机。'青年'时期是活力和沉着并存的人生阶段。"今天，我从青年学子本身出发，谈一谈大家应该具有的精神品质。

一、活力：当代青年学子的应有风貌

毛泽东同志曾经这样赞赏青年："你们青年人，朝气蓬勃，好像早晨八九点的太阳！"[1] 这既是一种形象的比喻，更是青年活力的象征。每当我看着穿行在校园里的学生时，就无比期待他们的眼神，期待他们在教室里的学习劲头，这是对于知识的一种渴求，对于未来人生的一份执着，它会让你感到骄傲，感到自豪。可是，在今天的大学生群体中也存在这样一些现象：课间的"酣睡"、"沉重"的步伐、"无神"的眼睛。按照我的理解，这种活力的缺失绝不仅仅是身体上的乏累，更像是心灵上的空虚，思想上的干涸。实际上，眼神中的"光"是你灵魂的透射，它是你追求卓越的一种外在表现。不可否认，我们可以通过科学的饮食习惯和合理的体育运动来调整自己的生理，至少从肌体层面达到一个较为理想的状态，但这仅仅是一台机器的更新，就好

---

[1] 中共中央文献研究室. 毛泽东年谱（1949—1976）：第 3 卷 [M]. 北京：中央文献出版社，2013：248.

比电脑系统的重置。真正影响你的是思想活力，换句话说就是你的世界观、人生观和价值观，你的格局、眼界、境界、胸怀，你面对纷繁复杂的世界时处变不惊的内心和热血青春的灵魂。这绝不仅仅是通过体育锻炼或者完善饮食就可以实现的。在这里，我提倡一种焕发心灵活力的方式——深入阅读，它包括直接阅读和间接阅读，即知行合一。

实际上，今天的中国对于读书的重视程度越来越高，对于文化的传承和创新也越来越紧迫，这恰恰说明了现实需要我们进一步提升自己的思想活力、思考能力、思维定力。"本领恐慌"中不可忽视的恐慌之一就是思想恐慌，它绝不是"木桶理论"中那个最短的板，似乎补齐了就完美了，而是木桶的底板，是关乎人精神层次的基座，不补上将直接导致人存在价值的消弭。学校图书馆这些年都会开展"阅读之星"的评选，其中不乏一些阅读达人，但是综观整个学校，学生的平均阅读量不容乐观（实际上中国人均阅读量仍居于世界相对靠后的位置），除去专业书籍之外，学生在业余时间读书并不多，所读之书也是参差不齐，尤其是在这样一个"快餐时代"，"励志书籍""成功书籍""效率书籍"似乎更畅销。这些书有其存在的价值，它在一定程度上安抚了年轻人焦躁、忧虑、迷茫的心，但一个人若想立足于社会，成为真正有涵养的人，需要拓展自己的阅读领域，尤其是涉猎人文社科类的书籍。我经常提醒学生多看看哲学书籍，它对于一个人增加思想厚度、深度、高度，激发思维活力具有非常重要的价值，它能让你回到生活的原点去反思生命的意义，这是一种超越现实境遇的精神传达，一旦想通便会豁然开朗，你对于世界和人生的看法也将进入新的层次。当然，这只是间接阅读，我们还需要通过直接阅读——实践来开拓自己的眼界，让你的认识与理解更加具有穿透力和纵深度。"纸上得来终觉浅，绝知此事要躬行。"必要的实践是对书本阅读的"证伪"和"证实"。"尽信书不如无书。"我们今天的一些大学生很容易掉入"唯书论"的窠臼，缺乏在实践中求真用真的果敢。全国高校每年都有大学生暑期"三下乡"社会实践活动，本身就是理论联系实际的重要机遇，澄清自我困惑的良好平台。"受教育、长才干、做贡献"，我们都知道它的字面意思，就更应在实践中真切体会。作为辅导员也应该强化自身的阅读能力，利用一切可以利用的时间认真学习，从而不遗余力地引导学生养成良好的阅读习惯。只有这样，思想的活力最终才能迸发，成长的诉求才会得到满足。

二、理性：当代青年学子的精神追求

前不久在和"入党启蒙教育"培训班的同学交流时，我指出经过大学四年一个大学生或多或少可以形成属于自己的"气场"，一个眼神、一个动作都能透露出区别于大一新生的精神状态，但若想从有"气场"转向有"气质"，则需要具备理性。理性之人必然是自信之人、冷静之人，能够快速分析问题并拿出解决办法之人。这样的人判断力强、决策力强，并且注重效率。这绝不是随着时间的推移自发形成的，而是需要通过大学四年的锤炼—反思—再锤炼—再反思……才有可能实现。这个过程中，一些学生完成了蜕变，一些学生却难以破茧成蝶。

在我看来，理性之人至少需要具备两大思维能力和一项时间管理能力。两大思维能力，即批判性思维和创新性思维。现在不少大学生习惯于"批"，对身边的人和事有各种不满和抱怨，但是也仅仅止步于"批"，难以做出"判"。"判"即具有较高的研判能力，能够有效分析问题，提出合理对策，这往往是大学生欠缺的。无法看清问题的本质，就无法做出科学合理的判断，我们就会停留在表面，无法深入下去，就会处于低层次的循环之中。如果说，批判性思维重在"破旧"，那么创新性思维就重在"立新"。创新不能简单理解为发明创造，提出具有建设性的意见和想法也是一种创新。由于受到"快餐文化"的熏染，一些大学生容易急功近利，报课题、写论文恨不得三五天就弄好，没有坐冷板凳的觉悟是无法形成真正的成果的，尤其是文科类的大学生更要学会啃硬骨头。我鼓励学生养成创新型思维，但必须建立在刻苦钻研的基础上，急于求成是不行的。同时，无法掌控时间的人，其自律性、自控力也较为薄弱，这样的人无法真正具备理性之人的素质。在今天这个社会，我们有些人对于时间的认知存在一个误区，那就是"碎片化时间"和"时间碎片化"。碎片化的时间是相对于完整时间来说的，完整的时间因人而异，但总体来说至少应该有 1 个小时以上，而碎片化时间可能只有 10 分钟，甚至 5 分钟。我们很多时候将自己学习效率不高、学习状态不好简单归咎于碎片化时间太多，但实际上 5 分钟的时间是否是碎片化时间完全取决于你是以什么样的观念对待它。如果 5 分钟你充分利用了，那就表明时间并未碎片化。很多时候 1 个小时的时间如果人为切割成若干个 10 分钟，那么即使给你 10 个小时也是零碎的，这就是典型的时间碎片化，它是人的主观行为方式，是你对待时间的一种行为方式。因此，我们真正应该警惕的并不是碎片化时间，而是人为地将时间碎片化。我们要培养的恰恰是利用完整时间的能力，尽管这个时间也许只有短短的 5 分钟。

三、担当：当代青年学子的成熟标志

我在一次党支部学习会上，曾问过大家一个问题——成熟和圆滑之间最大的差别是什么？当时，很多人都谈了自己的看法。总结下来就是两个字——担当。一个优秀的大学生身上绝对不缺乏担当的精神气质，这也是他走向成熟的最重要品质。从总体来说，今天的大学生是敢于担当的，这既表现在学习上，也表现在生活中。很多时候，当集体需要大家的时候，大多数人是可以站出来的。当代青年身上展现出了奋斗、勤勉、笃行的状态，但不可否认的是仍然有一部分学生在大学里浑浑噩噩，毫无上进心，他们把大学当作温室、当作花房，每天漫无目的地在校园里闲逛、在宿舍里"躺平"，他们就是没有"光"的人，这样的学生往往隐藏于"沉默的大多数"人中，他们不是辅导员关注的焦点，也乐意去做所谓的"佛系青年"，将虚度光阴当成一种理所当然，耗散自己的青春资本，这样的学生一旦走向社会，必定经受不住社会的考验，从而被社会所淘汰，最后又在怨天尤人中度过若干年。

其实，沉默的大多数人是一个很可怕的人群，我虽然说大多数人可以站出来，但是这有一个前提条件，那就是他们需要鼓励、需要不停地调动。我将这种不断调动的行为称为"拱卒现象"，"拱卒"仍然是被动的，我们需要让学生由被动逐步走向主动。作为辅导员理应不断培养和强化学生的担当意识，至少需要做好以下三点：

第一，要在日常思想政治教育中加强担当意识的培养。在集体中承担一个角色是很好培养担当意识的方式，我们不要局限于传统的班干部，可以根据学生的兴趣和爱好建立小组，让每个人在小组中扮演一定的角色，还可以根据学生希望养成的好习惯和克服的坏习惯建立习惯团队，大家相互监督、相互鼓励，这样就会产生融入感和归属感，产生集体意识，不自觉地担负起一定的责任，学生可以在潜移默化中发挥自己的作用，这种实实在在的获得感和满足感会激发他们继续承担责任的信心和动力。

第二，必要的反馈和总结可以巩固学生的担当意识。如果光靠上述集体活动还是不够的，经过一段时间的工作，辅导员需要召开座谈会或者交流会了解大家在集体中的直观感受，以及存在的问题，帮助大家共同解决眼前的困难，同时进行新一轮的调整和整改，进一步强化凝聚力和号召力。辅导员

需要充分调动平时在班级活动中参与度不高的那些学生，让他们多发言、多提意见，在调动他们积极性的同时，也让他们意识到自己在集体中的定位和价值，由被动参与逐步转向主动任职。

第三，通过举行小型成果展，将学生们组织参与各项活动的成果充分展示出来。辅导员可以让学生们上台进行演讲，条件允许时甚至可以办成晚会、展演，让更多的学生参与进来，这样会增加大家的主人翁意识，强化"我为班级服务，我为集体奉献"的荣誉感和责任感。我们一般举办的寝室文化风采大赛、班级文化墙大赛就属于这种类型，不过，活动效果的有效维持比单纯的展示更加重要，否则就会流于形式。我们需要将好的成果充分固化卜来，既帮助自己，也服务他人，从而营造出"人人为集体"的良好氛围。

总而言之，青年学子的优秀品质有很多，我们可以从不同的维度进行总结，"活力""理性""担当"为我们把握青年、关心青年、引导青年、服务青年提供了一个切入点。我相信，无论是青年学子抑或是辅导员老师，都能从这几个关键词中找到走向成熟的关键因素，找到通向成功的精神宝藏。

我们不能只是看起来很努力

前不久，我阅读了青年作家李尚龙老师的《你只是看起来很努力》，作为一个在高校担任过 10 年辅导员的"工作狂"，我忽然觉得他所写的故事不仅是他的生活感悟，也在一定程度上成了一面镜子，让我看清了自己的生活。当然这里的生活不仅仅是单纯意义上的家庭生活，也包含与之交融的学习与工作，或者说后两者更加重要。

人只有在自我反思的过程中才能不断成长，我也不例外，这也是我自诩最好的一种能力。索性今天借由这篇短文把自己对于这份工作中的一些困惑拿出来说说，在警醒自己的同时，也希望可以影响到你。

一、让自己看起来努力容易，但你骗得了别人骗不了自己

有一段时间是我读博攻关的关键期，一是因为年底要准备博士论文开题，二是因为自己的两篇论文亟待修改发表，每每想到这两件事都让我头皮发麻、如坐针毡。于是我告诉自己："该醒醒了，赶紧开始看书吧，不要再拖了！"我开始整理思路、下载论文、购买图书，甚至在网上一番捣鼓，"煞有其事"地整理了一些经典文献，俨然"大刀阔斧""破釜沉舟"之势。准备完毕，我告诉自己休息一下，不要着急，慢慢看吧。于是乎，书一本本往家带，论文一篇篇往电脑里存，可就不见书页翻动、论文阅读。我看着桌上整整齐齐的书、电脑里纹丝未动的论文，焦虑、烦恼、恐惧的情绪油然而生，以至于差点去看心理咨询师。我轻轻摇了摇头，告诉自己，算了，明天再开始吧。这种情绪和状态控制了我足足一个月，以至于自己双眼呆滞，毫无精神，做什么都是索然无味，连自己的工作都少了一些灵活，多了不少死板，难怪有学生见到我说："导员，你最近是不是压力很大呀？"

说到这里，不知道你是否也遇到过类似的状态，如果你没有，可以主动

跳过我下面的内容，如果有；恭喜你，你只是在一次又一次地用谎言欺骗自己。那么，接下来的话也许对你会有所触动。

（一）习惯性"趋利避害"带来的只是"泡沫"

我们之所以会一次又一次地重复毫无意义的允诺，最关键的是我们从来没有给自己念过紧箍咒，人们总是习惯性地"趋利避害"，对于困难的事情会试图用更容易处理的事情去替代和掩盖。举例来说，本来今天你要攻克一篇很难完成的论文，但是总感觉自己力不从心，于是就会东查查，西看看，一会儿翻翻短信，一会儿整整书桌，总之就是让时间过得快一些，看似我好像做了不少事，实际上关键的事一直没有进展。这种处事的实质就是我们总在问题的周围绕圈子，但就是不愿意往前踏一步，直击要害。这样的"努力"在我看来就是多彩泡沫，虽然好看，但是空洞没有结果。

（二）诱惑性因素的背后是无法消解的"压力"

我们身边有太多的诱惑，这些诱惑通常都是甜蜜的、美妙的、舒适的、温和的、可爱的……而与之针锋相对的恰恰是亟待我们跑完的"最后一公里"。终点前的最后一段距离，往往难度也是最大的。放弃吧、停下吧、下次再来吧……这些声音会充斥在你的大脑里，你还跑得动吗？有时候精神的垮泄比身体的乏累更可怕。面对诱惑，实际上就是与"最后一公里"的博弈。放弃它的诱惑太多了，但坚持下来的理由却少得可怜，结果可想而知。这也是为什么那么多人喊着减肥，但减肥成功的人并不占多数。我将此类情形称为"享受性适应"。每天活在相对舒适的环境中，人容易适应这种生活，一旦条件不允许了，压力来了反而无法适应，然后会无意识地选择相对舒适的方式缓解自己的压力，看似解决了问题，但压力并未消失。

（三）冠冕堂皇的目标往往很难真正实现

我们总是习惯性地给自己设定一个目标，似乎有了目标就有了行动的动力和方向，成语"有的放矢"就是这个意思。问题是，原因和结果之间还有一个推导论证的过程。说得简单一点，有了"的"是可以放"矢"，但谁来放、怎么放、敢不敢放、能不能放？这就是一个值得思考的话题了。每年大一新生都会开设《大学生职业生涯规划课》，如此一门关乎学生四年的课程，却着实没有给我带来多少欣喜，还有每年举办的"大学生职业生涯规划大赛"，给我的感受更多的是远大的理想抱负和花式百出的新奇想法，但缺乏脚踏实地、富有真知灼见的规划路径。这样的课程和比赛最后只能是知识的传授和华丽的演出，只见其形不见其神。比赛中说出来的目标是你的还是别人的？这样的目标适合你吗？你是为别人完成任务，还是为自己实现理想呢？这些问题看似简单，但不好回答。

二、别把生活想得乏味，多一点忧患意识和本领恐慌只有好处没有坏处

上大学之前我们认为大学生活是美妙而丰富多彩的，进入大学之后也的确如此，问题是尝遍了新鲜事物之后，你是否会重返"三点一线"的常规生活？很多大学生在进入大二之后会进入"乏味期"，或者叫作"大二病"，该适应的适应了，该干的也干了，该谈的也谈了，该分的也分了，就是该学的学不好。"温水青蛙"会让你慢慢"死去"。为什么？因为生活"索然无味"，没有再刺激自己的其他因素了。这也是为什么很多人会把大二称为大学的分水岭，一些人找到了原因，更多的人还蒙在鼓里，他们是真不知道吗？在我看来不是。都上大学了，哪有那么多迷茫？很多时候的迷茫都是"浅迷茫"，或者说浅层次困惑，根本没有进入灵魂深处。这也不能怪学生，社会在发展过程中不可避免地会带来些许"污垢"，快餐文化、"一张图读懂……"的背后是日益浮躁的生活状态，大学生"三观"尚未定型，难以辨别真伪也实属正常。浮在表面做一番唇枪舌剑的论战看似精彩实则作用甚微。于是乎，拨开这些浅薄的误解、矛盾、质疑，看看真正关键的问题，对于同仁们做对工作、做好工作，对于同仁们上对大学、上好大学就有了一些意义。

（一）生活可以简约一点，但绝不可以乏味

所谓"大道至简"，这既是一种人生境遇，也是一种生活态度。国外尤其是日本特别崇尚"断舍离"这样一种精致的生活模式。之所以说是精致，因为今天的人们在审美上不再追求高大全的艺术风格，反而越来越倾向于简约清新的表达方式。举例来说，装潢时更多的人倾向于选择一些简约风、地中海风。另外，作为一个PPT爱好者，当今的PPT更倾向于简约、扁平化，少了一丝修饰，却多了一些美感。这也是为什么包括苹果、小米、HUAWEI在内的手机巨头的发布会往往选择简约的展示方式了，因为这不仅简约，更是一种美。

我们的生活可以以这种简约的方式呈现吗？当然可以。但是如果态度不对，认识不清，简约的生活就会变成乏味的生活。说白了，就是你要明白自己如此生活的价值和意义。有时候简约是为了不受俗事干扰，有时候简约是为了让自己精神振奋，有时候简约是为了深度学习……总之，你必须正确对待生活才能认清生活本质，否则即使过着多姿多彩的生活，对你也只是过眼云烟、浮华泡沫而已。

（二）要主动培养忧患意识，但绝不要杞人忧天

我从带第一届学生开始，就不止一次对同学们说要有忧患意识。往大了说是对国家未来发展的清醒认识，范先生的"先天下之忧而忧"颇有此番意味，但倘若说得太高，容易空洞。往小了说，就是希望同学们能够掌握自己的大学生涯。这个看起来简单，做起来却没那么简单。一来是因为人容易懒散，不愿去想这些事，"当一天和尚敲一天钟"的惰性心理在大学生中并不少见；二来是身旁无人警醒，即使诸如辅导员、专业教师、父母一类人都不一定触及学生的灵魂，更何况今天的大学生活少了对话与交流，多了教学与工作，前者涉及人情味，后者关心完成率。于是乎，在内外因都不给力的前提下，如何让学生养成忧患意识？

要解决这一问题，我认为两点不可忽视，一则教师应耳提面命，时常引导；二则学生应多多历练，切身体会。作为辅导员，自己本身对这个问题要有清醒的认识，与其让学生"喝"一口"心灵鸡汤"，不如拿案例触动学生，用一个事实说话好过千百个名言警句。作为学生要多参加活动、多参与实践。我常说："敢于站起来的孩子是好孩子。"在我的课上，我是鼓励学生回答问题的。当同时面对几十双眼睛时，学生的内心感受真实深刻，但凡顶住压力，答题出彩必然对自己是最大的鼓励，即便回答磕磕绊绊、支支吾吾，也会给自己留下深刻的印象。此种情形下，想不重视都难。

说这些，不是要求学生随时觉得压力大，也不是让学生随时保持高强度状态，这种杞人忧天的状态绝不是我们提倡的，那对身心都是一种折磨。这里的忧患意识，说白了就是对自己的生活状态、生活节奏、生活目标要有清醒的认识。事物并不总是如你我所看到的那样光鲜亮丽，背后必然也有一段不可言喻的辛酸过往，但正因为如此，它才显得真实而富有价值，我们要做的就是放下自己的"有色"眼睛，看到生命中可以承受的那点痛，当你困惑无助、迷茫时，摸摸自己的那点伤痕，告诉自己我很好，我还有继续努力下去的意义，这就够了！

（三）自己要明白本领恐慌，但绝不要过度自卑

既然明白了生活的痛与不容易，接下来我们要做的就是去分析它、解构

它。在我看来，但凡有一点忧患意识就该将重心放到能力上来。今天的社会是一个能者居之的社会，即便是淡定如水的名家大师也不可避免地给世人留下一点立足的资本。因此，在此时给大家提一下本领恐慌似乎意义不小。因为有专门论著的图书（《本领恐慌》，王小平之著作），我只就自己的理解谈一谈浅薄认识。所谓本领恐慌，往小了说就是能力恐慌。学生在大学期间需要学习什么能力？在职业生涯规划课上我们提到过三大能力，分别是专业知识能力、可迁移能力、自我管理能力，在我看来第一个能力相对容易，第二个能力大学四年可掌握一些，但第三个能力或者说品质实难真正驾驭。俗话说"江山易改，本性难移"，品性这个东西不是四年时间说完善就能完善的，这需要足够的人生阅历和社会经验，要不然"看山还是山，看水还是水"的境界就不会有那么多人难以达到了。

不过有了研究分析的对象就有了机会，这总比大家蒙在鼓里好千倍万倍。下一步就是怎么办，这里只做简单分析。在我看来，一是要找到自己的病症，和前面一样，把自己摆在台面上好好检查一番。如果自己不敢做，就让别人强制你做，有时候约束是必要而有效的。二是多听批评意见，不要轻易辩解。人总是习惯于听好话，对于忠言不太习惯。多让别人批评自己，可以把问题分析得更透彻，也更能让自己明白问题本质。三是动起来，这也是最为关键的。知道问题在哪儿，第一时间行动，所谓"机不可失，失不再来"，趁着热乎劲赶紧行动，不要等到"深思熟虑"之后再拍拍胸脯说："没事没事，都是小事，再说。"一说"再说"可能就是"再也不说"。

培养本领恐慌的意识，千万不是要让自己从此抬不起头。适度的调适至关重要，这也是为了防止过度自卑的情况发生，本来是为了发现自身的缺点，结果自我批评太狠，反而提不起精神了，这是我们绝不想看到的。因此，适时地总结和反省，给自己和他人一些鼓励至关重要。让生活劳逸结合，不仅是物质层面，也包括精神层面。

三、说一万句、看一百篇也顶不了自己的一小步

现在芜湖的新华书店据说在整个安徽省都是出类拔萃的，于是我养成了一个习惯，没事就去书店转一转，翻几本书、买几本书已经成为我生活中的一种方式。虽说网购同样可以实现这一目标，但第一时间触摸书籍的舒适感这么多年都未曾改变，所以有时候多付出几元钱对我来说也就没什么了。书店里最显眼的位置永远都是畅销书，其中不乏"鸡汤味"十足的著作。我突

然在想，为什么这么多年此类图书仍风靡全社会，难道大家还未厌倦这种风格吗？思来想去，我得出一个结论，"心灵鸡汤"总是在慰藉那些活在梦中的人，因为活在梦中，所以他们从未走出来过。但是走出来难吗？

（一）踏出下一步其实真的不难，不需要任何借口

大家对于网课已经非常熟悉，以前读书的时候只要是网课，基本上就是选择"开始"，然后到节点时按一下"继续"，至于网课的内容讲了什么似乎与我毫无关系，挂课最终带来了"挂科"。原来一直觉得很正常，直到自己成为老师，去查宿舍时看到学生们也用同样的方式，突然觉得很可怕。但我无法说什么，因为我自己也曾经这样做过。于是，那一年的暑假借着学校给博士研究生安排党员教育任务，我做出了一个决定——好好上网课。我利用整个假期学完了规定的视频内容，我一点点地完成了这项学习任务，没有快进，也没有焦躁，就这么平静而认真地完成了。当我看到电脑上显示出来的 5 万余字的笔记内容，我忽然觉得之前的自己就是一个傻瓜，坚持下来的快感比任何诱惑都来得让人兴奋和真实。也许，在我们的生命中有过很多的理由和借口，但是我觉得有利于个人成长的任何一件事都不需要借口，我们只要安静地做就可以了。当我再有机会与大家分享自己的故事的时候，这段经历一定不会错过。

（二）规划小目标哪怕只有一天，不要轻易放弃

我们总是习惯于给自己订立一个计划，将大学四年规划好，将人生十年规划好，但很多时候我们连一天都无法处理好。否则，就不会有那么多人在第二天醒来时哀叹昨天又荒废了。与其那么大费周章、大张旗鼓地宣布远航，不如先试试在身边的池塘里划两下——给自己的一天一个满意的答复。最近我通过手机 APP 听了有关"深度学习"的内容，作者在书中提到四种深度学习模式，其中一种是"双峰模式"，意思就是把一周做一个简单的分割，其中抽出一天至两天，例如周末用来进行深度学习，其他时间用来处理别的事务。再往小了说，就是把一天进行划分，抽出三个到四个小时进行深度学习，例如早晨。我比较喜欢早晨，尤其是 6 点到 8 点这个时间段，如果你养成了早起的习惯，会给你不一样的感觉。也许很多学生会说，我们要上课早起是很正常的。但我想说的是，如果在无外力约束的情况下，你仍然愿意享受早起的乐趣那才是真正的快乐。我相信 NBA 著名球星科比·布莱恩特能够坚持每天早上 4 点钟起来训练，不仅仅是因为竞争日益激烈的球场环境，更重要的

是因为篮球带给他的快乐。所以，先从自己的一天开始，让自己的早晨充满阳光。

（三）获得小奖励真心是种快乐，可以让生命充满乐趣

我现在已经习惯每周奖励自己一部电影，为什么说是奖励？因为我会给白天努力奋斗的自己一个犒劳的理由。不要小看这个奖励，它会让你的工作更有动力、更具有主动性。有人会说，我想看电影还需要理由啊！在我看来是的，除非你是职业的影评人或者娱乐人士，否则电影通常只是你生命中"休闲"的代名词，你可以选择看电影，也可以选择别的，但绝不能因为它扰乱你生活的主旋律。这里不得不提的就是自控力，控制自己实际上就是控制自己的惰性、消极态度。有些人控制得很好，有些人控制得不好，但无论如何，当你以一种控制的心态对待自己做的每件事时，一旦掌握不好，就会触底反弹，最理想的状态是学会习惯和正面接受。正如前面所说，不要指望一蹴而就，可以从一天开始——一天，一周，一个月，三个月。适当地记录下自己的感受和心态的变化，不要试图去遮掩自己内心的想法，勇敢地正视自己，你会得到意想不到的收获。大家不妨关注一下张萌老师的"总结笔记"，对于帮助我们做好反思更加具有针对性。我始终认为一个人如果敢面对"邪恶"的自己是一件很了不起的事情，当你能够坦然面对那些错误和愚蠢，学会用正面的价值去引导自己，你的生活就会处处欢乐。纵使身边充满低级趣味，你已经能够坦然面对。

总而言之，保持一个乐观积极的心态，正视自己的内心想法，大胆地表达出来并且与每一个人分享，这本身就是很有意义的一小步。我不知道自己的下一篇文章会是500字，还是5000字，只要它能对我产生效用、对你有所帮助那就足够了。最后用一句话结束这篇短文吧，"人间处处是惊喜，用心努力，说不定你就遇到了"。

我们需要平等，但绝不能忽视责任

早晨我开车前往学校，在每天必经的四岔路口看到人流、车流来往穿行，当一位过路的女士和一辆行驶的小轿车不期而遇时，双方经过了短暂的停留，随后小轿车略显谨慎地从这位女士身边经过，而女士也很自然地让车辆先过了。在今天这样一个"效率至上"的快节奏社会，似乎开车的比骑车的忙碌、骑车的比走路的忙碌，前者似乎比后者更有掌控时间的权利，前者在心理地位上更占优势。往深里说，和这个社会强调的"公平"有着一定程度的"不谋而合"，但与我们中华民族道德秉性中的"责任担当"又那么格格不入。我们骨血里强调的"谦让"在车水马龙面前有时并不奏效。

为什么要举这样一个例子，原因很简单。这种行为习惯具有很强的传染性，它在我们的高校里同样存在，不仅仅是学生群体，也存在于教师群体，更是面向每一位党员的生动案例。

一、平等背后有时是冷冰冰的权利执着

今天的大学校园里充斥着"平等"的味道，学生的评优评先需要公平公正，学生参加活动需要公平公正，这本无可厚非，然而一旦学生的身份已不再限于普通学生这一种选择，增添了"斜杠青年"的标牌，这种平等就有可能脱轨，或者说我们评判的标准已不仅仅局限在"平等"二字。举例来说，一位学生党员担任班长，平时表现十分优秀，现在有一个评优资格，如果不出意外，他将是最有力的竞争者，如果他众望所归，当选毫无异议；但如果此时有另外一位同学和他竞争，他不幸落选，为此他十分恼怒，理由是自己这么优秀，凭什么不能当选？诚然他的"账单"的确称得上优秀，但这种所谓的"据理力争"就显得和他的党员身份、班长身份不太相称。大家在对他进行评价时，也许就不会单纯地从硬实力去衡量了，一个人的道德品质和行

为操守就进入了评价体系之内。大家可能会更加看重他的行为是否与他的"斜杠身份"相匹配，而无论是"党员"抑或是"班长"，背后都意味着顾全大局、集体意识、责任担当。实际上，党员培养发展过程中既要考察一名学生的日常表现，也要看他的关键表现，关键表现恰恰与他在名利面前的态度不谋而合。很显然，这样的现象在我们的身边并不少见，很多研究结果都无一例外地提到了学生党员的利己主义心态，即入党前后的不一致。用我的话说，就是"责任面前往后退，利益面前不松手"。评价之人，此时看重的是道德责任，当事人看重的则是法律面前人人平等。追求平等固然没错，但若是这种平等和你应该担负的责任相结合，人们更愿意看到一个人的担当和大局观。我们说党员同志要增强政治意识、大局意识、核心意识、看齐意识，其中的大局意识从某种意义上来说就是一种从整体出发，把集体利益放在个人利益之前的思想觉悟。

但是，我们今天在提倡法治社会、人人平等的时候，往往存在不同程度的曲解甚至误解。这种平等观念是法制教育有效渗入的结果，只不过一些人会囿于单纯地追求所谓的公平意识，对包括责任、道德修养在内的一切内容置若罔闻，似乎这些凝结在中华文明中的内在准绳没有任何约束力。这种思想偏差最大的威胁不仅仅在于处于权利索取方的人可以理直气壮、毫无顾忌地表达观点，同时被索取方有时也会自然而然地认同这种行为。这就好比今天在很多城市、地区提倡车辆要给行人让路，但一些司机却不愿多停留哪怕一秒钟，在急促的喇叭声中提醒行人往前走。我在送 2014 级学前教育（中美合作）专业的学生到美国亚特兰大市的几天时间里，看到了一个很有意思的标牌，在每一条街道拐角处都有"Stop"，这是提醒所有的司机一定要特别注意拐角交通，于是每当车辆到拐角处我们就会看到司机自动减速，如有行人通过，必定要停下车辆等待行人安全通过后才会启动汽车。中国，目前正在大力整治交通乱象，对于类似的交通文明行为也在倡导，我们已经取得了可喜的成绩，只是还有较长的一段路要走，关键正是人们固执观念的拔除。

二、追求"平等"和彰显"正义"不能漠视身份前提

我们所有具有制度规范意义的管理条文都是建立在追求法律公平的前提下制定的。责任感、担当意识并不能通过这些规定文件的执行而得到轻易贯彻，需要人为的教育引导去一点点培养、塑造。举例来说，我们的学生群体中有一类隐而不显的人群叫作"意见领袖"，他们平时不会出现在公众视野，

但一旦出现和学生权利挂钩的事件，他们就会以一种"有理走遍天下"的姿态站出来，把学校摆在对立面，更有甚者通过上访、写匿名举报信的方式去彰显自己的"正义"，而这种行为似乎很受一些思想不成熟的学生的青睐。于是，跟帖、转发甚至叫好声此起彼伏，而最终结果是导致问题得不到根本解决，学校名誉遭到损伤，始作俑者接受惩处，多数学生事不关己高高挂起。"意见领袖"这种所谓的用法律武器维护自己尊严的方式不过是单纯的心理暗示——一种沾沾自喜的角色优势的外在表现而已。他似乎在彰显正义、代表民声，但何尝不是一种自以为是的偏轨行为？这种行为给人最直接的感受就是缺乏理性的判断、担当的意识和顾全大局的责任感。当然，我在这里并不是要指责所有的民间英雄，但我不得不明确一点，学生中的"意见领袖"应该是连接师生的桥，绝不是拆台的"语言暴力机器"，尤其在这样一个自媒体高度发达的时代，我们更要清醒认识"意见领袖"的正面价值，积极弘扬这种让人信服并且欣然接受的正面价值。因此，教育引导不可或缺，要找准路子、开好药方，而辅导员恰恰扮演了这一角色、承担了这一职责。

三、作为辅导员强化思想教育任重道远

辅导员"人生导师"的角色职能不仅仅是法律赋予的权利，更体现了辅导员不同于高校其他教职工的独有价值。这种价值决不能以法律意义上的权利平等来衡量，因为倘若如此，学生就不是辅导员关心爱护的人，而更多的是辅导员管理约束的物。如果辅导员的眼中只有权利平等，这种平等不但没有提升彼此的地位，凸显教师的育人属性，反而将自身降格为普通人，把学生归类为普通人。辅导员只有在道德层面谈及责任，作为"人生导师"的角色觉知才有了可能性。

具体来看，以下三点不容忽视：

第一，权利平等和道德责任事关理性判断。它们有着特殊的出场语境，绝不是非此即彼的对立关系。只是在不同的角色身份之下，二者存在一定程度上的制衡。或者说，随着角色身份的叠加，我们的责任感理应增强。也只有充分意识到作为辅导员的不可替代性，具有引导学生扣好人生第一粒扣子的重任，这种道德良知才能发挥应有的作用，我们的工作才有成功的可能。

第二，学生班干、意见领袖和学生党员理应成为辅导员加强思想教育的得力助手。这些学生在权利和责任面前的态度将很大程度地影响其他学生的态度，他们或多或少地发挥着榜样示范的作用，而他们的特殊身份也强化了

他们的责任感。如果这些优秀学子一味地追求权利平等（往往是利益平等），那就等于将自己置于遭受指责的境地，甚至是其他学生效仿的典型。这样的负面影响绝不是辅导员一次两次班会就可以弥补的，错误的身教在此时远远比正确的言传更能影响人。

第三，辅导员需要强化对学生责任感的培养。这绝不是一个外部灌输即可解决的问题，而是需要通过内在感知和领悟才可以明晰的重任。必要的主题班会和日常教育必不可少。如果条件允许，可以通过研讨会、辩论赛等方式激发学生的思考。我们需要让学生明白一个道理："若要讲责任，我们势必会在某些个人利益面前做出让步，但这种让步背后彰显的却是一个人的道德品质和学识涵养，是一个人走向成熟的关键表现。"只有明白了这个道理，学生才能不断进步。

总之，权利和责任有着特殊的话语空间和实践场所，我在这里绝不是让大家放弃权利一味地彰显责任心，而是要取之有方、用之有道。无论是老师还是学生，我们都应该心怀感恩之心，肩负使命担当，无愧于我们的身份，做一个德才兼备的优秀之人。

第三篇

03

| 微行有益 |

读大学的感受、感谢和感悟

9月，注定是一个让人难忘的月份，一大波"00后"脱去高中的校服步入大学这所"象牙塔"，开始了崭新的生活。大学对于他们来说，直观感受多半是兴奋和欣喜，当然也会夹杂着一丝茫然、困惑和紧张。"大学到底是怎样的？""我该如何度过自己的大学？""我是不是自由了？""我的未来该何去何从？"这些成长道路上的问题需要他们用未来四年，在感受、感谢、感悟中解答，从而让自己的人生之路走好、走稳。

一、感受成长之阵痛

之前在网上看到过这样一个段子："高三班主任在高考动员大会上鼓励同学们好好学习，现在吃点苦、受点累是值得的，等考上了大学就'好'了。"但上了大学真的就好了吗？也有人在网上调侃说："你以为你以为的大学就是你以为的吗？大学其实累得像狗一样！"大学真的"累"得像狗吗？我们该相信哪种答案？大学到底是舒适的、苦累的抑或是平淡的？这需要亲历大学之人自己去体会，在我看来这就是一种"痛并快乐着"的生活体验，这种痛就是"成长之痛"。成长从来不是一帆风顺的，它伴随着适应之痛、失败之痛、选择之痛、思索之痛，让你在大学这个熔炉中日益精进。

（一）适应之痛

高中生活与大学生活截然不同，进入大学的第一课就是学会适应。适应4至8人一间的宿舍，学会包容与理解，不能再由着自己的性子生活，要懂得与他人和谐相处；适应不一样的学习方式，没有人会再耳提面命地要求你好好学习，也没有让你紧张到无法喘气的连番考试，有的只是更多的自主空间，自己负责自己；适应作为一个学生骨干去凝聚自己的班级，发挥主人翁的自我管理之能，独自承受委屈和挫折。当然，无论是主动选择还是被动接受，你必须适应这样的环境，适应意味着放弃从前的自己。选择重新开始，你需要为此改变很多，而改变的过程并不总是轻松愉悦的，可能伴随着诸多不舍、矛盾，而这恰恰是"适应"的魅力所在。有些人踌躇满志、乐在其中，享受蜕变的阵痛；有些人战战兢兢、止步不前，害怕环境的变化。我想，无论此刻你抱有怎样的心情，正视这份痛楚，并大胆地迈出第一步，这才是最好的适应。你不必从一开始就大步流星，完全可以小心翼翼地尝试，慢一点走，但不要停下来。

（二）失败之痛

在高中时，你也许是班级的佼佼者，但来到大学后你所有的荣誉、成绩、名次都归于"零"，你需要重新开始，面对新的挑战与挫折。初入大学，你首先面临的可能就是大大小小的招新活动，失败是常有的事，你竞选了几个学生组织，但收到的也许都是"拒绝"的回复，此刻的你内心做何感想？你会去怀疑自己吗？你会去质疑竞选吗？我想，得之淡然、失之坦然的觉悟没那么快被你领悟，你会有沮丧、不甘、伤心、愤懑，一切的一切都会伴随着一时难以摆脱的复杂情绪。这就是大学给你上的第一堂生动的实践课程，让你重新认识自己，退去盛气凌人的傲气，锻造迎接挑战的锐气，涵养战胜失败的底气，淬生走向卓越的骨气。面对失败，你不应被动地用时间去化解焦躁，你完全可以主动寻求他人的帮助，学长学姐、辅导员、任课教师、学院领导，他们都是你坚强的后盾，会帮助你成长。只要你愿意分享当下的心情，你的身边就不会缺少关爱、关心和关怀。

（三）选择之痛

相较于高中的"三点一线"，大学生活是丰富多彩的，尤其在大一这一年你会自觉、不自觉地参与到各种各样的活动之中，同样你也会面临不同的选择。由于大多数新生都处在适应阶段，没有形成相对稳定持久的大学生涯规划，因此选择可能是相对盲目和从众的。未来对于他们来说还比较遥远，前方到底有怎样的成功与失败在等着自己，这一切都未曾可知。我们都听说过"无知者无畏"，在我看来这是一种最"无知"的看法，无知的人是无法在社会上立足的。我们的年轻人恰恰是因为知道自己的无知，所以才会感到茫然、焦虑、害怕。这些情绪的产生与存在如果不能得到有效的宣泄和排解，始终积压在内心深处，就很有可能在某一个时间点爆发出来，成为制约自身发展的"牢笼"。因此，作为学生的"人生导师"，辅导员应该在新生入学时通过职业生涯规划课程、人物访谈、个别学业发展辅导等多种途径帮助学生尽可能地拨开困惑迷雾，找到正确出路。学生也应该正视自己的心理感受，主动做出调整。大家不要害怕一时的茫然无措，静下心来，冷静思考，学会用科学的方法帮助自己做出合理的选择。

（四）思索之痛

与高中不同，大学不仅是对知识的记忆与认知，更是对知识的理解和运用，这意味着思索在所难免。从字面来看，思索＝思考＋探索，不仅是精神层面的，同时也是实践层面的。《论语·学而》里曾子有一句话："吾日三省吾身：为人谋而不忠乎？与朋友交而不信乎？传不习乎？"[1] 说的是曾子每天都要用三件事反问自己、检查自己，为国家、为他人出谋划策时是不是夹杂了个人目的？与朋友交往或帮助朋友有没有言而无信的地方？以前读过的书籍是否温习过？在今天，这些内容仍需要思考，但已不局限于此。对于大学生来说，就是每天早晨安排好一天的行程，每天傍晚检查一天的工作进展，每天睡前反思一天的点点滴滴。当然，习惯了"三点一线"的生活，突然让学生学会思索，反而会让他们感到"麻烦"，但这种"麻烦"恰恰是大家保持旺盛精力、快速成长的"不二法门"。在大学，没有人会去主动逼你思考，但竞争的压力、社会的期待又在潜移默化中推动你思考，"逆水行舟，不进则退，"你可能需要一段时间去适应这种独立思考、孤独前行的状态，这会让你感到困惑、感到枯燥，甚至感到焦虑，但只要坚持，你终究会有明晰之后的豁然开朗、茅塞顿开，此时再多的"痛苦"都将烟消云散，换来的是你笃定的神情和稳健的脚步。

二、感谢成功之付出

什么是成功？不同的人有不同的界定。在我看来，通过自身的努力取得进步就是成功。成功不分大小、不分类别，获得奖学金是一种成功，登上不曾展示的舞台也是一种成功。当然，全凭运气"赌"来的不是成功，不劳而获不是成功，违法乱纪、牟取私利更不是成功。成功必然是自己合法合理的努力所得，我们不必艳羡别人的"丰功伟绩"，脚踏实地的成功才值得珍惜。

---

[1] 陈晓芬译注. 论语 [M]. 北京：中华书局，2016：3.

（一）成功背后是辛苦的付出

成功既是一种结果呈现，也包含过程体验。成功不是一蹴而就的，而是一步一个脚印走出来的。走的过程往往并不轻松，它夹杂着汗水、泪水，是一段辛苦的"旅程"。我所理解的成功绝不是唾手可得的，如果一件事情可以让你不费吹灰之力就能够解决，这样的"成功"不值一提，你也无法从中获得十足的喜悦之感。实际上，我们确定目标时，有时会在"困难区"和"舒适区"之间徘徊，"困难区"意味着你需要承受一定的"痛苦"，包括"累""烦""困"等可能存在的生理和心理反应。此时人们通常会为自己设定"难度区间"，一些人抱着"痛改前非"的觉悟将自己的困难等级设定至一个常人难以企及的高度，看似拼命去努力，实则毫无可能性。例如，为了今后不睡懒觉，将自己的闹钟调到早上五点，结果五点闹钟响了，自己却爬不起来，熬啊熬，熬到最后，睡眠质量不行，情绪也一落千丈，这种所谓的"辛苦"不可取，也没有多少成效。而真正的辛苦付出是阶段性、渐进性的，"难度区间"的存在，正是为了让你确定一个努力可以达到的目标难度，这种状态之下付出的效率值最大，辛苦的感觉恰到好处，满足感和成就感会比较充实。例如，你想早起，不需要一开始就设定在早上五点，可以从原来的七点半调整到七点二十分，以十分钟为单位，十天坚持下来就降十分钟，逐渐将时间提前到七点，然后经过一段时间的维持再进入下一个阶段。这个过程看似有点漫长，但恰恰符合大多数人的生活节奏，经历了一段时间早起的"痛苦"感受，你会觉得这份努力值得，也很有成效，自然坚持下去的欲望就更强烈了。所以，辛苦不是瞎忙活，它始终伴随着成功时的美好心情。

（二）给成功一点应得的奖励

如上所述，早起的"修炼"过程较为漫长，如何始终保持积极性，不掉链子，光靠毅力和耐力似乎并不能完全奏效，否则就不会有那么多人半途而废了。我认为，适时地给自己一点奖励是很好的办法。拿我自己举例：我目前在和自己不健康饮食导致的亚健康身体进行着"抗争"，每日坚持一定程度的室内训练，一方面是减脂，另一方面是提升生命质量。按照网上给出的食谱进行饮食，我每天要忍受着肉的"诱惑"，吃的早餐虽然比较有营养，但是缺乏口感，坚持一段时间后我感觉到有点吃力，此时我适时地给自己买了一点小礼物，并告诉自己如果继续坚持两个月，再给自己买一双梦寐以求的篮球鞋。此时我的积极性就会再次提升上来，减脂的动力就会越来越大。成功之余还有一些小惊喜，何乐而不为呢？而且努力的成效越大，所获得的奖励额度也会越高，生活质量自然也上去了。当然，我只是以我的消费水平在举例，每一位同学可以根据自己的经济承受能力和满足感确立自己的奖励清单，只要对你有帮助，能够让你的生活更加多姿多彩，那就大胆地去计划、去争取。

（三）每一次成功都会带来成长

相对于获得成功时的喜悦情绪，我认为更加值得关注的是自我成长。成功往往通过一个又一个片段和瞬间呈现出它的魅力，那么成长就是这些魅力之后值得你深思反省的经验、智慧。所谓"转识成智"，从某种意义上来说就是一种成长的形态。当然，我们都知道"乐极生悲""物极必反"等成语，也知道"居安思危""先天下之忧而忧，后天下之乐而乐"等典故，这告诫我们不能因成功的直观感受而放松警惕，越是快乐之时越要深刻反思。也许你会在成功之后发现曾经自己经历的苦和累其实都可以想办法化解；也许你会在努力之后发现自己其实可以有更好的处事方式；也许你会给自己定下更好的目标，而在短暂的喜悦之后重新选择默默出发……无论你得到什么样的结论，都要欣然接受，它可能是愉悦的，也可能是令你困惑的，甚至是让你感到焦虑的，不要担心也不要害怕，找一两个人与你分担，找到你信赖的人帮助你解答，我想这才是成功带给你的最大"成功"。要想做到这一点绝非易事，它意味着你要从感性重新回归理性，但也恰恰是理性思考才能让你逐渐脱颖而出，变得更加优秀，做到处变不惊、镇定自若。

三、感悟成人之道理

读大学最终是要走入社会的，成长成才的核心旨归还是成人，所谓"立德树人"其出发点和落脚点都是"人"。大学生若想真正从"未成年"转变为"成年"必须在"读书""明理""识人"之时形成清醒的认识，把握其真正的内涵价值。

（一）读大学"读"的是书

"学生"以学为生，大学之所以让很多人觉得自由度更高，并不是因为它使人不受限制，反而是因为它给了你寻求自我的诸多机会，你的选择面越大，自由发挥的空间也就越大。但是我们很多同学并不知道如何选择，因为他们在众多选择面前举步维艰、手足无措，此时"书"成了最好的精神支柱和

"指南针"。市面上有关如何阅读的书很多，观点不一，我认为大学期间读书要做到专博结合、以博为主，博是为了在丰富知识的同时找到自己的兴趣点，继而可以在接下来进行深入学习。因此，对于大一新生来说，不要过早地沉浸在某一领域，而是要广泛涉猎，多读一读相关学科的书籍。现在很多高校都在低年级开设了一定数量的通识课程，这些课程可以帮助你打开视野，在更宽广的领域走向成熟。按照我的理解，作为新生可以多读一读人文、社科类的书籍，尤其是社会学、哲学、文学和历史方面的书籍，当然除此之外，科学类、艺术类也可以适当涉及。

（二）读大学"明"的是理

读书可以说是读大学的必修课，但是尽信书不如无书，读书不是为了简单地记忆知识，不仅要知其然，还要知其所以然，更要学会运用知识。其中包含的就是一个"理"字，这里的"理"既是"道理"也是"规律"。大学生一方面要掌握科学合理的学习方法，将所学知识运用到社会实践之中，变成自己的阅历，丰富自己的学识，"转识成智"；另一方面要把握人生发展的规律、生命成长的规律，为自己绘制一幅理想的蓝图，确定适合自己的路径，然后努力前行。没有后"理"，前"理"就无法发挥作用；没有前"理"，后"理"就是空中楼阁，是镜中花、水中月。也许有人会说，一个大学生哪来那么多"理"，光完成学习任务就已经精疲力竭，怎么还有时间去思考这些。面对这种质疑，我想说，大学从来就不是简单的"三点一线"，即使是学业压力最重的期末和考研阶段，也不应该放弃出去看一看的机会，一方面是为了放松，更多的是让自己回归初心，告诉自己选择这条路的目的何在，不要被所谓的快节奏生活干扰，反而应该在天地之间、自然面前感受生而为人的生命意义，珍惜眼前的幸福时光，过有品质的生活，这样的大学才是合"理"的。

（三）读大学"识"的是人

读书经历了从薄到厚、由厚到薄，再由薄到厚的过程，三个阶段寓意不同。第一个阶段是丰富自己的知识，让自己尽可能多地汲取营养；第二个阶段则是去粗取精、去伪存真的阶段，抓住核心和关键，把握重点和难点；第三个阶段则是在关键之处深入研究，发散思维。同样是薄，后者比前者更有针对性；同样是厚，后者比前者更有深刻性。读大学我们所面对的并不是死的知识，而是活生生的人，我们要在书本中体会作者的行文意图，并融入自我的学识之中。与人相处我们处理的不是"我—它"的关系，而是"我—

你"的关系，在彼此对话之中明白人生道理。最终我们面对的也是由人组成的社会，这是现实的，不是虚幻的，我们终将成为这个社会的一分子，在努力成为社会主义建设者和接班人的同时，保持独立人的品格，实现自我的全面自由发展。要实现这一切，我们就必须懂得大学的"成人"之道，把人生这本书由薄读到厚，实现"厚"的螺旋式"质变"，这样你的大学阶段才会变得饱满和充实，你也就抓住了大学的真谛。

亲爱的同学们，说了这么多就是希望你们可以充分把握大学这"1"阶段的深刻内涵，在感受、感谢和感悟中实现"1+99"的百分蜕变，真正拥有属于自己的精彩大学生活。

"三下乡"不得不提的"三个转变"

酷热难耐的 7 月如同一只饥饿的猎豹已然尽情展现了自己"肆意妄为"的气势，而伴随它一同前来的还有一群顶着烈日、擦着汗水、走在田野乡间的大学生们。这个夏天你们再一次将青春定格在课堂、工厂、村落……绿水青山间爽朗的笑声时不时地给这个夏日的傍晚带来一丝清凉。大学生暑期"三下乡"社会实践活动，一个所有师大学子在大二这一年的 7 月尽情绽放的活动，用它的双手拥抱你我，让我们走得更近，也走得更远。

从 2011 年来到师大工作，我连续 7 年带队深入一线，有睡过光床板，大夏天盖过棉被（不是空调吹得冷，实则是在没有风扇只有蚊虫的前提下不得已而为之），有 10 个人挤在不足 15 平方米的房间里……似乎暑期社会实践就是"吃苦""受累"，就是让每一人包括我在内体会一次"生活不易"的感觉，让我们对今天的幸福生活心生一丝敬畏。这些年去过的地方很多，但唯有暑期的十几天与学生在一起的日子尤为让人记忆深刻。还记得 2015 年的暑期社会实践汇报上，我因为一段整理图书馆图书的工作经历而几近落泪，当时只感觉头皮发麻、内心起伏。是什么让我们能够一而再、再而三地投入这样的社会熔炉中，我想除了是学校的政策要求之外，更多的还是同学们对于社会、对于未来、对于成长的期许吧。

经历了 7 次暑期社会实践，我对于它的理解愈加深刻。在同学们看来，可能每天的外出调研、课堂互动更能体现自己的价值，但我认为，观察每一名学生的表现，观察学生与社会间的交流似乎意义更大。暑期社会实践对于你我来说最重要的到底是什么？用官方的理解就是"受教育，长才干，做贡献"，换句话说就是"青春、汗水，不留遗憾"。我很赞成一位老师的观点："在这样一次每年都要进行的常规活动中，社会对于学生的教育价值要远远大于学生对于社会的贡献。以前我很在乎大家能给社会带来什么，殊不知只有社会让大家懂得了她，才能更好地在未来去服务她，做更好的自己。"

那么大学生应该从暑期社会实践中看到什么、得到什么呢？在此，我以一个"过来人"的身份谈谈自己的三点感受，或者说我所理解的"三个转变"。

一、行动上，要实现从"观看"向"观察"的转变

当轰轰烈烈的夏日之行开启之时，大家有没有认真思考过一个问题，那就是"暑期社会实践中的我们到底应该如何与社会打交道"？虽然大家每天都生活在社会里，但是直接近距离地了解社会似乎在大学期间除了实习主要就是暑期社会实践了。何谓"了解社会"？就是超越"眼睛之看"，进入"大脑之思"。当我们用相机定格一张张照片时，当我们用 DV 拍摄一段段视频时，眼睛似乎发挥着更大的作用，它告诉我们什么是美丽的风景，什么是动人的场景，社会的丰富多彩尽收眼底。我们看着这个社会，直观感受容易让我们不禁感叹社会的变迁。但是这仅仅是感叹，它会随着时间的流逝而趋于平淡。真正打动你我的一定不是照片本身，也不仅仅是视频记录的故事，它应该有着更深刻的意义与价值。我想，若干年后，当我们的学生回想起曾经挥洒的青春汗水时，也许那个夜幕里你我促膝而谈之后的会心一笑才是最让你我难忘的吧！

实际上，放弃眼睛的感观，我们真正要体悟的是大脑的"刺激"，这不仅仅是神经元上的直接脉动，更是直达内心的深层次感动。用我的话说，就是由"观看"转向"观察"的质变。"观察"是一种带有目的性的"观看"，这种目的性受大脑支配，更听从内心的想法，你以什么样的目的走进暑期社会实践，暑期社会实践也就以什么样的姿态给予你相应的回报。于我而言，发现更好的自己并进一步明确自己的未来方向是这个夏天的不二之选。当在你的眼中，暑期社会实践就是一次"例行公事"时，这就是一项"大学任务"，那么你就是在"观看"；只有当你的心中产生了一丝疑问、带有了一丝困惑，并在这里找到了"豁然开朗""茅塞顿开"的感觉之时，我想你就开始学会"观察"了。这如同冰山一角，"观看"是一种行动，当行动本身变成目的之时，注定你的感受只是表层的；只有当你"观察"时，它背后的意义才会浮出水面并成为目的本身，你的心灵才能受到感染，你也才能从中有所顿悟。我想，这段时间大家的新闻稿已经开始向社会证明了你们初入观察门径，而每年让同学们写下的"实践札记"、撰写的"调研报告"才是真正教会大家

"观察"这个社会。我一直坚信即使在科技高度发达的今天，文字依然不可超越，是历久弥新的宝贵财富。我们用文字记录的不仅仅是故事本身，更是作为一个观察者和社会人对于昨天、今天和未来的审慎思考和敬畏之情。所以同学们，学会用"心眼"去观察这个社会，你会发现它真正的光彩。

二、角色上，要实现"旁观者"向"参与者"的转变

从一个"旁观者"到成为一个"参与者"，虽然只是几个字的变化，但是反映的却是被动接受与主动融入之间的根本区别。在我看来，这些年的暑期社会实践中，很多学生仅仅扮演了一个旁观者的身份。这可能会引起一些学生的质疑，我明明参与了这次社会实践，怎么就变成了旁观？札记没少写，活动没少开展，也和很多人都有交流，最后的汇报也很精彩，怎么就变成了旁观者？

如果单从学生的身份看待这样一次活动，的确做到了"参与"。但是从一个社会人的角度来看，似乎还不够。换句话说，我们践行了作为一个学生向社会学习的任务，但是却没有很好地实现作为一个社会人对学业的思考。举个例子，每年的暑期社会实践，我们都可以看到很多团队是以"爱心支教"的名义组建的，于是在为期两周的实践环节，我们看到了很多次的辅导、很多次的授课、很多次的家长访谈……在这个过程中我们以自己的绵薄之力帮助这些地区的孩子们度过了一段难忘的快乐时光，以至于每每结束之时总会留下一些泪水与不舍。学生们得到了锻炼，收获了成长，这是作为一个学生值得骄傲的。但是，这就够了吗？我们就此结束了吗？我想，还有更为重要的，那就是我们作为一个"参与者"，你真正践行学高为师、身正为范的教育真谛了吗？作为教育者的身份认同和责任担当绝不是毕业之后的顿悟，一定是在一次又一次的亲身实践中逐渐体会到的，而暑期社会实践恰恰是我们加深这一认识，学会以一名教育者的身份重新审视自己的绝佳机会。我到底是不是一名称职的教育者？我适不适合成为一名教育者？教育者眼中的教育到底和学生眼中的教育有何不同？我离成为一名合格的教育者还有多远？社会需要什么样的教育者？我想这些问题我们应该在未来学习、工作和生活当中反复思考。只有常怀教育之心、常思教育之事，我们才会更加体会到教育者的光荣与使命；立得住方寸之地，我们才能绽放最美的光芒。亲爱的同学们，当你们开启自己的职业生涯时，如果还能想起那张课桌前孩子们渴求知识的眼神和你默默许下的为教育事业奉献自己生命的心愿时，我想那时的你应该

已经在不知不觉间进入了一名教育者的角色当中，更在潜移默化中重新审视了自己。所以，这次实践既是一次在学生阶段了解大千世界的历练，也是一段人生道路上找到教育初心的回忆。

三、内容上，要实现"专业优势"向"实践优势"的转变

几年前的一次暑期社会实践，我有幸跟随兄弟学院参与了他们的汇报慰问工作。说句实话，我对这些学生拼搏的精神由衷地感到佩服。井然有序的分组，通宵熬夜的制作，最终用短短几天的时间呈现出了一场美妙的视听盛宴。虽然在内容的深度上我感受到了这个年龄层次应有的稚嫩，但是他们的才气却毫无保留地展现了出来。

汇报中的三段视频、三个故事，在旁观者眼里可能只是景色的优美、技术的娴熟。但是在我看来，大开大合之间，流淌的是时间，承载的却是人性。只是这种对于人性的把握尚处于摸索和探究阶段，而这恰恰是"专业优势"到"实践优势"的转变开始。我不止一次问过自己，我们学生的专业优势到底该怎么去发挥？在暑期社会实践中，我们的专业技能有没有转化为实践成果呢？正如我在第二点所说的那样，教育者的身份认同以及在此之上的角色担当恰恰是我们发挥专业优势并转化为实践成果的关键所在。会上课仅仅是技能的表现，会育人才是角色的担当。术业有专攻最终要回答的不过是"为人"二字，我们的学生只有真正懂得了"为人"之理才能真正"成人"。我曾经在一次主题班会上对我的学生说："大学四年我们无数次走出过校门，但是只有毕业的那一刻，你才能感受到成为一个社会人的不容易。小小的一步我们需要用四年去丈量。这四年我们获得的叫成人，留下的叫成长。"其实，"成人"何其难，大学四年也只是让我们跨入了"成人"的门槛。不过，迈向"成人"的实践之旅却在这个夏天悄然到来了，我准备好了与你们共享这段故事，你们准备好了吗？

寥寥的几千字实难完整地表达我对暑期社会实践的全部认识，但是以上三段话却是我当下最真实的感受。其实，有时候作为教育工作者没有那么多的矫揉造作、刻意为之。把你最真实的感受用文字写下来何尝不是一种游刃有余的洒脱呢？相较于今天略显沉闷和学究的书面教育，我想这也许就是一股清流吧。我也真诚地希望有越来越多像我一样热爱学生工作的同仁们拿起手中的笔，打开身旁的电脑，为你的事业、为你的学生写下几句有价值的话。即便是"鸡汤"，也要让你的学生们喝出营养、喝完难忘。

做学生干部切不可"点到为止"

不知道大家是否遇到过这样一种现象：大一的学生无论是在班级或者是学生会都比较积极，虽懵懂但有冲劲；可是进入大二后，不少学生会选择离职，以至于在部门竞选或更高级别的主席团竞选时出现竞选人员不够，甚至无人竞聘的局面，需要通过辅导员、团委书记劝导留任或参选。这种情况实则并不利于学生组织的平稳过渡和向好发展，我曾经与不少离职的学生交流过，得到的答复也大致相同。例如，"我已经在学生会待一年了，已经足够了，是时候追求其他的了。""我没有继续往上冲击的想法，考研就业更重要。""我就是为了接触不一样的东西来的，感觉差不多了，所以退出了。""再往上特别难，我不够格，还是算了。"这些想法并不是个例，其背后反映的不仅是一些学生干部"点到为止"的认知误区，更是自身对成长之路缺乏审慎反思和有效规划的结果。

一、"点到为止"的呈现形式及影响

（一）晋升上"点到为止"

所谓在晋升上"点到为止"，是指当事人满足于既有的学生工作岗位，没有继续往上进阶的想法。比如，学生担任了一年学生会某部门的委员后离任，没有去继续竞选部长一职的想法。我们知道学生会一个部门通常配备 1 正 2 副三个部长，下设 4~5 名干事。这 4~5 名同学中不乏下一届部长或副部长的有力竞争者，但是这些学生中有不少人进入大二后就很有可能选择离开，理由基本如上所示。虽然说回归学业无可厚非，但是如果有进阶的可能而选择放弃，实则是主动"放弃"了一次历练的机会。进一步来看，一些离职的学生也并不像当初离开时说的那样好好学习或者在自己当初承诺的方面取得进步，反而是中规中矩甚至碌碌无为。究其原因，在于学生当初做出离开或放弃的决定时并不是因为自己找到了更好的去处，而仅仅是为逃避更大的挑战找一个理由。这种看似冠冕堂皇实则自欺欺人的行为最终阻隔了自身的前进之路，影响的不仅仅是工作本身，更牵扯到了其他方面，以至于个人的成长历程遭受不小的阻碍。

（二）在工作上"点到为止"

如果说晋升上的"点到为止"反映的是阶段间的转变，那么工作上的"点到为止"就是阶段内的个人行为。它表现为一些学生担任班委或者其他干部时仅仅满足于各项任务的达标，坚持"及格万岁"。举例来说，某社团举办一次活动，根据安排需要完成一个策划书，此时可能会出现两种情况：一种是把策划书写出来，然后按照"套路"完善即可，这样的策划书本身没有多少新意，形式和内容都没有突破；另一种是策划者认真考虑如何让活动更加吸引学生、更能让大家获益，这就需要投入大量的精力，势必占用个人学习和生活时间，而为了不给自己的生活带来"干扰"，不给自己的学习造成"负担"，一些学生就以最快的速度完成工作，甚至带有抱怨的心态应付工作，这样写出来的策划书质量可想而知。实际上，工作越是投入，遇到的阻碍可能越大，如果"点到为止"，对于问题的理解就难以进行下去，潜在的能力提升便会停滞，而如果顶住压力、冲破阻碍，自身就能得以精进。

基于以上两种形式我们可以进一步看到两种认知层面的表现：一是不知道自己"点到为止"而错过机遇，延缓进阶。这样的学生往往对团委学生会、社团、班级安排的工作理所当然地接纳下来，更多聚焦活动本身，以完成工作为首要目标，从未想过还需要做其他什么事（比如，反思总结）。因此一旦结束工作，就意味着任务完成了。这是一种无意识的行为，需要通过我们的引导来帮助他们明白活动背后的价值和意义。二是知道自己"点到为止"仍然安于现状，不求精进。这种行为更加危险，因为它表现出一种明知故犯的错误意识，一旦形成这种认知，精进之路就会被主动阻滞。试想一下，当一个学生将面前的机遇当作负担、累赘，甚至产生畏难、抱怨等情绪时，他会如何对待自己的工作？而学生甚至将自己的这种行为当作理所当然的抉择，又是怎样的一种境遇，是不是有一种"恨铁不成钢"的感受？辅导员难道不会感到无奈和惋惜吗？

二、"点到为止"的问题溯源

"点到为止"的主体可能存在知道和不知道两种意识状态，因为在分析原因时必须从不知道"点到为止"和知道"点到为止"这两个方面阐明。

（一）不知道者——源于任务思维、管理惯习、机械合群

第一，任务思维导致活动闭环于任务在程序层面的结束，而未考虑到活动背后的意义。一些学生往往注重活动的完成情况，而忽视自身的成长空间，未将自身的发展与活动的有效开展密切联系起来，尚未形成在活动中不断历练自己的正确意识。例如，每次活动结束后，大家可能会非常关注活动的现场效果、哪些环节出现了失误，却很少去反思自己的短板，也很难意识到这项活动带给自己的启示。实际上，一次成功的活动举办，牵涉到几十人甚至上百人的联动，作为活动的策划者不仅需要统筹全局还要善于调配各方资源，作为干部要将自己的部门任务有条不紊地安排下去，作为干事要合理高效地执行相关任务，不同的层次和方面需要具备不同的能力，这些都极易被忽视。

第二，自上而下的管控惯习使得学生干部满足于层级间的上行下效和同级间的照章办事，天然屏蔽掉自身的精进之路。具体来看，在同一个部门内部，一些学生"享受"彼此协作的乐趣，容易沉浸于任务达标时的参与感，一旦出现工作问题，习惯于从部门本身来分析，而无法意识到从自身短板出发。这是因为分工协作一定程度缩小了自身的劣势，而将可能存在的问题归因到集体本身。在部长与部员间，部员更愿意接受任务，似乎执行任务比反思任务更轻松，这无形中使得部员在晋升时缺乏有效的历练。实际上，横向协助和纵向晋升有着重要的意义，它一方面使得学生在相互比较中弥补能力的不足，做到补短板；另一方面在纵向晋升压力下鼓励学生提升个人核心竞争力，做到强优势。

第三，机械式合群将学生困于组织架构之内，以一种"小方格"的位置感和"螺丝钉"的角色感造成精神麻痹，使学生甘愿安于现状，并产生"自身最大限度发挥优势"的错误心理暗示。我在《为了所谓的"合群"，就能选择平庸吗？》这篇文章中说过："学生会本来是同学之间共同学习、努力奋进、不断创新的地方，是学生们充分发挥主观能动性，成为同学们心之向往的自觉组织，结果却变成了'各位领导的传声筒''各项任务的实施工具'，久而久之，少的是温情，多的是冰冷；少的是相互促进，多的是各取所需。"

实际上，纵向上下级之间无法划出绝对的权力边界，上不放权、下不多事的心态导致产生"信息传递不上来，任务落实不下去"的"隔热层"效应。横向部分之间的分工普遍存在交叉责任区，每个角色为避免不必要的麻烦，都有可能"撇清"责任，"部门墙"由此产生。纵横交错的阻隔最终将人固定在"小方格"之内，成为唯一的"螺丝钉"，无法晋升，更难有合作。最为可怕的是，我们不少学生干部对这种可能的隐患浑然不知。

（二）知道者——源于重经历轻阅历、重过程轻结果、惧怕挑战迷失未来

第一，满足于经历的一切而自我回避经历背后的隐藏"关卡"，注定只能停留在狭小的生活空间。反思经历才有望实现阅历提升，而一些学生干部恰恰满足于经历，不懂得对自己曾经的一切做出合理、有效的思考。我身边不乏一些喜欢游记的学生，我问他们记录曾经去过的地方是为了什么？他们告诉我是为了给自己的青春留下一些回忆。每每听到这些答复，我虽感叹青春的与众不同和稍纵即逝，但同时也觉得似乎缺少了什么，那就是对青春的责任与担当。如果仅仅是回忆那不是青春，青春应该拥有的还有很多，比如，我的目标、我的规划、我的未来、我的奋斗……这些都是回忆之外的东西，却比回忆更加重要。因为它包含的是一个人真正意义上的成长，是一种自我觉知的不懈努力。

第二，"享受"过程的愉悦感而自动忽略可能的结果，所谓的"洒脱"，不过是自甘堕落、自我逃避的借口罢了。我们的一些学生总是用"不要在乎可能的终点，要关注路途的风景""只要曾经奋斗过，结果是什么我不遗憾"这样的话语来定义青春，"年少谁人不轻狂"的姿态背后仅仅是青年人的稚嫩与懵懂。我们不能将自己的生命定格在过程之中，而不去计算可能的得失。时间是单向度的，"开弓没有回头箭"，如果仅仅满足这种稍纵即逝的快感，而不做审慎的判断，你不是在挥洒青春而是在浪费生命。"人最宝贵的东西是生命，生命对于每个人来说只有一次。人的一生应该这样度过：当他回首往事的时候，不因虚度年华而悔恨，也不因碌碌无为而羞愧。"[1] 这是《钢铁是怎样炼成的》中保尔·柯察金所说过的话，同样也是每一个青年都应该珍视的人生格言。

---

[1] 尼·奥斯特洛夫斯基. 钢铁是怎样炼成的 [M]. 念真译. 北京：中国工人出版社，2015. 03.

三、突破"点到为止"的可行举措

一个人倘若相信自己无法迈出去、不应迈出去，就会以各种借口来安置自己脆弱并故作坚强的自尊心，用一种表演出的无所谓态度来回应本该属于自己的一切。这不过是一种变形的自卑罢了。我们不能也不应该为自己的错误行为买单。

所以青年朋友们，我们需要"干点事了"！

（一）重新审视提升自身能力的真正意义

如果我直接问一个学生"能力重不重要"，他一定会斩钉截铁地告诉我"重要"。如果进一步追问"我该具备什么能力"，我相信他也可以说出个一二三。但是倘若我希望他结合自身深刻反思"为什么重要"时，往往得到的答案就会变得模糊。可以看出，问题越深入，大家思考的全面性和深刻性就越打折扣，这和问题的难度有关，当然也和学生自身的能力有关。也就是说，在认识问题的过程中提升能力，会进一步强化认识问题的效果。那么，提升自身能力的价值和意义在哪儿？我认为至少包含以下三点：第一，提升自身能力是你立足社会的关键前提。以前我们总说"学好数理化，走遍天下都不怕"，其实反映的是这些学科的重要性以及其背后的社会价值。同样，只有将自己摆在社会中加以审视，才能发现我们需要学习的东西有很多，多到仅仅依靠课堂知识的学习远远不够。需要我们去不断历练、锻炼、锤炼。第二，提升自身能力是你逐步走向成功的重要基础。这个社会很残酷，优胜劣汰的现实境遇往往将一些刚刚步入社会的学生压得喘不过气。我曾经不止一次看到毕业班学生怀揣简历投递无门，或者在面试现场被无情淘汰。究其原因，还是学生的能力不够，包括抗压能力、临场反应能力、待人接物能力等，这些恰恰是很多大学生在大学期间忽视、漠视、无视的重要能力。所有那些自以为可以熟练掌握的能力其实都只是一知半解，最直接的例子就是"熟练掌握 Office 办公软件"。第三，提升自身能力是你真正成熟的重要保障。一个人若想变得成熟首先需要领悟的就是"奉献大于索取"，就是要懂得付出。"一个人能力越大，责任越大。"我身边不乏一些学生党员入党前后判若两人，将组织培养自己的一切当作理所应当，殊不知能力培养背后透射的是一个人的责任心和使命感。如果我们无法明晰这份肩头责任就难以真正看到自身的"弱小"，就不会有逐渐走向强大的觉悟和决心。《狮子王》中，辛巴之所以在历经生死之后重返"荣耀大地"，并成为领地之王，恰恰是它明白了自己肩负的使命，这才让它懂得能力强大的意义，从而最终在战胜叔叔刀疤的同时也战胜了自己。

（二）努力突破趋利避害、删繁就简的自发行为

相较于挫折苦难、错综复杂，常人更喜欢舒适安逸、简单简洁。只是在通往成功的道路上，安逸解决不了任何问题，它只会成为阻碍前行的可怕牢笼。我这几个月以来一直在健身，在健身馆我需要和各种外在的压力做对抗，它帮助我提升身体机能、恢复健康心态。经历了一天沉闷的工作之后，在健身房舒展筋骨，让汗水肆意流淌，分泌的不仅仅是多巴胺，也有对于情绪的纾解。但是在健身过程中，我们要接受很多挑战，有些来自健身器材的压力甚至会让你精疲力竭，一度产生放弃的念头，只有坚持下来的人才能最终突破自己的临界点，继而成功迈入下一个阶段。这和我们自身的能力提升如出一辙。如图3所示：当我们满足于安全区时，就会受制于外在环境、满足于外在环境，追求纯粹的稳定。我不是说稳定不重要，但是在最好的年纪如果没有为梦想付出过，就会逐步走向循规蹈矩、"佛系"，甚至是"二十岁的身体，四十岁的灵魂"……

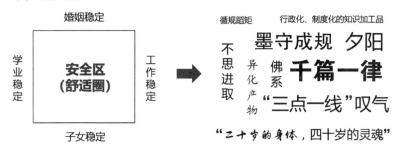

图3　舒适圈的"潜在隐患"

人生的挫折与困苦就像是健身房的杠铃，你不去对抗它，它就会压倒你。"逆水行舟，不进则退。"青年人若想不断地提升自己的能力，或者说快速地提升能力就要学会在逆境中求进步，要敢于面对任何挑战，善于面对任何挑战，乐于面对任何挑战，只有这样才能在最短的时间里有效提升自身素质。因此，一名学生干部不能仅仅满足于完成交代的工作，更要去接受更高难度的任务，要学会分析问题、总结问题，形成大局观，扩大视野，让自己时刻处于一定程度的紧张状态。只有这样，我们的境界才能提升，我们对学生工作的态度才会改变，我们才能走出舒适圈，从而在这种有益身心的压力之下

逐渐收获成功。

(三) 最大限度地发挥由内而外的工作潜能

若想进一步凸显自己的能力绝不能纸上谈兵，必须付诸实践。实际上，绝大多数学生干部都有较强的工作潜能，只是因为缺少一个合适的工作环境，缺少一名值得信赖的导师，而无法真正认识到自身存在的巨大能量。因此，激发潜能是一名学生干部突破"点到为止"的关键所在。以下三个方面值得我们关注：第一，让自己在合适的岗位上有效努力。何为"合适的岗位"？就是能够体现自身能力优势，又能够弥补短板的岗位。举例来说，我本人非常擅长汇报，但是交际能力一般，那就需要进入类似"外联部"的学生会部门工作，目的在于通过与外人打交道提升交际能力，同时主动承担部门工作汇报，或者自行组织相关总结汇报，把自己的优势凸显出来，这就会让其他同学对自己产生一定程度的信赖感，继而进一步加强彼此间的联系，有利于人际交往的展开。第二，每当有所精进之时要及时做好反思。我习惯于在能力提升之时反问自己为什么有所突破，带来突破的主要外因和内因是什么。这样做的好处是可以让自己始终保持审慎的态度，通过主观认识进一步了解自己、认清自己。第三，敢于试错，将内化的能力充分展示出来。不要惧怕可能带来的失误。我们要明白，在学校中你能够获得很多次重新来过的机会，这是进入社会所不可等同的。因此，把握每一次实践锻炼的机会，把所想之事在现实中呈现出来，尽自己最大的努力去实现它，这就是你成长的机遇。当然，让你做一个"试错"的学生不是让你违规违纪，而是希望你不要放弃对一切可能性的追求。

亲爱的同学们，作为一名学生干部，我们需要把握工作的真正内涵，走出"点到为止"的认知误区，突破能力提升的"瓶颈"，在实践中磨砺自己，这样做绝不是为了让自己过得"苦"和"累"，而是让你明白人生的真谛，开拓属于自己的未来。正如我在高校辅导员论坛上听到的一句话："我虽然每天都很忙碌，但是我并不心累。因为这是最让我感到幸福的事情。"我想这同样也是大家成为学生干部的真正意义吧！

与考研"一轮游"Say No 的三个要素

在今天的中国高校，考研成为不少同学的不二选择：一来可以基于此前往更好的学府深造；二来可以暂时缓解日益严峻的就业压力。在每年的三四月份，一支考研大军自觉形成，经过八九个月的漫长"煎熬"，最终在考场一决胜负。看似水到渠成、顺理成章，实则战况激烈、"伤亡"惨重，一些学生最终成了这场没有硝烟的"战争"的牺牲者。他们要不在笔试阶段折戟，要不就是没有通过复试，其中不乏一些学生在调剂的过程中最终失利。我认为竞争压力大只是失利的一个客观原因，除去考生复习的努力程度之外，仍有三个因素不容忽视，否则真有可能"一轮游"。

一、考研心态正不正

我常说考研是一条"孤独"的路，它意味着你需要全身心投入，由不得半点马虎。如果你在对待考研的态度上模棱两可、左右摇摆、随波逐流，那么你必然会遭遇"滑铁卢"。

根据这几年的考研现状来看，以下几种心态要尽量避免：

（一）名校情结——华丽逆袭、胜者为王

我校作为省属重点综合性大学，在这里读书的一些学生始终怀揣着继续攻读一所名校的愿望，无论是"985""211"，还是今天耳熟能详的"双一流"，但凡考取其中一所学校也可称为"华丽转型"，摇身一变成为名牌大学的研究生。在师范生的心目中，北京师范大学、华东师范大学、华中师范大学、华南师范大学、南京师范大学等师范院校榜上有名。在过去的一年时间里，我亲眼见证了不少学生扎堆填报上述名校，这样的身份光环促使学生们宁可挤破脑袋、压断独木桥也要拼一次，美其名曰"不留遗憾"。更何况，以名校毕业生的身份找工作可能会更容易一些。

可现实是名校"吸粉"带来了巨大的竞争压力，本就出自这些高校的优秀学生势必展开猛烈的"围追堵截"。与此同时，不多的招生指标还要剔除"保研"名额，竞争难度不亚于号称"金饭碗"的公务员考试。但我们的学生偏偏想当逆袭者，于是为了面子、为了争口气，大家"迎难而上"，即使复习效果不理想也抱着拼一把、试一试的态度走上考场，考上了万幸，考不上也认了。更何况，一些有着名校情结的学生即使第一次考研失利，还是会选择"二战"。我不否定这种做法，也不否认一些学生通过这个途径最终考取了心仪高校，但恰恰是这种"留后路"的想法，让一些学生在"一战"之时未能做到全力以赴，以失利告终。名校固然好，但并不是所有人都可以"逆袭成功"，因为很多人只是嘴上挂着逆袭，真正懂得逆袭的含义、愿意为逆袭成功而努力奋斗的学生并没有那么多。所以我们在一开始就应该认真考虑，找到适合自己的学校，勿用所谓的逆袭遮挡脆弱的心灵。

（二）跟风报考——不甘人后、随波逐流

这些年就业压力越来越大，学生中选择考研的人数逐年增加，但是其中的一些学生只是因为看到别的同学都报考了，所以不甘人后也要报考，至于学校、专业都是仅凭初步感觉做出的简单判断。这类学生群体在考研大军中所占比重并不小，甚至要超过拥有"名校情结"的学生。他们将考研作为自己近期诸多计划中的一个，与此相并列的还有就业、考公、考编等。换句话说，所有这些可能的方向，他们都愿意去试试，反正大家都在试，自己为什么不试试呢？以"试"的态度直面未来，就难以为某一个选项拼尽全力。考研不是唯一出路，考上最好，考不上也可以接受，这样心态下的结果可想而知。

实际上，考研的失利只是一个方面，在求职就业等其他方面，由于凡事跟风、全凭尝试，这类学生面临失利的可能性也不会小，好一点的结果是最终谋得一份工作，差一点的结果就是选择"慢就业"，甚至"不就业"，美其名曰"静候佳音"，而最终很可能"无业可就"。他们的口头禅一般是："我不着急""家里人支持我的决定""我再试试"。在这里我想强调一点，这类学生的父母其实并不急于孩子就业，如果这个时候学生告诉家长，他（她）想再看看，不想太着急，父母往往都会同意。不过这样的决定有待商榷：一来学生本身对就业形势并不清楚，所有的认知仅凭个人经验，做出的决定往往比较草率；二来父母在护子心态的影响下，会倾向于认为孩子长大了、成人了，可以自己做出决定，所以并不操心，也不担心，这就在无形中给了学生不就业的心理支持。最终的结果就是学生错过了难得的就业良机却浑然不知，等到学生看清利害关系时只能暗生遗憾了。

（三）茫然无措——左右摇摆、模棱两可

相较于前两种考研心态，茫然无措表现为在就业和考研之间踌躇不定，迟迟不肯做出抉择。这样的学生容易受到外界环境的干扰，看到其他同学找工作积极并且效果不错，他就着急找一份工作；应聘时屡遭碰壁或者感觉不满意，他就立刻打消找工作的念头，转头继续看看书、背背单词。自己没有一个坚定的目标，也不愿意持续努力。实际上，不少学生在大学四年里过得都是浑浑噩噩的，试想一下经历了大一"忙"、大二"茫"、大三"盲"的阶段，进入毕业季，那学生留下的只有一头雾水、举步维艰。而随着考研的日子越发临近，身边的同学积极准备着，自己感到既焦虑又难过，于是硬着头皮选择了一所高校匆忙开始复习。

在这里着重说明两点：第一，这类学生最容易受到名校和跟风的影响。匆忙间选择的学校很多时候并不是以自身的实际能力为依据的，而是以学校的知名度来简单判定的。"听天由命"似乎更符合这类学生的考研心态，以碰运气的方式跟风报名校，本身就是一种"赌博"式的竞争。第二，这类学生在复习期间并不是"破釜沉舟"。正如刚才所说，他们极易受到外界环境的干扰，因此最终很可能放弃，即使走上考场也会以没有复习好而草草收场。左右摇摆、模棱两可带来的不仅仅是考研这一件事情的失败，在求职就业问题上同样也会受到影响。所以，如果不能在大学期间尽早明确自己的目标，把握自己的未来道路，并做出相对详细的规划，那么你在毕业季面临的就是惨痛结果。这些学生时不时地还会到我这里来寻求帮助，我除了可以继续给予他们一定的鼓励，尽力帮助他们推荐用人单位之外，也无法再提供更多的帮助了。造成这种局面的并不是其他任何人，而是他们自己。"亡羊补牢"有时候也会晚的。

二、关键选择准不准

刚才我说不少学生怀有名校情结，除了竞争压力大之外，有没有做到"人校匹配"也是一个值得思考的问题，即我们常说的选择合不合适。不可否认，有些学生选择报考名校是因为自己确实拥有这样的能力，主要包括以下几个方面：

第一，学习力。在这场举足轻重的考试中，学生不仅需要能够记忆知识，更重要的是运用知识的能力。好的复习方法远远比死记硬背更加有效，而这些方法绝大部分都是在大学四年间逐渐养成的。你可以看到一些学生事倍功半，而一些学生事半功倍，这足以说明他们在日常的学习中到底是照本宣科、按部就班，还是触类旁通、集思广益了。

第二，持久力。"考研"是一场消耗战，它消耗的不仅仅是时间，更是对人的精力和坚持下去的底气的磨灭。长达九个月的"孤独"之行考验着每个人的心理承受能力，也只有一步一个脚印、脚踏实地的学生才能笑到最后。在问及一些考研失利学生的感受时，他们不约而同地谈到"坚持不够"。所以，我们没有理由抱怨、懊恼，因为是你和坚持"Say Byebye"。

第三，忍耐力。忍耐和持久是一对相互联系、相互影响的"孪生兄弟"。若想持久，就必须克服心理压力，尤其是忍耐各种诱惑。同寝的同学出去逛街、约饭，你能否坚持去图书馆；今天上映了最新的电影，你是去看还是不看；朋友远道而来找你玩，你是赴约还是拒绝……这些都在考验每一个考研生的忍耐力。有时候走过考研自习室，我都可以看到一些学生在那里小声聊天、看剧。坐在学习的"冷板凳"上是否可以成为你的常态呢？这个问题，你应当好好回答。

这里还需要探讨一个问题，有些院校本身知名度并不大，看似容易录取，实则难度并不小，这充分说明仅仅依靠能力出众还不够，按照我的理解，选择考研学校要做到特殊的"天时""地利""人和"。

所谓"天时"，就是要把握好同一学校在不同年份的招生录取比以及不同学校在同一年份的招生录取比，了解他们每一年的出卷情况，其中包含许多学问，例如，近五年的出题规律是怎样的？题目主要围绕哪些学科研究前沿。以我所在的学院为例，近年来我省其他二本院校报考我院研究生的比例和录取率逐年增加，在这样的背景下，我们的学生即使第一志愿报考本校，录取的压力也在增加，更不用说通过调剂回校就读。近几年，多个专业上线的人数远超往年，本院学生选择调剂基本以失败告终，一来是分数不够，二来是第一志愿就招满了。这也在提醒所有考研的同学，不能再把本校当作"救命稻草"了，除了审慎抉择、全力以赴，别无他法。

所谓"地利"，就是要了解报考高校的学术环境，也就是这所高校的学术研究能力、学术研究氛围、学术研究前景。即使你只是为了文凭也不得不考虑这些因素，因为对于用人单位来说，他们评判你优秀与否的一个重要标准就是这所学校、这个专业的全国影响力。非"985""211"高校若想给你未来就业提供支持，专业的实力至关重要，否则仅仅混个文凭意义不大。在我看来，要不然好好努力争取继续深造，考取博士，在更大的平台上寻求机会；要不然以专业为前提，放弃学校品牌，依托专业实力，努力提升自己，从而在未来赢得机会。

所谓"人和"，就是多了解师长，了解相关学校专业的导师研究方向是不是符合自己，通过学长学姐了解学校的学习氛围和研究氛围。千万不要小看这些资料的收集，相对于其他人力资源，学长学姐能够给你提供更多有关本学科的学习第一手资料以及学习直观感受。我的一个学生当初保研之时，在学硕和专硕问题上犹豫很久，虽最终做出了选择，但是经过一段时间与导师的相处以及和同门师姐的交流，她发现自己并不适合这位导师，于是有了换导师的想法，尽管最终她如愿以偿，但是在整个过程中既影响了自己的学习进度，也给老师留下了不太好的印象，甚至给母校未来的保研工作带来了一定的影响。从学生角度出发可能这样的改变更加适合自己，但是这也提醒我们"人和"的重要性，选择学硕和专硕意味着不同的发展路径，决不能凭一时的喜好和直观感受做出草率决定，应该多听取他人的意见，慎重决定。

三、时间管理对不对

从3月份开始复习到12月份进入考场，9个月的时间看似很长，实则很短。我曾经和学生做过一个有关考研复习的"撕纸游戏"，通过一连串的分析，让同学们充分意识到时间的紧迫性和节点的重要性。

（一）你的复习时间其实很短

9个月的时间，1/3用来睡眠，这就只剩下6个月了。180天的时间里，每天你需要拿出近3个小时的时间吃饭、适度的放松以及处理一些杂务，这样的话180天就相当于要减去540个小时（22.5天），这样就只剩下157.5天了。正常的学生一天可以利用的学习时间不超过10个小时，那么157.5天实际可利用的时间只有1575小时（接近66天）。剩下的时间里，你又无法保证10个小时全身心投入，这期间受到的外界和内在干扰还会差不多消耗掉你1/3的时间，这样算下来，你真正可以利用的时间不会超过44天。这样的算法虽然有些"简单粗暴"，但从总体上来看也较为符合绝大多数学生的复习节奏。九个月的时间，看似很长，但对于复习考研的同学来说实际上也仅仅是一个半月的时间。

（二）三个时间阶段必须重视

在有限的时间里，复习的好与坏还取决于学生自身有没有把握好三个十分重要的时间段，即暑假两个月、实习期一个半月和考研前一个月。它们占据了考研复习九个月的一半时间。

首先是暑假两个月，我曾不止一次告诉学生们暑假是考研复习的最关键时期，也应是最不受干扰、最完整的时间段，复习的重点和难点均应在此时解决，但同时暑假又是条件最为艰苦、诱惑最多的阶段。不少学生会因为忍受不了枯燥的"三点一线"和炎热的环境而选择休息，这样就浪费了很多复习时间，从而在进度和效果上大打折扣，成为大多数考研生失利的最主要时间段。

其次是实习期一个半月，不少高校都会将教学实习安排在大四上学期，而对于考研的学生来说，这一段时间又是复习的巩固阶段，白天实习已经打乱了学生复习的节奏和延缓了复习的进度，晚上很多学生会随之产生疲劳感和厌倦感，无法全身心地投入考研复习当中，越是焦躁越无法安心学习，最终导致恶性循环——实习不如意，复习不理想。这段时间，能否和实习学校处理好关系，能否协调好工作和学习时间，都直接影响复习成效。当然，一些高校和学院已经开始调整实习的时间，这在一定程度上缓解了考研压力，但相应地增加了学习和就业压力。

最后是考试前的一个月，进入11月中下旬，求职就业的学生已经开始有所斩获，一些学生甚至找到了比较理想的工作，这对于一些考研的学生来说可能会造成较大的心理压力。因为，越临近考试，学生的紧张感越强烈，对于周边事物的敏感度也会更高，极易受到外界的干扰。而考研所面临的未知状况和尘埃落定的工作之间产生了鲜明的对比，不由得会让一些学生打退堂鼓，甚至直接放弃考研。看着自己的室友一个个找到工作，每天轻轻松松地准备自己的毕业论文，时不时地出去放松一下，心理承受能力较弱的同学的确会产生不小的负担。

其实，这三个时间段只是考研复习中相对重要的关键期，不代表其他时间就可以忽视，我们的每一分钟都弥足珍贵。不过，我想真正决定考研成败的仍然是你的决心和毅力，是你的主观能动性。倘若自己能够顶住压力并且适当地排解压力，面对诱惑可以坚决抵制，并且按照自己的规划坚持下去，从容面对每一天、珍惜每一天，终将取得突破。

最后，我想说，每一名学生都有选择是否考研的权利，但如果做出考研的抉择就一定要明白考研本身只是一个过程，你真正应该考虑的是之后的学业、未来的人生。通过考研找到适合自己的路，就必须做好充分的心理准备，审慎地选择学校，付出极大努力，不断坚持，克服挑战，才有机会战胜困境，成功考取研究生。只要你真正明白自己到底想要什么并且内心足够强大，就绝不是考研"一轮游"的过客。

亲爱的同学们，新一轮的考研迫在眉睫，这一次，请你认真地留下来吧！

给"慢就业"的你加点油

每年毕业季，"慢就业"现象都令不少辅导员感到头疼。不同于"难就业"，这些毕业生的"硬件"条件并不弱，但就是迟迟不肯就业，往往选择"沉淀"一段时间，进行游学、支教、宅家、创业考察等，虽说避开了就业高峰，但也可能失去难得的求职良机。我并不反对部分同学通过"慢就业"的方式，为人生发展做出审慎的思考与选择，毕竟找到一份适合的工作并不容易。但如果可以在大学期间就做好人生规划并脚踏实地地走好，又何须在毕业后顶着巨大压力、付出高昂的经济和时间成本思考人生呢？可能有学生会说，我家里人比较开明，并不会因为自己尚未就业而感到焦虑，他们反而支持我的想法。但是在我看来，拿父母的爱作为"挡箭牌"，既不明智，亦不可取。与其留下一个"啃老"的负面形象，不如提前准备，早日独当一面。因此，辅导员需要认真甄别"慢就业"的具体情况，对于消极等待的毕业生加强教育引导，确保就业工作顺利开展。

一、有效甄别，聚焦重点学生

"慢就业"作为现阶段大学生缓解就业压力的一种方式，不能简单等同于学生不想就业。根据本人这些年从事就业指导工作的经验来看，大致可以将"慢就业"划分为四种类型，即迷茫型、创业型、无忧型、完美型。针对不同的类型，辅导员需要投入的精力和给予的建议也有所区别，其中迷茫型应是辅导员优先关注的重点人群。

（一）迷茫型：等想清楚再行动

这类"慢就业"学生在高校中并不少见，他们最大的一个特点就是在大学期间没有做好职业生涯规划，没有认真思考过自己读大学的目标以及未来的人生发展道路，得过且过、随遇而安的心态伴随他们四年。临近毕业，因为方向不明、能力欠缺，这类学生在就业大潮中明显表现出踌躇不前的消极状态。由于一直在父母的"包办"和老师的"呵护"下学习、生活，因此这些学生缺少足够的自理能力，面对困难、挫折时的"拐棍心理"严重，急于寻求他人帮助，害怕迎接挑战。当就业现实摆在面前时，他们不知道如何选择，害怕选择之后不符合自己的预期，因此通常以"先去旅行、游学开阔眼界，了解社会，然后再找工作"等借口来暂时缓冲就业压力，试图逃避不敢就业、不想就业带给自己的焦虑状态和负面感受。

（二）创业型：正在创业或为创业做准备

当今大学生的自主意识越发强烈，一些大学生并不想一毕业就成为"打工者"，不想在"等级"管理中失去自由。相反，自由自在的生活方式更加吸引他们，与其为别人打工，不如为自己服务。因此，这些大学生选择创业。但是创业需要一定时间的考察和准备，"慢就业"就成为缓冲时间压力和降低创业成本的重要手段。与此同时，伴随着互联网产业的蓬勃发展，一些大学生会聚焦平台型就业，例如，我们常见的网络主播、淘宝店主等都是以短期内积累创业资本作为主要方式。选择创业的学生思维更为活跃，思想更加前卫，他们往往有着主动作为的劲头，但又会因为创业资源不足、政策不清、方法不明、能力不行，而陷入长期等待、准备的阶段，这也在无形中延长了"慢就业"的时间。换句话说，他们可以为了实现自己的创业梦想而不在乎"慢就业"的潜在影响。如果成功创业，"慢就业"的代价自然抵消，但倘若未能在一定时间内实现创业梦想，那么"慢就业"的弊端就会凸显，从而影响一名毕业生的发展前景。

（三）无忧型：家庭不着急学生就业

目前，不少大学生都是独生子女，家庭条件相对较好。大学四年间一些大学生是在父母的"资助"下完成学业的，他们并不用担心生活压力，相反，优质的生活条件使得他们对于未来的职业有着更高的期待。如果单位待遇和学生需求之间不能达成平衡，就会带来供需矛盾，即喜欢的工作单位薪酬达不到要求，薪酬达到要求的工作单位往往自己又不喜欢，这样就会在彼此"不对味"的状态下导致求职失败。不过面对如此境遇，此类大学生并不会自行做出调整，改变自己的薪酬期待，反而愿意在家庭的"庇护"之下，继续观望和等待，父母也愿意为子女付出，并不着急其就业，这在很大程度上造成了学生的就业惰性，导致学生长期处于"慢就业"状态。

（四）完美型：在找到满意的工作前绝不轻易就职

此类大学生对自己的职业前景和职业环境有着极高的期许，宁可暂时不就业，也不会"屈就"于某个单位。一些大学生因为在参加考研时没有升入理想的大学而选择"二战"甚至"三战"，他们对于求职就业没有任何想法，甚至一些学生在大三准备考研期间就已经有了放弃大四参加考试的想法，而将接下来相对"漫长"的时间拿来准备参与"二战"。而在大四，他们宁可放弃求职就业的大好机会，也要在边学边玩中准备之后的研究生考试。另外，还有一群大学生会选择多次考编、考公，试图赢得一线生机，但就是不愿意调整自己的就业期许，改变就业路径，一心一意等待一个机会，以一种"非他莫属"的决心强制自己选择。如果未能如愿就继续等待下去，造成"慢就业"的结果。

二、精准分析，做到对症下药

尽管"慢就业"的表现形式五花八门，但对学生职业发展造成的危害却有目共睹。面对不同类型的"慢就业"，辅导员应该在合理甄别的前提下认真分析造成"慢就业"的原因。我在这里主要针对学生的主观原因来分析，毕竟"慢就业"更多的是在学生的主观意愿下造成的。

（一）稳定心理

"慢就业"之所以会出现，一个非常重要的原因就是部分大学生存在所谓的"稳定"心理。在他们看来，只要考上编制或者公务员，就等于获得了"金饭碗"，就能拥有一个相对稳定的工作。尽管考编、考公压力极大，也并不是所有人都可以成功，但对于学生个人来说，只要有机会去选择，还是愿意去试一试。其中，有一些学生懂得"先就业再择业"的道理，在工作中积累经验，适时选择是否调整自己的就业意向；但也有一部分学生就是奔着这一个目标去的，以单纯的"稳定"作为自己的就业意向，实则放弃了很多历练自己的机会，似乎只有"编制"才能证明自己。正是由于"稳定"想法在作祟，因此不少学生宁可等待也不愿意尽早适应社会，积累工作经验。他们将宝贵的时间拿来复习各种考试，以求获取一个"上榜"的机会。当然，在这里我需要说明的一点是，希望"稳定"并没有问题，但刻意追求"稳定"就有可能浪费更多求职就业的机会。孤注一掷走"独木桥"固然勇气可嘉，颇有"大侠"风范，但也要小心"阴沟里翻船"，错失就业良机。

（二）"千里马"心理

所谓"千里马常有，伯乐不常有"。一些学生总是认为自己能力卓绝，投出简历无人问津只是因为对方"不识货"，在没有找到真正适合自己的岗位之前，不应该"盲目"入职。我认可不能盲目就业，而且深信"入职匹配"的重要性，但这是在自己充分了解自己，并且熟悉职业的基础上做出的选择，同时这种选择是"双向"结果，而非"一厢情愿"。部分大学生过度看重自己的"才华"，认为配得上自己的职业必须经过精挑细选，难以"委曲求全"。他们在强调自身的同时，似乎忘记了求职过程中招聘方的需求和态度，认为自己这匹"千里马"只是缺少"伯乐"关注。实际上，这种"千里马"心理很多时候仅仅是学生的自我感觉，招聘方作为"伯乐"并不缺少发现"千里马"的能力，只是学生本人并不具备"伯乐"心中"千里马"的条件。有时候，我们的学生"慢就业"就是在傻傻等待自己的"伯乐"，殊不知"伯乐"早已在那儿，只是在他们的眼中，你可能并不是"千里马"，即使是"千里马"，也不是"伯乐"所需之马。一些学生只是"自我感觉良好"，如果认真看看招聘方的需求，仔细与招聘方聊一聊，或许就不会"傲娇"地白白等待了。

（三）就高心理

所谓"人往高处走，水往低处流"，找到一份理想的工作自然没有任何问题。只是，理想工作的获得并非一蹴而就，很多时候是在不断精进中逐步找到的。有些人甚至一辈子都没有进入自己理想中的行业，但这并不妨碍他在现有工作中发光发热。一些人更是在新的职业选择中证明了自己，找到了方向。说这些是因为在我们身边，有些大学生容易陷入"就高不就低"的认知误区，似乎觉得和我竞争的只能是本科生，甚至是研究生，这样的拼搏才有价值。如果就业单位要求专科以上学历，似乎自己作为本科生就可以轻松获得工作，没有任何挑战性，也不符合自己对职业的预期。在他们看来，竞争压力大、整体学历高、笔试面试严才是符合成功者的身份考验，难度越大、要求越高才是值得自己应聘的单位。殊不知，就高心理会徒增自己的精神压力，降低了个体内在探索的意愿，容易迷失在所谓的"高大上"误区之中，离真正的入职匹配渐行渐远。实际上，我们需要关注的并不是对方单位提出的最低要求，也不是最高要求，而是适不适合自己的要求。否则，只要感觉对方要求低就不尝试，自己主观限定了对方的需求，反而在与他人"无畏"更"无谓"的竞争中，丧失机会，与真正适合自己的职业擦肩而过。

三、提质增效，激发就业潜能

尽管"慢就业"现象集中出现在毕业季，但是大四阶段的氛围和环境是造成"慢就业"的原因之一。从上述就业心理来看，大学四年科学的职业生涯规划指导至关重要。能够认真审视自己，并且可以从复杂的职场环境中找到适合自己的工作，需要付出不少的时间，以下三点不能忽视。

（一）持续不断地开展职业生涯规划指导

辅导员是指导大学生做好职业生涯规划的关键，也是日常思想政治教育和管理的骨干力量。大学四年间，辅导员有责任和义务给予学生正确的择业观和就业观教育，并且通过相关课程帮助学生掌握必要的求职能力和职场能力。尽管目前有些高校将"大学生职业生涯规划"课程调整为线上教学，但这并不表明课程不重要，相反，这需要辅导员投入更大的精力，强化线下的辅导与咨询。实际上，不少大学生进入高校后都是相对迷茫的，他们对专业一知半解，对未来茫然无措，他们在内心深处期盼着有人能够指引，给予他们有效建议。这就需要辅导员肩负起职责，不能简单地将职业生涯规划等同于课程。教学课程无法真正反映一个学生的思想状况，学生仅靠课程也难以习得必要的职场能力。课下不间断地观察、交流、指导、试炼、评价、反馈，才是帮助学生真正适应社会的关键所在。因此，作为辅导员既要抓住课程教学的集中效力，更要注重日常教育指导的常态效能。可以通过学习沙龙、专题讲座、假期见习等方式，帮助学生尽早熟悉职业、了解职场，提升自身的就业紧迫感和就业自信心，进一步明确就业意向和职业选择，做好充分准备，从而在毕业季有条不紊地完成就业。

（二）突出日常求职就业能力

学校在大学生职业生涯规划和就业指导方面专门开设了相关课程，一般集中在大一和大三的某个学期。除此之外，也会有相关的比赛和协会活动，例如，大学生职业生涯规划大赛、简历制作和求职面试比赛等。辅导员要鼓励学生积极参与这些比赛，并且在比赛中找到自己的知识短板和能力短板，及时掌握求职就业的各项必备技能。当然，仅仅依靠课程和特定的比赛仍然不够。我们的不少学生在毕业季迟迟不肯就业，既有观望的心态，同时也存在自信心不足的原因。"稳妥""千里马""就高"心理的背后，实际上都隐藏着学生自我剖析不够、职场认知不清的症结。所以，辅导员要鼓励学生在平时多参与能够有效提升自我职场能力的活动和比赛。当然，这些活动和比赛不能局限于"就业"项目，但凡是有利于提升学生"专业知识技能""可迁移技能""自我管理技能"的比赛、项目甚至日常活动都值得参与，这样就可以进一步拓宽学生的选择空间。当然，并不是要盲目鼓励学生参与任何活动，而是要在清晰把握个体职业选择和能力短板的基础上"对标入座"，从而体现参与活动的价值。如何清晰把握个体职业意向呢？这就需要辅导员及时了解学生参与各项活动后的感受，针对性地开展指导工作，帮助学生在各项比赛和日常生活中逐步提升自己的职业能力，更加自信地面对未来的求职之路和职场人生。

（三）强化毕业季就业工作的针对性和实效性

学生就业工作千头万绪，面对来自就业率的压力，不少年轻的辅导员都会感到紧张甚至焦虑。就业工作包括各种类型，既有常规的事务处理，也有关键的心理疏导。面对不同类型的工作，辅导员要做好分类管理。常规事务工作可以安排保研同学和党员同学协助处理，辅导员需要抽出必要的时间同部分就业待定的同学进行交流，协助他们做好毕业季的就业决策，其中就包含"慢就业"学生群体。如前所述，辅导员需要合理甄别"慢就业"的类型，针对不同类型的学生进行不同的教育引导，决不能仅仅依靠集中性主题班会或者专题辅导，"大而化之"地处理问题，这样只会导致事倍功半。具体来看，辅导员一是把握"慢就业"学生的就业倾向。尽管这部分学生选择"慢就业"，但即使是"慢就业"，他们也有自己的潜在选择。抓住这一点，辅导员在开展工作时就能有的放矢。二是把握与"慢就业"学生谈话的关键时间。这些学生什么时候的思想状态最为脆弱、思绪最为混乱，就是辅导员适时深入的好机会，这可以帮助辅导员尽快梳理学生的思想脉络，赢得学生的信任，从而更好地开展就业指导。三是持续关心"慢就业"学生的求职状况。一些辅导员由于事务繁多，与学生谈一次后就很少关注其后续进展，这其实大大降低了就业指导的效用。我们应该定期关注学生的就业情况，适时给予鼓励，及时找到新的问题症结，让其感受到辅导员、学院和学校对他们的理解、关心，帮助他们调整就业思路、完善就业选择，从而在一定程度上缓解"慢就业"的压力，解决"慢就业"的问题。

　　不可否认，缓解"慢就业"压力不仅仅是辅导员和学生的事，家庭、学校、社会在其中同样扮演着至关重要的角色。仅仅依靠辅导员在毕业季的"苦口婆心"远远不够，最为关键的仍然是学生入学之后就能意识到职业生涯规划的重要性，并且在大学四年扎实做好学习规划、职业规划、人生规划。并且在这段时间里认真执行，积极行动。只有这样才能保证学生的求职之路走得顺利、走得稳当、走得正确。

　　我真诚希望"慢就业"的学生们可以迈开腿，动起来，也希望更多的学生们能够从一开始就扣好职场人生的第一粒扣子。

读懂大学的快与慢（上）

——细品校园里的那些快与慢

　　早晨是一天中最为朝气蓬勃的时候，小吃店热气腾腾的白雾、菜市场邻里街坊的招呼、马路上来来往往的车辆都预示着新的一天的开始。安徽师范大学赭山校区紧邻一条主干道，校门口就是四岔路口，所以每天都有急匆匆的车辆来回穿梭，而和这种紧张氛围所不同的是校园里的安静和惬意，似乎校园外的世界并不会影响这里。不过，这种精神层面的自我满足，并不能取代现实带给我们的直观感受。看似慢时光的背后有着许许多多的快节奏，看似快节奏的背后也有着许许多多的慢时光，这其中有对的，也有错的，有值得鼓励的，也有需要反思的。用眼睛去感悟世界，用生活去品味校园。今天，让我们一起来聊聊大学里的快与慢。

　　我喜欢散步，所以时常会利用休息时间在校园里走走，不免看到学生们的身影。有时在食堂，有时在自习室，有时在图书馆，有时在操场，有时在教室，有时在宿舍……因为关注得多了，偶然间意识到在不同的场景里，学生们的节奏感其实是不一样的。

一、课堂的快与慢

　　课堂给你的第一印象是什么？不同的教师上课风格不一，因此课堂氛围也不一样，但总的看来仍是严肃和紧张。一天中，教室何时最为紧张？想必是上下课。不少学生在早晨掐着点赶到教室，在不同教室间来回奔波，切换"频道"。一天中，教室何时最为严肃？想必是老师提问时。此时不少学生会感受到前所未有的"危机"，生怕自己踩到雷子。于是乎，一场老师与学生的"明争暗斗"拉开序幕，所谓"此时无声胜有声"用在这里最为合适。随着一位学生回答问题完毕，低着的头抬了起来，黯淡的眼神亮了起来，严肃的气氛舒缓了下来……但只要老师一句"下面再找一位同学"，气氛会再次严肃紧张起来，新一轮的"博弈"就此展开。这种情况似乎已经成为大学课堂里的一种常态。而当我们赶场子一样冲向教室，当我们在不同教室间切换时，时间意味着什么？当我们在课堂上与老师斗智斗勇时，时间意味着什么？我们是期待这堂课快点结束，还是希望老师放慢节奏，与我们多多分享？每一个人的想法不同，他们面对的课堂也将不一样。

二、操场的快与慢

相较于课堂上的严肃紧张，操场则是另一番景象。我喜欢打篮球，所以看到最多的是同学们挥汗如雨的状态，此时每个人都很容易沉浸在快乐之中，不会觉得它像某一门课程那样枯燥乏味，让人昏昏入睡，反而会觉得时间短暂，幸福来得快，去得也快，似乎两个小时就在这"一传一投"间悄然流逝。球场上学生们享受着放松时刻，把所有的压力和不愉快通通忘掉。当然，运动场同样有着它的节奏，我看到过一些学生仗着年轻，不注意保护自己的身体。我也见过一些学生将运动简单等同于休闲，没有好好锻炼自己。一些学生更会因为体测及格而沾沾自喜，然后重新回归到"正常生活"，而那些体测不合格的同学也只是怨天尤人，结果自欺欺人。实际上，操场只是一个外在设施，要帮助你过好健康的大学四年，只有靠自己慢慢地坚持"流水不争先，争的是滔滔不绝"。"快"有时带给你的是飞速的感受，让你兴奋异常，但是"慢"往往才是我们对待自己生命的一种正确态度。所以，跑完记得缓慢放松自己的肌肉，打完球慢慢做做拉伸运动，不要让年轻的身体付出代价，否则，若干年后，当别人还可以健步如飞时，你只能哀叹青春不复返了。

三、宿舍的快与慢

大学宿舍应该是除了课堂之外，同学们待得最多的地方了。你在大学里接触最多的同学估计也是你的室友。从刚入大学时的同进同出，到大四毕业后的独自前行，你如何面对他人，将意味着你得到什么样的结果。同"舍"虽然只有短暂的四年，但是结下的友谊却可以维持一生。我曾经在不同场合和很多人说过，不要为了所谓的"合群"而迷失了自己，如果你所在的宿舍环境不足以让你变得更加优秀，那就要果断跳出这种环境。切忌"死缠烂打""胡搅蛮缠"，要学会"快刀斩乱麻"，让自己尽早进入一个新的适合自己的环境。这就涉及舍友间感情的理解。之前网上有个帖子很有意思，叫作"友谊的小船说翻就翻"，舍友之情有时候就是这样，如果仅仅将对方当作自己摆脱寂寞的"港湾"或者工作学习上的辅助，彼此最终就会成为可有可无的替代品，一旦有了更好的"工具"，之前的就不再那么重要。曾经有人做过一项实验，让三个人在一起游戏，一开始彼此之间都有互动，但随着其中两个人的互动开始增加，直至另外一人被孤立后，研究员进行了测试，发现被孤立者的精神状态出现了明显下滑，他因为这种变化，心理上感到非常不舒服。因此，如果用利益来衡量彼此，那么这种围绕利益的选择与变化会很快发生，这也让本就脆弱的"友谊"随时走向"滑铁卢"。我认为，在大学里不要轻易说出珍惜舍友的话，因为做到珍惜彼此是需要付出很多努力的。若要站在对方的角度思考彼此关系，用相互包容的方式生活在一起，本来就需要时间。所谓"路遥知马力，日久见人心"，没有"日久"何来"知心"呢？

读懂大学的快与慢（中）

——转换视角，快慢背后另有深意

一、课堂快的是知识的更迭，慢的是学习的思索

在大学里的第一课堂，知识学习是必修课。但是知识学习不是知识记忆，学习是需要方法的，它恰恰是快慢结合的艺术。随着人类社会进入人工智能时代，知识的更迭速度已经完全超越人们的想象，数秒时间内，世界范围内的知识就会有所更新，单纯地记忆知识变得不可能也不可取。可是，在大学校园里，我们仍能看见一些学生习惯于高中"模式"，依旧在"死记硬背"中寻求大学的意义，似乎不背知识点就无法上大学。一旦剥夺了他们背诵的权利，他们就会因为目标缺失而失去奋斗的理由。如果我们的学生停留在知识记忆的旋涡中不求突破，那么他们所面对的终将是被时代所淘汰的命运，因为没有人可以赶上知识的更迭速度。所以，我们真正要做的不是单纯地记忆知识，而是把握知识背后的价值，换句话说就是学会探寻规律，找到路径，发现变化，我将之称为"学习思索"。你需要用大学四年去不断培养自己这方面的能力，与其在课堂上不停地用手机"拍照"，不如好好听老师上课。把握老师的授课思路和研究方法远远比背诵几个概念和知识点更有价值。我们每天泡在图书馆的时间并不是去背PPT，而是去完善自己的听课笔记，把你在听课中的想法认真补充进去。很多时候，听课中稍纵即逝的观点和想法才是你这节课最大的收获。如果只是闷头记笔记，你就听不到老师在说什么，也不会给你带来多少启发，你与真正意义上的学会思考就会越来越远。所以，在教室里我们不应该只顾着低头记笔记，也不应该抬手拍照片，而是应该认真地跟随老师的节奏慢慢思考。只有这样，知识才能成为你的财富，而不是空洞如泡沫般的陌生符号。

二、操场快的是生命的躁动，慢的是健康的呵护

我从 30 岁开始，明显感受到自己的身体不如 20 来岁时那么轻快了。具体表现在身材走样、体重增加、运动完恢复速度变慢、最关键的是打篮球基本靠走了。现在只要打两个小时篮球，全身酸痛，膝盖至少要休息三四天。有些学生也许会说，这是因为老师你已经不是小伙子了，不再那么年轻了，我们还年轻所以不用担心。但是，这不是最根本的原因，因为我的身边不乏一些年龄比我大，但是身体状况优于我、运动能力比我好的前辈。交流之后发现，他们年轻时就学会"保养"，比如，冬天打球做好保暖措施，夏天打球不猛喝冰水，每次运动完及时做好恢复工作，保持有节奏地运动……总而言之，绝不拿自己的青春来挥霍，而是从一开始就学会健康生活。由于体重一度从 78 公斤增到 90 公斤，我深刻感受到这其中带来的负面影响，最明显的就是膝盖不听使唤了，体检报告中几个指标出现了本不该有的变化，这都和年轻时自己的错误认识和不健康的运动习惯有关。所以，作为一名大学生，在青春年华奋斗拼搏没有错，但是一定要懂得有节制地善待身体。具体来说，我觉得至少要做到以下几点：第一，每次运动前带好必要的装备，以打篮球为例，穿上适合的篮球鞋，而不是一般的休闲鞋或者板鞋，必要时戴上护具；第二，每次运动的时长控制在 1~1.5 小时以内，运动间隔不要少于两天，超过单次运动的时间或者运动过于频繁，身体的恢复弹性就会打折，人很容易受伤；第三，运动期间要及时补水，不要大口喝冰水，而是小口喝温水，必要时可以放一些枸杞、薏米等；第四，运动前要充分热身，这个时间一般在 15~30 分钟，让自己的身体慢慢燃烧起来，以适应即将开始的体育运动；第五，运动中要控制好节奏，不要始终处于紧绷状态，正如打篮球要分四节，适度的暂停和休息是为了更好地锻炼；第六，运动后要进行充分的恢复，这既包括必要的拉伸和恢复训练，也包括合理地进食和休息。在身体充分恢复至能量巅峰前不要轻易再次运动。总之，一次运动的时间可能只是短暂的两个小时，但是前后需要的时间可能是 2~3 天，这一切都是在帮助你能够以健康的身体和心态过好每一天。

三、宿舍快的是情绪的爆发，慢的是友谊的珍惜

舍友之间的感情有时候就像水一样，可以到沸点，也可以到冰点，而导致这些现象发生的主要原因还是那亘古不变的哲学原理，"量变引起质变"。我不止一次处理过学生宿舍矛盾，而每次我出场时的主要"任务"就是调换

宿舍，因为当事人之间已经到了无法调和的阶段。经过认真思考我发现，很多时候是学生自己高估了承受力，总是以为时间可以解决问题，对方可以理解一切，但实际上有些学生就是大脑"缺根筋"，意识不到自己的行为有什么问题，也从不把别人的好言相劝当一回事，却乐于在别人的善意中寻求可能存在的言语漏洞，继而把这种漏洞当作对方对自己的"报复"，于是宿舍里自然地产生了"小团体"，这种感情上的隔阂会让你难受很久，直到导火索的引燃。我们常说"冲动是魔鬼"，但是又有多少人可以理性对待他人呢？也有人说"忍无可忍，无须再忍"，这恰恰给彼此的冲动行为找到了最合适的理由。但问题的关键是"忍"的前提本身就可能有问题。秋叶大叔在《我该如何处理和父母的冲突?》这篇文章中提到六种方式，分别是逃避、对抗、服从、放弃、妥协和双赢。在宿舍中何尝不是如此？我们期望双赢的宿舍生活，但也曾经经历过妥协甚至逃避。当然，正如秋叶大叔在文中所说："不到万不得已，不要用对抗的方式，但也不要只会逃避和妥协，那样你牺牲了你的意志，也未必换得来安宁。"① 在我看来，宿舍同学之间的感情不应该那么浓烈，而是如同春风一样，徐徐展开，慢慢生发。当来自五湖四海的陌生人相聚在一起时，肯定有说不完的故事和讲不完的经历，彼此之间能够很快走在一起，但是"走在"并不是"走到"，更不是"走近"，若想真正走近一个人，我们需要付出很多，光靠逛几次街、打几次游戏、看几次电影、聚几次餐是远远不够的，只有当对方需要帮助的时候你能挺身而出、当别人做错事时你能善意批评，这样才有成为朋友的可能。我一直有一个观点"舍友不等于朋友，更不等同于'知心朋友'"。大家能够在一起生活四年，那是缘分。但这种缘分只是给予了彼此成为朋友的可能，而不是必然。若想珍惜这段来之不易的缘分，就需要花费时间去投入，把彼此当作人生中最重要的人之一。与此同时，将彼此培养成为志同道合之人是巩固关系的重要手段，而实现这一目标同样需要花费很长时间。所以，但凡有认为生活在一起就可以拉近彼此距离的想法还是天真了一些，若想在大学里留下美好的宿舍回忆，甚至结交几位真正的朋友，就得慢慢经营。

---

① 张志. 不要等到毕业以后 [M]. 北京：九州出版社，2016：108.

读懂大学的快与慢（下）

——定位自己，体悟时间的艺术

一、在四年的知识海洋里找到灯塔，为未来指明方向

在大学，最基本的学习要求是了解知识，高一个层次是掌握方法，再高一个层次是养成思维，更高的层次我认为就是历练人生。读大学就是读懂自己的人生，要通过大学四年的缓冲期帮助自己明确未来人生的方向。大多数高校在大学期间都会开设两门课程。一门是《大学生涯规划与指导》，另一门是《大学生就业指导》，前者告诉你大学该怎么度过，后者告诉你社会该怎么生活，二者之间也是彼此联系的，过好了大学才能在社会活得更好。很多时候，我们的一些同学更在乎课程中的知识点和技巧，却很少会去关注我到底想要什么样的生活。我们学习这些知识的目的并不是将其内化为自己的人生经验，反而是把自己变成了"知识的搬运工"。举例来说，我所在的学校每年都会举办"大学生职业生涯规划大赛"，这个比赛的初衷是希望同学们可以以此活动为契机认真、全面、系统地思考未来，做出符合自己的规划，但是很多学生仅仅把它当作一项任务，草草了事。有些学生在大学也"待"了四年，但每天浑浑噩噩，到头来只能在懊悔和遗憾中离开。所以，我们应该明白当自己坐在课堂上学习知识时，到底是在学习什么？没有目标的学习到头来只是知识的堆砌，没有任何意义。在这里我推荐大家看看秋叶大叔的《不要等到毕业以后》这本书，会给你很多感悟。当然，通过在第一课堂的学习我们可以更好地形成学习习惯，找到学习思路，使得对于知识的理解形成体系，这本身就是正确的学习方法。有一种做法叫作"未来冥想"，通过给自己设定一个10年后的生活场景，把最佳状态的自己和最差状态的自己进行一个对比，去分析一下差距产生的原因，然后结合现在的自己往回梳理，一步步推

敲引起质变的量变原因，这样你最终会意识到今天的一个小小的"偷懒""懈怠"都可能引起未来的失败。很多时候，我们总是觉得美好的目标是促进你前行的"指南针"，但不要忘了不远处的一块暗礁可能就会让你前功尽弃。所以，不要总是活在美好的想象中，而应该培养自己的"忧患意识""底线思维"，做到居安思危、危中寻机。灯塔不仅仅在照亮你前行的路，同时也能帮你发现潜在的危险。作为一名大学生应该保持适度的"本领恐慌"，给自己足够的压力是你保持前进的有效手段，而它就是你人生道路上的重要灯塔。

二、在四年的大学操场上练就体魄，为青春积蓄能量

"每天锻炼一小时，健康工作五十年，幸福生活一辈子。"这是一句广为流传的标语，也是每一个大学生都应该身体力行的格言。在当今时代，健康不仅意味着好的身体，同样意味着好的心理。我身边不乏一些学生，除了上课，整天将自己关在宿舍里，打游戏、看网剧、吃外卖，一个个看上去毫无精神气，恨不得直接把他们拉到操场上跑两圈。我有时候和学生开玩笑，大学里谁和你关系最亲近啊？除了男女朋友，估计就是快递小姐姐、外卖小哥哥了。每天在宿舍楼下、校园门口见到最多的就是"美团外卖""饿了么"。我不是说不能吃外卖，但是外卖理应是自己学习紧张，工作忙碌时没有时间而选择的一种饮食方式。我有一段时间点外卖比较频繁，直到自己突然发现除了待在办公室，我几乎很少迈开步子出去晒晒太阳了，从那时起我基本上不再点外卖，而开始选择出去吃饭。不要小看这短短的十几分钟路程，这恰恰是你改变生活习惯的开始。在这里再给大家推荐一本书：《掌控——开启不疲惫、不焦虑的人生》。这本书与其说是教你如何正确健身，不如说是在此基础之上引导你科学管理精力。而我所理解的健康指的就是精力充沛。我们常说青春期的大学生朝气蓬勃，指的就是他们拥有健康的体魄和充沛的精力。这种精力的获得绝不是简单意义上的吃饱喝足就可以，而是需要通过不间断地，有效、合理、科学地运动来维持和提升。无论刮风下雨都不要停止运动，目的就是让你保持好的精神状态。退一万步说，运动至少可以让你少生病，这样才能好好学习。当然，科学健身是一门学问，它牵涉到方方面面，并且和一个人的作息以及饮食密切联系，如果没有做好足够的功课就贸然给自己立下 Flag，到头来也是你自己亲自推倒，而学会健身也是帮助你更好地经营生活、思考生命的一个绝佳机会，这是一种由内而外地自我反思，可以帮助你重新认识自我，开始一段不一样的精彩人生。所以，我希望同学们可以管

住嘴，迈开腿，少点外卖，多喝水。在最应该积蓄能量的阶段管理好自己，不要为了一时的享受而放弃本该拥有的健康生活。只有这样，你的人生才具有更多的可能性。

三、在四年的同舍环境下学会包容，为回忆留下美好

在大学里认识一群志同道合的朋友是一件非常快乐而幸福的事。相聚即是缘分，能够成为一个宿舍的同学是很不容易的。虽然彼此之间会因为这样和那样的生活习惯而产生一些摩擦，但是这些都不应该成为影响感情的负面因素。其实很多时候，问题很好解决，只需要大家保持一种和谐共赢的心态就能避免问题进一步激化。这个时候两个人显得尤为重要：一个是寝室长，一个是辅导员。寝室长存在的目的不仅仅是通知查寝、整理卫生那么简单，更重要的一项工作就是保持宿舍内的关系和谐，当寝室出现矛盾时可以第一时间站出来调解，而不是站在某一方激化矛盾。因此，寝室长首先应该学会的能力就是包容，不仅自己要包容大家，更要引导大家相互包容。这不是一件容易的事，因为每一个人都有自己的个性和生活方式，为了他人而做出改变，本身就很不容易。不过，一旦你形成了这样的意识也将终身受益。辅导员的作用体现在哪里呢？我认为两点很重要：一是对问题的甄别；二是主题教育功能的发挥。简单来说，能够从学生细枝末节的小事中找到问题的症结，本身就非常考验一名辅导员的深入思考力和客观判断力。只有经常和学生聊在一起、学在一起、玩在一起、吃在一起才有可能接触到这些事情，如果等到事情激化再去补救已经晚了。因此，多问问学生的生活和学习，多听听学生的诉求和困惑，你就有了更多将矛盾扼杀在摇篮里的机会。与此同时，辅导员应该定期举行有关寝室文明教育的主题班会，通过正面引导帮助学生正确认识营造良好寝室氛围的重要意义。辅导员在举行类似主题班会时要充分挖掘生活中的实例，充分调动学生的参与度和积极性，防止变成"空对空"的说教。在主题班会结束之后，辅导员还应通过各种形式的活动进一步扩大班会的教育效果，例如，宿舍内部可以举行民主生活会，开展文明宿舍大评比等。一切有利于拉近舍友关系、帮助大家敞开心扉的活动都可以实施。当然，仅靠寝室长和辅导员仍是不够的，还需要每一位同学的积极参与，不要害怕有矛盾，而是要正面回应矛盾。很多时候彼此之间的问题就是一些误会或者不理解导致的，只要把话讲清楚，把道理讲明白，大家就能互相体谅。大学四年来之不易，如果连自己的宿舍关系都处理不好又如何去处理好未来

社会中的人际关系呢？在这段不长的时光里，好好珍惜彼此，只要心里装着对方，美好就慢慢而满满地伴随着大家。

大学里我们始终在与时间赛跑，大学里我们始终在和朋友相伴，以一种真诚的心态对待身边的每一个人，每一件事，我想，日子虽慢，但幸福不断。

做人际交往的"有效"行动派

大学里面总有这样一群学生——他们侃侃而谈，人缘极好，深受老师和同学喜爱。无论面对怎样的场合，他们总能在第一时间化解尴尬，迅速调动起周围的气氛。有人说这是因为他们情商高，也有人说这是因为他们口才好，很多人都羡慕他们所拥有的人际交往能力，也希望自己与"社交恐惧"拜拜。于是乎，一些学生开始参与有关人际交往的社团，购买有关"说话""交际"的书籍。方法的确掌握了很多，不仅知其然，而且知其所以然，但即便这样也仅仅停留在认知层面，离真正的"面对面"仍有不小差距。所谓"万事开头难"，迈出有效的第一步终归要和内心的恐惧进行"谈判"，而这种"恐惧"通常也是自我设定的"假象"。在我看来，每个人都是社会中的一分子，准确定位是学会人际交往的大前提。换句话说，只有做到清醒地自我认知，有效区分交往的差别，精准把握自己的交往目的，才能实现科学合理的人际交往。

一、正确区分四种交往类型

作为"一切社会关系的产物"，个体在与他人的人际交往中逐步确立自己的社会位置。失去与他人交往的机会，人就会被孤立、淘汰，以至于无法生存。因此，人不能离开交往，更需要在交往中获得发展。当然，人与人之间的交往并不是漫无目的的，通常具有一定的方向性。这也就决定了与不同的人交往，可能目标、要求、选择大相径庭。作为一名大学生，应该准确判断交往的不同类型，把握自己的交往需求，从而维系健康有效的人际交往。

从个体、集体，短期、长期两个维度出发，我们可以尝试将人际交往分为四种类型。分别是：短期个人——利益型交往，长期个人——发展型交往，短期集体——分享型交往，长期集体——互促性交往。每一种交往类型反映了交往双方不同的交往目的。首先，"利益型交往"的人往往只考虑自己的短期利益，将他人当作满足自己利益的"工具"，一旦达成目的，彼此之间的交往就会迅速"降温"。例如，高校里面一些大学生在入党前后的表现截然不同，入党前积极参加班级或党组织安排的各项活动，表现较为踊跃，但一旦发展为党员之后就会将个人事务放在优先位置，不再像之前那样关心集体。由此可见，其努力入党的动机基本停留在满足个人需求之上，与他人的频繁交往和互动也仅仅是为了实现自己的个人利益。其次，"发展型交往"的个体更加注重自身的长远发展，在维系与他人的关系时要比"利益型交往"群体更加持久和稳定，为了实现自己的长远利益，这类人群会在一定时间内和一定程度上帮助他人，但这种帮助依旧是以实现自己目的为基础的。因此，随着个人目标的实现，之前建立起来的人际交往链条仍然会逐渐松散直至断裂，只不过这个过程要比"利益型交往"更长，造成的负面影响也更轻。再次，"分享型交往"的人更加注重集体，他们能够意识到彼此交往应当做到坦诚相待，不再仅仅停留在个人利益的维护上，这类人群会做到信息共享，并且以一种集体观念开展工作。例如，一些考研学习交流群、学生会或社团交流群以及一些兴趣小组等就具有这样的交往功能。但"分享型交往"往往停留在集体的短期利益满足，彼此之间虽有互助，但并不持久，一旦集体的目的达到，彼此之间的交往效果就会随着此类群体的解散最终淡化。最后，"互促型交往"的人更加注重满足集体的长远利益，因此也最为持久和稳定。将满足彼此的成长诉求作为自己的交往目标，不仅关注自身成长，更愿意主动帮助他人成长。正如马克思所说："每个人的自由发展是一切人的自由发展的条件。"① 只有摆脱个人利益的狭隘圈子，将帮助他人实现长远发展作为自己的价值追求，每个人的成长空间才能无限放大，人生也才会更有意义。也只有在这种相互鼓励、相互促进的过程中，才能实现真正的发展。因此，大学校园里我们最应该积极构建和维系的就是"互促型交往"，找到志同道合的"好战友"是十分重要而幸福的事情。

二、切勿因手机"作茧自缚"

既然构建"互促型交往"如此重要，我们就应该主动打破不愿交往、不敢交往、不善交往的思维和行为困境，尤其不能将自己"锁在"个人生活圈

---

① 马克思，恩格斯. 共产党宣言［M］. 北京：人民出版社，2014：51.

子里，要更加主动乐观地面对外部世界。今天这个时代，人与人之间交往出现障碍的一个很重要原因就是对于手机的误用，大量时间的占用影响大学生的现实人际交往。现实与虚拟世界的混淆让一些学生难以直面生活，将线上社交作为线下社交的替代品，甚至逃避线下交往，人与人之间变得更加冷淡。例如，餐桌上彼此之间再没有共同的话题，各自拿着手机刷视频、玩抖音；在网上聊得不亦乐乎，但是一到现实中就宁愿做个"小透明"。手机到底是我们生活的贴心助手，还是困住我们的"牢笼"？在我看来，这完全取决于个人对手机的理解。可以说，提高手机的有效利用率，避免陷入手机造成的"信息茧房"十分关键。

实际上，手机作为人际交往过程中的终端媒介发挥着不可替代的作用，它打破了时空限制，使得人与人之间的交往更加便利，因此成为今天最常用、最熟知的交流工具。但是，手机同样具有它的局限性，其中"信息茧房"就是阻隔人际交往的负面因子。"信息茧房就是指网络媒介特别是新媒体在迎合用户浏览习惯、兴趣爱好的基础上，通过大数据、算法等信息技术手段强化推送同质化的内容，为用户营造较为封闭的信息空间和信息环境。"[①] 一些人为了逃避社会，会沉迷于网络世界，从而成为与世隔绝的孤立者。今天的大学生由于对网络信息的精准辨别和合理应用能力相对薄弱，因而容易陷入多如牛毛的网络信息无所适从，最终会倾向于选择自己感兴趣的信息。正因为如此，网络媒体为了吸引大学生的关注，会结合大学生的特点以及兴趣爱好有针对性地提供相关信息，这无疑进一步强化了大学生原本固有的喜好，使得他们更愿意活跃在与自己有着相同兴趣爱好的网络论坛或者人际圈子，久而久之给自己设置了一个"信息牢笼"，人为疏远了与其他人的关系，甚至影响正常的学习与生活，失去了更多思想交锋碰撞的机会。面对这样一种局面，一方面辅导员应该帮助大学生打破思维惯性，引导其接触更加多元化的网络社会，进一步扩展自己的交往范围，鼓励学生走出网络，走进生活。通过举办文体活动、社会实践活动，调动学生的交往热情，在潜移默化中帮助学生摆脱手机依赖。另一方面，学生应当提升自己独立思考与积极探索的勇气与能力，要自己主动走出舒适圈，尝试关注陌生领域，不依赖于固定思维，不断丰富自己的阅历，增长自己的见识，拓展自己的视野，逐步发现自身存在

---

① 郎捷，王军."信息茧房"对大学生思想政治教育的挑战及应对分析 [J]. 学校党建与思想教育，2020，10（20）：13.

的短板，并且将加强人际交往作为完善自我、超越自我的重要方式。可以说，突破"信息茧房"既需要辅导员的有效引导，更需要学生主体的主动转变，尤其在面对海量网络信息时能够精准定位自己的需要，将手机作为自己成长成才的得力助手，加强人际交往的有效工具，继而做到"化茧成蝶"。

三、与真正的朋友圈说"你好"

既然突破"信息茧房"，积极构建和维系"互促型交往"是一名大学生成长成才的关键所在。那么哪些人应当成为我们"朋友圈"的置顶好友呢？我在和学生交谈时，总是喜欢拿微信"朋友圈"举例子。我认为，一个学生的"朋友圈"范围与层次在一定程度上决定了其发展空间和水平。之前，有人利用一些技术手段对自己的"朋友圈"进行分析时发现，很多所谓的"朋友"其实早就没有联系，更多的只是通讯录的一个符号而已。这种"数据朋友"就很符合本文开篇所说的"利益型交往"人群的特点，只是工作上的道具，用完就搁置一旁，久而久之只会剩下闲来无聊时刷刷朋友圈的寂寥罢了。

因此，规避不必要的盲目社交首先应该从形成真正有利于成长发展的朋友圈开始。按照我的理解有三类人群应该出现在我们的朋友圈中，第一类是志同道合的同龄人，第二类是能够引导自身成长的前辈，第三类是未来职业发展道路上的导师和行业领军人物。三类人群进入个人朋友圈的难度逐渐增加，但影响也逐步增强。首先，志同道合的同龄人是一名大学生人生成长道路上的同路人，他们彼此相互鼓励、相互促进，为了共同的目标和理想而奋斗。如果同学们在大学期间能够拥有这样的室友或者朋友，将是最值得珍惜的友谊。我们经常会在新闻中看到"学霸寝室""学霸班级"，就是因为同学间有着共同的奋斗信念和成长诉求，能够一起努力，并且共享努力的成果。当然，同龄人的相互鼓励需要在有着明确目标和发展规划的基础上才能发挥最大功效。然而大学生涯规划与指导仅仅依靠学生自己的探索仍然不够。此时，专业老师和辅导员的作用就凸显出来了。对未来发展有着期许的学生理应和辅导员、专业老师打好关系，要主动和他们保持联系。当面对人生发展困惑或者选择难题时，多向这些前辈老师请教。这可以帮助学生少走弯路，而不是在与其他学生的相互抱怨中徒增负能量。如果说学科教师能够更多从专业角度强化学生的发展意识，帮助他们强化专业实践能力，那么辅导员就应引导学生做到学以致用，将青春小我融入祖国大我，坚定自己的理想信念，明确自己的人生方向，让自己的发展更有规划，人生更有价值。从大学四年来看，辅导员和专业教师能够帮助学生完善职业生涯准备期的各项工作，明确未来发展的总体方向和基本目标，然而学生一旦离开高校进入职场，就需要来自行业导师，尤其是这个行业内部的优秀代表的指导。张萌老师在《人生效率手册》中提到的"七个人物法"就是有效确立行业"朋友圈"的好举措。它可以帮助我们将抽象的人生愿景变成实实在在可以看到的职场榜样，从而进一步细化自己的发展目标，把握人生奋斗过程中的关键时刻，从一名职场小白努力晋升为行业尖兵。

总之，加强人际交往不是一时一刻的经验之谈，这需要我们做好自我定位，能够从纷繁复杂的社会交际中把握自己的人生方向，既不是随遇而安的佛系心态，也不是随波逐流的盲目选择，更不是以我至上的利己主义，而是在充分把握自我发展机遇，了解个人成长实际的基础上，合理有效地开展交流，在互助共享中找到人生价值，努力实现自我，这样的人际交往才真正有质量、有温度、有价值。

第四篇

04

微育得法

大三这一年，同为"新生"要做的事

将 2018 届毕业生们送离师大，我顺利地接过了 2016 级五个专业 150 名同学。因为自己 2011 年进校时接手的班级就是大二，所以从中段开始还不至于手忙脚乱。

暑假过后，同学们即将迈入大三这道门，大三在我看来是大学里称得上"质变"的第一个阶段，因为无论从心理还是生理，学生都会产生一种近似于"成熟"的感受。比如，作为学姐学长的意味更浓，开始更加关注自己的未来，似乎比大二时的自己更加懂得想要什么，迷茫感、困惑感有所淡化。当然，发生的一系列变化有些是由客观环境导致，有些是主观努力的结果，然而有时候同学们的主观努力并不够，导致我们更像被现实牵着鼻子走，而不是为了自己去努力改变，这值得我们提高警惕，因为大三对于大家来说是非常关键的转折点。

记得我带第二届学生的第一次主题班会叫作"新生·新生"，对于那时刚入大学的同学们来说，的确是进入了一个新的阶段，叫作"新生"一语双关，无可厚非，而面对这样一群即将进入大三的学生们来说，叫作"新生"同样可以，因为这是同学们在大学里更具有意义的新起点。我作为同学们的新任辅导员，也同样是一个不折不扣的"新生"。因此以下诸事也算是交流分享，我想这对于所有中途接手班级的辅导员来说都值得思考。

中途接手的辅导员应该做好四件事。

第一，调研班情，做到有效率。与刚接手一个新班级不同，老班级有相对固定的管理模式以及相对稳定的班情班况。因此一般情况下接任辅导员可以更快地了解班级现状。在这一过程中，辅导员要从几个方面抓紧调研，一是班级的基本组织结构和所有同学的基本信息，这些相对容易获取，通过现有的常规操作，例如，数据整理、QQ 询问即可解决；二是过渡期学生的思想动态以及基本诉求，这需要辅导员通过主题班会和个别交流的方式才能够更快掌握。由于从中途接手，辅导员了解学生的时间不像刚带大一时那么充裕，因此多采用寝室为单位进行交谈，并结合前任辅导员的学生资料来做出应有的判断会事半功倍。由于更换了新的辅导员，学生们势必会产生一些情绪波动和疑问，正视这些问题并积极做出有效回答，是每一名接任辅导员的重要任务和关键工作。了解学生情况是为了更好地开展工作，更好地服务学生和帮助学生，辅导员从一开始就必须贯彻这样的理念并及时告知学生，让他们平稳接受新的变化。

第二，把握规律，做到有进度。不同年龄层次、不同性别、不同年级的学生有着不同的学习习惯、生活状态以及思想情况，接任辅导员要重点把握现阶段学生的成长发展规律，结合自身的工作习惯进行规划。简要来说，一是认真总结这一阶段学生的学习规律。大三可以说是学习的关键转折期，无论是学习方法还是学习习惯已经基本形成，此时辅导员应该在学习方面积极与学生进行沟通，及时回应学生在学习上的困惑，对于发现的问题及时劝导、纠正；二是认真总结这一阶段学生的工作规律。大三往往是很多学生担任团体骨干的"高光"阶段，基本上已经可以担任各类学生组织的中高层以上位置，能力已经锻炼到一定程度。此时辅导员应该将重点放在工作效率和工作方法的培养上，帮助他们更好地服务同学。当然也不乏一些学生刚刚担任学生干部，对于这些学生，辅导员需要专门组织一些培训，帮助他们尽快熟悉学生工作；三是认真总结这一阶段学生的生活规律，相较于大一和大二，此时学生已经形成较为固定的交际群体，其中既有一些好的群体，例如，学习互助小组，也存在一些相对较差的群体，例如，习惯一起熬夜玩游戏的学生。辅导员要重点关注这类学生群体，开展正面引导，必要时进行个别谈话，各个突破，并安排班级优秀学生骨干和党员同学做好帮扶。

第三，组建队伍，做到有方法。接手新的班级，"老辅导员"绝不能两眼一抹黑，听之任之，而是应该主动"出击"，其中很重要的一点就是组建自己的学生骨干队伍。"火车跑得快不快，关键要看车头带。"如果说辅导员是"发动机"的话，那么一个好的学生骨干队伍就是"车头"。当然，这不是要求接任辅导员全盘否定之前的团队，而是应该在之前队伍的基础之上去粗取精，查缺补漏，在留下得力骨干的同时，尽快补充生力军。我认为，进入高年级，班级的管理宜静不宜动，即使要动也不可大动，稳定班委会就是其中之一。对于班长、团支书、学习委员、生活委员等要职尽可能选择工作能力强、工作态度好、服务意识佳的学生，这样"桥梁纽带"才会牢固，辅导员开展工作也会相对轻松。以上这些我们可以称之为"显性"队伍，还有一支我称之为"隐性"队伍，正如学生群体有线下的，也有线上的。所谓的"隐性"队伍就是活跃在网络"朋友圈"的意见领袖，这些学生的作用有时比班级其他学生干部还要大。他们往往是各种话题的宣传者、追问者，也是最喜欢替学生"考虑"的一类人。学生们会"天然"地将老师划出圈外，而这些学生就很好地承担起"保护"圈子的重任。这个群体有一些典型的特点，一是看问题比较直接，但是却能迎合大多数学生的诉求；二是喜欢发表意见，并容易引起学生的共鸣；三是乐于和辅导员进行辩论，将自己摆在学生"领导人"的位置。这样的学生容易被一些学生看作意见领袖，殊不知他们同样也是学生，对于很多问题的理解也比较片面，如果辅导员可以充分引导和善用这类学生群体，不仅可以降低工作阻力，反而能够更好地开展教育管理工作。

第四，细化工作，做到有安排。作为一名接任辅导员，心里要有一本账，尤其是对不同学期的工作做好提前布置，虽说这是每一个辅导员的基本要求，但是对于接任辅导员来说，可能需要更早地谋划，对于一些工作要尽可能细化，这样不仅加快了工作进度，同时也可以尽量规避一些接手阶段存在的问题隐患。我认为，制定详细的工作安排表尤为重要，大到班级管理，小到个别谈话都要记录在册。我所在的学校有辅导员工作日志，现在也有很多实用的工作笔记APP，都可以帮助我们提高工作的精准度和效率。这里就班委会的管理谈一点建议。接任辅导员在班委管理上至少做到"123"，即1周1次工作例会（原则上在周一），1月2次个别交流（个别交流的人数可以酌情而定），1学期3次班委活动（凝聚力、学习力、工作力提升方面的培训或者素拓活动均可），这些要根据所带班级的实际情况详细记录在工作计划中，并有条不紊地落实。虽然说计划赶不上变化，但只要不违反学生工作规律，适度地调整就不会出现问题，关键就是计划不能朝令夕改，否则工作进度不仅变慢，工作效果也会大打折扣。所以，做好必要的前期调研和论证尤为重要。

除了辅导员要面临新情况，学生同样也进入一个新的阶段。不仅要与新的辅导员接触，还要调适自己的状态，这不亚于成为一个"新生"。在我看来，应该从四个方面提醒学生做好充分认识和准备。

第一，要主动适应变化，把握关键转折期。从大二到大三，关键的转折期实际上是从二年级暑假开始的，此时对于"准大三"学生来说，尽快调适自己的思想状态尤为重要。大三对于整个大学四年来说是一个关键的分水岭，主要体现在学习进度加快，学习难度加大，但相对宽松的学习环境会让一些学生很容易迷失自己。同时，学生参与各种文体活动的热情开始下降，但学术类活动的参与积极性也并不突出，学生容易进入一种悬置状态，集中表现为"又忙又茫"，因此辅导员应该利用暑假多与学生进行沟通，帮助学生尽快走出学习真空期。当然，在辅导员强化教育引导的同时，学生自身也应该主动做出调整，多与已经经历过这一阶段的学长学姐进行沟通，多听听专业老师有关大三学习的建议，及时摆正自己的位置，切不可稀里糊涂、得过且过。这个阶段恰恰是学生各种困惑的井喷期，应当早发现，早诊断，早解决，这样一旦进入大三，就能做到游刃有余，张弛有度。

第二，要加快学习节奏，及时落实具体规划。经过前两年的"摸爬滚打"，大部分学生应该已经基本确立了自己的职业理想和未来规划，此时学生本人应该制订更为详细的学习计划并付诸实施。例如，读研应该考虑自己的研究领域，求职可以考虑一年后的具体方向，应当开始有计划地落实。有学生可能会问，这样是不是早了一点？在我看来，已经不早了。曾有一本书叫作《求职，从大一开始》，作者认为求职就业从一进入大学就应该打好基础，所以进入大三恰恰是夯实基础、突破自我的重要阶段。实际上，现阶段的学生不能再给自己缓慢的学习适应期，而是要开始研读大三教材，掌握大三课程教学体系，多和专业课教师进行沟通，必要时甚至可以旁听一些高年级课程，让自己提前进入学习状态，切实感受到学习的紧迫性，从而敦促自己抓住学习时机，做好应有准备。当然，所有的紧迫感如果只是停留在感官阶段，而没有直面问题做出改变，那压力只会更加明显，进入愈演愈烈的死循环。这就意味着，定目标绝不是给自己灌"鸡汤"，打强心剂，是让自己撸起袖子加油干。

第三，要抓住并提升重点，有效强化薄弱环节。大学的知识不是拿来记的，而是拿来用的，而能否做到学以致用，关键看个人的能力。大三是彰显能力的黄金阶段，也是提升能力的关键阶段，更是做到扬长补短的有利时机。此时，学生不能再害怕正视自己的问题，而是应该积极迎难而上，例如，口语表达能力薄弱的同学应该多上讲台，多参与演讲；书写能力薄弱的学生应该多写多练，并向他人多请教；组织管理能力薄弱的同学应该积极参与班级、年级建设，做到勤思考，多学习……在这一过程中，朋辈影响和教师引导弥足珍贵，切忌单枪匹马、单打独斗，要相信他人的力量。"360评估"就是一种能够有效帮助学生清晰了解自身的不足，并且获得合理建议的"管用法"。学生个人应该积极主动吸取他人的有效意见，不可轻易否定，否则不仅得不到有效帮助，还会因此受挫，造成事倍功半的不利局面。

第四，要尽快反馈结果，助力辅导员开展工作。大三给学生的感觉就是稍纵即逝。由于学生在此时已经具备了一定的综合能力，因此更倾向于自行解决问题，尽可能不"麻烦"辅导员。从表象来看，这是学生独立性有效提升的体现，但是有些时候，学生的这种认识往往会带来负面效果，正如我在《辅导员不能小看"添麻烦"》一文中所说的那样，有些问题学生看不清道不明，自行处理反而容易产生负面效果。正确的做法应该是学生对自己做出的关键决定进行审慎思考，切不可被所谓的"能力强"迷惑，更不能随意选择，盲目决定。与此同时，当面对事关自身发展的重要事情无法决策时，学生应当多和辅导员交流，并听取建议，这样辅导员的工作才更加具有针对性。

以上内容只是我结合这些年辅导员工作给出的浅薄意见，可能有很多不足之处。但不管如何，多思考、多交流是我们做好工作的关键一环。高校里，中途接手班级的辅导员大有人在，希望大家能够提出更多更好的建议，帮助学生，也助推自己，做新时代敢担当、能吃苦、懂学生的合格辅导员。

研究生兼职辅导员提高胜任力的
前提、关键和根本

自 1953 年清华大学最早提出"双肩挑"政治辅导员制度以来，经过这些年的发展，高校已经构建起专职为主、专兼结合的辅导员队伍。兼职辅导员作为高校辅导员群体的重要组成部分发挥着不可替代的作用。一般情况下，兼职辅导员主要由年轻的专业教师（入职不久）或者优秀的低年级研究生担任。相较于教师，研究生担任兼职辅导员更为年轻、更具活力，但也面临因为学生身份而出现难以有效摆正姿态和心态的情况。如何看待自己？如何定位自己？这是值得思考和回应的。我与多位研究生兼职辅导员交流时，提出了一些粗浅认识与看法，现将主要观点总结如下，以期有利于兼职辅导员的成长与发展。

一、"全职观念定位兼职身份"：兼职辅导员提高胜任力的前提

一些研究生从事兼职辅导员工作，很难定位自己的身份。一方面自己是学生，需要以学生的身份完成学习；另一方面自己是教师，需要以教师的身份教育学生。如果全职投入辅导员工作势必会影响学习，如果仅仅拿出业余时间从事工作，又难以达到工作目标。作为兼职辅导员的角色如何把握身份成为不少研究生的工作难点。实际上，兼职辅导员理解角色身份时需要注意两个关键点：第一，"兼职"身份建立在自身是学生的基础上，不能厚此薄彼；第二，以"全职"观念对待"兼职"身份，凡事尽力而为。把握住这两点，研究生在担任辅导员时就更加容易摆正心态，落实工作。

（一）"兼职"身份建立在自身是学生的基础上，不能厚此薄彼

何谓"兼职"。顾名思义就是个人在从事本职工作之外还兼任其他工作的

一种状态。作为全日制在校研究生，本身没有工作，其主业是学习，因此研究生从事兼职辅导员工作实际上就是在学业之外兼任辅导员的"部分"工作。这里之所以说"部分"工作，是因为学生理应将重心放在学业上，在不影响学业的前提下可以开展力所能及的学生工作，强调"部分"也是为了针对目前研究生兼职辅导员工作中的两种"全部"现象。

一是研究生将"全部"身心投入辅导员工作，基本忽视学习。我们都知道，研究生在高校从事兼职辅导员工作，未来无论是通过考试留任本校还是选聘至其他高校都具有较大优势。一些高校在招录辅导员时尤其看重研究生是否具有兼职辅导员经历。从校方来看，这减轻了学校的培训成本，起到了"召之即来，来之即用"的良好效果，但从研究生方来看，它引起了部分学生试图以此挤进高校工作的"投机"想法，通过读研期间的兼职辅导员经历为自己今后进入高校提供便利。学生希望入职高校从事专职辅导员工作本身没有问题，但由于受到"优势"心理的影响，很有可能出现顾此失彼、厚此薄彼的现象，即把研究生学业放置一边，全身心投入兼职辅导员的各项工作和事务中，导致学习状态下滑，学习进度落后，甚至与导师关系紧张，反而影响未来工作的选择。因此，作为研究生兼职辅导员必须平衡好学业和学生工作之间的关系，防止上述情况的发生。

二是学校、学院将"全部"工作交给研究生来做。教育部《普通高等学校辅导员队伍建设规定》（43号令）明确指出高校辅导员主要有思想理论教育和价值引领、党团和班级建设、学风建设、学生日常事务管理、心理健康教育与咨询工作、网络思想政治教育、校园危机事件应对、职业规划与就业创业指导、理论和实践研究九项工作。作为专职辅导员理应有条不紊、循序渐进地落实这些职责，但兼职辅导员是不是也要做到涵盖九大职责呢？我认为，应该根据兼职辅导员的专业特点和能力优势有针对性地安排部分工作，而不是将所有工作内容都"压"给兼职辅导员，否则只会降低他们的工作积极性和工作实效性。因此，学校在限定兼职辅导员所带学生人数的同时，务必控制好兼职辅导员的工作范畴。例如，安排其负责部分学生的资助工作、党团工作或者日常管理工作，在充分考虑兼职辅导员角色实践空间，实现其工作效能最优化的同时，确保他们顺利完成学业。

（二）以"全职"观念对待自身"兼职"身份，凡事尽力而为

尽管我认为缩小兼职辅导员的工作范围，释放其更多的学习空间是应然

之策，但是在实际工作中，兼职辅导员依然应当表现出"全职"状态，以饱满的工作热情面对学生。这一方面要求他们面对现有工作全身心投入，决不能三心二意；另一方面要求他们充分扮演好"辅助者"的角色，在学工育人体系中发挥应有作用。如果说前者反映的是兼职辅导员与学生的一种关系界定，那么后者就是兼职辅导员在学生工作中的一种角色定位。

就前者来看，让一名兼职辅导员"全身心"投入辅导员工作既考验其工作能力，也考验其工作耐心和工作热情。长期以来，"万金油"的角色定位让不少辅导员在高校中更像打杂的"秘书"，随处可搬的"砖头"，在提出职业化、专业化、专家化建设目标后，"万金油"逐步向"专业户"转型。因此，兼职辅导员若想胜任这份工作必须具有相当过硬的专业素养，否则只会掣肘学生工作，弱化辅导员价值。与此同时，保持足够的工作耐心是考验一名兼职辅导员综合素质的另一重要因素。辅导员工作归根到底就是做学生的思想工作，这需求每一位辅导员必须具备循循善诱、润物无声的育人能力，决不可大包大揽、火急火燎。一些兼职辅导员在处理学生问题上容易急躁，缺乏足够的容忍度和包容度，这会大大降低辅导员在学生心目中的亲和力和吸引力，导致团队的整体形象受损。另外，保持高昂的工作热情能够为兼职辅导员做好工作提供精神动力。兼职辅导员与学生年龄相仿，往往被学生称为"学长学姐"，这有利于拉近彼此间的距离，他们在与学生相处过程中积极正面的工作状态容易感染学生和激励学生，为提升工作的实际效果提供重要基础。

就后者来看，让兼职辅导员直接独当一面的确"为难"，不仅因为研究生学业会挤占工作时间和空间，更重要的是在学生和教师身份之间的切换也并不好把控。因此，我认为适当安排兼职辅导员承担一些辅助性工作要比直接让他们接手整个班级或者专业更具有可行性。但这并不表示兼职辅导员的工作可有可无，相反，他们是专职辅导员的重要搭档和助手，更是整个高校学生工作不可或缺的组成部分。例如，一些兼职辅导员因为专业与学生相近甚至相同，可以通过组织班委或学习兴趣小组开展相关活动，继而在学业指导方面发挥作用。兼职辅导员可以协助专职辅导员做好学生的日常管理，在班团建设方面发挥重要价值。总之，让缺乏工作经验的兼职辅导员逐渐进入学生工作中，循序渐进地落实育人职责更加符合学生成长规律、兼职辅导员的发展规律和思想政治工作规律。当兼职辅导员的工作经验逐步增加，工作效果逐步显现，学院就可以给他们适当增加一些工作任务，通过层层压担子的方式帮助兼职辅导员尽快成长。

二、"协调学习抓住工作节奏"：兼职辅导员提高胜任力的关键

在不影响自身学习的前提下做好辅导员工作并不容易，一些兼职辅导员正是因为没有平衡好二者的关系，导致顾此失彼，学习、工作效果均不佳。若想克服这一问题，兼职辅导员至少应该掌握以下两点：一是及时调整学习心态，合理分配工作时间；二是主动控制学习强度，有效维持工作状态。

（一）及时调整学习心态，合理分配工作时间

研究生的学习虽然不像本科生那样课程繁多，但是更加看重课下的自学和研习，各种论坛、报告、实验也是研究生阶段的"家常便饭"，他们要更加善于协调时间，并且在不影响学业的前提下积极投入兼职辅导员工作，即一方面研究生应当及时调整学习心态，有效利用时间；另一方面研究生应当科学规划学习内容，留足工作时间。

具体来看，有关时间管理的书很多，APP 软件也琳琅满目，但借助这些辅助工具成功管理时间的案例并不常见。关键并不是工具的问题，而是管理时间的人的问题。实际上，掌控时间管理方法的关键是当事人对事情的重视程度。越是看重一件事，在时间的感官上会越加强烈，紧迫感会随之增加。例如，一个人喜欢打球，不喜欢看书，那相同的两个小时，第一种情况会让他感觉时间流逝很快，但后一种却是一种煎熬。同样的道理，如果研究生对待学业不够重视，就难以产生足够的紧张感，对于时间的掌握会弱化，学习效率降低，一旦投入学生工作中就会因为学习上的不顺心而影响工作进展。因此，及时调整学习心态，在有限时间里集中精力高质量完成学业是推动工作顺利开展的重要因素。

与此同时，由于兼职辅导员相较于一般研究生在学习上的时间有所减少，因此需要更加合理地规划学习内容。举例来说，一位兼职辅导员在没有课程安排的一天里，可以将时间分成三大段六小段，三大段分别是上午、下午和晚上，六小段就是将前者再一分为二。上午从八点到十点是学生上课的主要时间段，此时的兼职辅导员可以在办公室进行一些研究生的专业课学习，阅读一些文章或者书籍，做一些课程笔记。十点到十一点半开始处理学生事务，重点放在思想理论教育、党团教育和职业生涯规划教育等方面。下午两点到四点是一天中精神相对松懈、低迷的阶段，此时各位兼职辅导员可以选择开

展一些难度不是很大的事务工作。例如，汇总表格、整理数据、填报材料等。四点到六点可以设计有关谈心谈话的内容，做好与学生座谈的准备。如果没有约谈学生，这一阶段也可以总结一天的工作内容，为明天做好准备。晚上七点到九点同样是学习的黄金阶段，要充分利用这段时间攻克学术研究方面的难题，及时推进学习，提升效果。九点到十一点期间可以选择去学生宿舍座谈，及时掌握学生的生活动态。

也许有兼职辅导员会问，有时计划赶不上变化，那该如何？这就需要各位在每天或每周预留足够的应急时间，以便应对临时事件造成的时间冲突，而最终目的就是防止工作或学习任务拖至下周，做到今日事今日毕，今日不毕本周毕。当然，如果当天有研究生课程，就只能一定程度地占用个人休息时间了。以上安排和规划只是一种参考，并不是绝对的，兼职辅导员可以根据自己的工作习惯进行适当调整。但不管如何，做好时间管理和学习规划终究对兼职辅导员提出了更高的要求，毕竟在高质量完成学业的同时做好学生工作并不容易，但这同样也给予了各位兼职辅导员更多的历练机会和更大的上升空间，使得他们在未来辅导员选聘中的竞争优势更加凸显。

（二）主动控制学习强度，有效维持工作状态

兼职辅导员顾此失彼的一个很重要的内因就是掌控学习强度的能力不足。过于看重学习，就会放松工作；过于关注工作，就会影响学业。学会主动控制自己的学习强度是顺利完成兼职辅导员工作的关键因素。围绕"强度"，研究生可以在以下两个方面做出调整：一是及时掌握学习进度，调配学习时间；二是及时疏解学习密度，释放工作空间。

研究生课程相对较少，学习更看重自主性。因此，科学合理地规划是研究生学习阶段必须掌握的能力。其中最重要的一点就是掌握学习进度。作为兼职辅导员，必须拿出足够多的时间从事学生工作。因此，在相同时长里，现有的学习时间必定会受到挤占。如何不影响学业又将工作做好，就需要各位研究生定期开展学习反馈，掌握学习进度。例如，当其他研究生可以待在自习室学习一天时，兼职辅导员们可能只有三个小时，那这三个小时的学习如何实现高效率就成为保持学习进度需要解决的核心问题。如果感觉自己的学习进度变慢了，学习效果不佳，就应该及时为自己充电，充分利用好周末和晚上学习的时间，尽快恢复学习状态；如果感觉自己这段时间学习进度有点"猛"，开始影响到学生工作，就应该适当放松身心，放缓学习进度，尽快

恢复工作节奏。通过和部分兼职辅导员交流之后，我发现兼职辅导员周一至周五每天保证 3~5 小时的高效率学习，周六至周日每天保证 6 小时左右的高效率学习，基本就呈现出一个比较合适的状态，既能保证良好的工作状态，同时学习也处于适度的紧张感。

相对于调配时间，疏解学习密度同样十分重要。有些兼职辅导员虽然每天学习的时间比较固定也并不长，但是时间拆解的情况比较严重，即时间短、频次高，可能工作一会儿就学习一会儿，见缝插针地学。虽然我认为利用碎片时间学习十分重要，但这是在不影响正常学习和工作的前提下完成的，并不包括人为的刻意拆解时间。如上所述，兼职辅导员上午八点到十点可以从事有关思想教育、党团教育和职业生涯规划教育等方面的工作，如果这段时间被拆解得支离破碎，势必会影响工作效果。当然，这并不是说研究生学习不重要，而是提醒各位对于时间的选择和掌控要更加具有自觉性。时间管理中的"四项法则"告诉我们，越重要越紧急的事要优先完成，而越不重要越不紧急的事稍后处理，这两种情况处理起来比较明确，关键是紧急不重要和重要不紧急这两种事，它们经常交织在一起，很容易影响工作进度和效果。紧急不重要的事追求"短平快"，重要不紧急的事应当慢工出细活。我们很多时候就是在重要不紧急的事务当中穿插了繁杂的"短平快"事件，导致打乱了工作节奏，影响了工作效果。因此，将"短平快"的工作相对固定在一个时间段里，尽快完成可有效破解以上难题。不过，我们在日常工作中面对的"短平快"事件很大一部分其实并不是十分重要或者紧急，这通常取决于自己的心理映射，即事情来了马上解决的心态在作祟，是让自己始终处于忙碌状态的想法在作祟，因为处理"短平快"的事务工作没有太大的挑战性，但又可以让自己很"充实"，极易麻痹辅导员的舒适神经，产生看似忙碌的行为假象。所以，充分规划时间，整合碎片任务，合理甄别事务，从而释放足够的工作空间就成为维持兼职辅导员健康工作心理和有效工作状态的另一个十分重要的方法。

三、"朋辈关系助力教师育人"：兼职辅导员提高胜任力的根本

研究生兼职辅导员年龄相近于本科生，在兴趣爱好、生活习惯、价值观念等方面都更加贴近大学生的喜好。这为他们成为学生的朋友奠定了一定基础。但人生阅历和工作经验的缺乏也成了他们进一步尽责履职的短板。如何在亦师亦友的关系中夯实朋友间的情感基础，同时发挥思想教育和价值引领

的职责功能就成为兼职辅导员做好本职工作的根本。我认为，研究生兼职辅导员至少可以从扮演好以下两个角色来合理协调上述关系并解决相关问题：一是学生健康生活的贴心人，二是学生成长道路的引路人。

（一）夯实朋辈关系，做学生健康生活的贴心人

兼职辅导员通常会在学生心中留下"学长学姐"的角色印象，这使得他们在与学生交流时更容易"打成一片"。这并不是说专职辅导员不具有与学生谈心谈话的优势，实际上专职辅导员队伍中有很多十分优秀的倾听者和情感导师，例如，山东大学威海分校的辅导员范蕊老师，上海交通大学的辅导员梁钦老师都是学生情感教育方面的典型代表。之所以强调兼职辅导员在这方面的优势，只是希望兼职辅导员要充分把握住自己的年龄优势和身份优势，以便在与学生的交流互动中充分影响学生、教育学生、引导学生。意识到自身的优势，关键就是如何让优势发挥。一方面在日常学业上给予学生更多帮助。一般情况下，兼职辅导员的选聘都是在本院开展的，目的就是使专业与学生更加贴近。例如，兼职辅导员的专业是高等教育学，而他所带的学生是教育学专业，那么在学习上兼职辅导员就具有更多的话语权，在日常学业指导方面可以发挥自己的专业优势。这在很大程度上弥补了专职辅导员多学科背景导致的学业指导上的劣势。另一方面在大学生活中给予学生更多关怀。这种关怀不仅仅是物质关怀，更是精神关怀。由于年龄相近，专业相仿，不少学生会选择和兼职辅导员聊一聊自己的大学规划，会在日常生活中与兼职辅导员谈一谈发展问题，希望从他们那里得到一定的帮助。此时，作为兼职辅导员，要尽可能拉近与学生之间的距离，多听取学生的想法，在力所能及的范围内将自己的学习、工作和生活经验告诉学生，帮助学生形成健康的生活方式，养成良好的学习习惯。当然，要想成为学生健康生活的贴心人需要兼职辅导员付出真心，以十分真诚的态度面对学生，要学会包容学生的缺点和不足，以温情的话语和积极的示范影响学生，让学生在不知不觉间体会到来自辅导员的关怀与重视。这种满足感与获得感会进一步拉近兼职辅导员与学生间的心灵距离，进而形成建立在朋友基础上更为和谐的师生关系，凸显兼职辅导员的角色优势。

（二）坚持育人导向，做学生成长道路的引路人

作为一名辅导员，无论是专职还是兼职，都要以成为学生成长成才道路上的引路人为己任。尽管兼职辅导员的人生阅历比较浅，工作经验比较少，

但这并不影响兼职辅导员在塑造学生世界观、人生观、价值观方向的正面作用。兼职辅导员作为学生时的努力、拼搏、奋斗，作为教师时的责任心、耐心、细心都会直接或间接地渗透到学生心中，成为学生成长成才的精神营养。我在和一些兼职辅导员交流时说过："尽管你们还没有正式工作，但是你们对待这份职业的态度会直接影响学生对辅导员的整体印象。当你和学生聊天时，尽管他们不可避免地会带有将你们看作学长学姐的心态，但与此同时他们也会感受到你们作为教师的人格魅力。但若是你们表现出学生的姿态时，学生会不自觉地将大家的行为与一位成熟的辅导员进行对比，刚开始可能会理解，但久而久之就会'看轻'兼职辅导员，不再将你们当作老师。"我虽然并不反对兼职辅导员与学生结下友谊，但这仅限于生活中，如果师生双方不能摆正位置，随意将朋友的情感移植到工作中，那么兼职辅导员的育人效果就会大打折扣，辅导员的角色形象就会受到损害。因此，当好学生人生道路的"引路人"也是兼职辅导员需要努力学习和积极践行的。一方面，兼职辅导员要主动学习思政工作相关理论知识，阅读学生管理和育人方面的书籍和论文，不能仅仅以经验说话，也不能以与学生套近乎、拉家常为自己的特长，而是要脚踏实地，认认真真地学习、思考、领会、仿效。如果时间允许，要经常参加一些学术论坛或者工作沙龙，在交流互动中提升自我。另一方面，兼职辅导员要虚心求教其他专职辅导员，尤其是工作经验丰富，工作成绩突出的辅导员。我们的身边不乏一些资历高，工龄长的优秀先行者，例如，"年度人物"就是其中的典型代表。要与他们多交流，将工作的难点、问题、困惑及时说出来，从他们那里得到更加有效的建议和意见。当然，除了线下求教之外，也可以开展线上咨询，与全国的优秀辅导员进行对话，学习他们的工作经验，研究他们的工作思路，多管齐下为自己的成长添砖加瓦。

总之，冰冻三尺非一日之寒，成为一名成熟而优秀的兼职辅导员也非一时之功。尽管工作时间有限，但是只要大家认真思考、努力学习、虚心求教、持续钻研、躬身践行，就能够获得非常丰富的工作经验和育人感悟，从而在学生成长成才的道路上彰显自己不可替代的价值。最后，衷心希望各位兼职辅导员把握住难得的工作机遇，坚持学下去、用心学下去，早日成长为学工战线的育人尖兵。

辅导员，请扣好职业生涯的第一粒扣子

从事辅导员工作的十年时间里，我一直在思考一个问题："什么样的辅导员能真正成为学生的'人生导师'和'知心朋友'？"很多人会说，"知心朋友"不难，现在的辅导员普遍年轻，与学生差不了几岁，要想打成一片很容易。诚然，与学生玩在一起，闹在一起，开开心心并不少见，但是当学生因为思想困惑找到你的时候，你能否面带微笑，语重心长地为他们的人生指明方向呢？即使是做朋友，"知心"二字也没那么容易实现，因为"知心"的前提是对学生"上心"，懂得"关心"。辅导员应当成为学生的"良师益友"，指引学生走好人生道路，实现人生理想。实际上，"哥哥""姐姐"是拉近辅导员与学生间距离的话语表征，但这并不意味着师生之间的关系可以降格甚至打破，因为真正能够影响学生一生的不是沉醉于学生工作的热闹与浮华，而是一份来自辅导员释疑解惑的从容淡定，以及学生豁然开朗后的频频点头。若想做到这些，辅导员首先应当坚定自己的职业信念，扣好职业生涯的第一粒扣子，用人生智慧、人格魅力、品德操守去无限放大学生心中的光。

一、基层困惑：高校辅导员的独特生存境遇

我们都知道，随着全国思政工作会议的召开，高校辅导员的生涯发展有了更为明确的规定，一系列文件的出台也为辅导员的自身成长保驾护航。不少高校都出台了辅导员职称、职级提升的配套政策，可谓欣欣向荣。但在这样的大好形势之下，我们却不能回避一个现实问题，那就是辅导员的专业化、职业化、专家化依旧存在困难。一些高校尽管给予了有效的保障机制，但能够满足这些条件的辅导员并不多，而阻碍辅导员晋升发展的最大难关可能就是科研能力。辅导员因为学习能力强，办事效率高，可以很快成为高校各个职能部门的骨干，但唯独在科研上成效甚微。我想，除了自身缺乏有效的学

术训练之外，外在特有工作环境也是重要因素。那辅导员面临的是怎样的生存境遇呢？在我看来，辅导员是高校育人工作体系的最前线、最基层，这既是身份定位，也是价值定位。但我们的一些辅导员却将"基层"活成了"底层"，成为别人口中的"螺丝钉""哪里需要哪里搬的砖"。有些人可能会说，年轻人要多锻炼、多经历，领导老师让你做的事是为你好，但我想反问一句，如果真的为他们好，难道不是应该主要让他们在学生工作领域发光发热吗？可能又有人会说，这些都是个例，我们学校没有。那我还是要追问一句，我们的辅导员真的做到了学生工作领域的专、精、深了吗？自家地都没有耕耘好，倒跑去帮别人挑水、砍柴了。此时有些辅导员可能会说，这也没办法呀，工作任务来了，不能不做啊。这不正是反映了辅导员"召之即来，挥之即去"的身份误识和错用吗？我们这块"砖"始终在搬，但就是没能真正盖出属于自己的高楼，这样的现象值得我们重视和警惕。

二、理想信念：重回正轨的精神向标

辅导员若想从这样的生存状态中解脱出来，被动地等待大环境改变是不行的。因为独特的工作性质要求辅导员时常接触各个职能部门，而自身工作职责的多元化存在含混不清、定位不明等问题，这让辅导员在与职能部门进行协作的过程中容易陷入事务之中。我认为辅导员职业能力标准提出的九大职能是我们工作的指导性意见，但尚未细化到能够与我们的实际工作完美契合，其中的一个潜在问题就是"职能事务化"。例如，党团管理很容易直接变成程序化、公式化的任务，而蕴含其中的思想教育、价值引领、能力培养得不到重视和有效挖掘。实际上，辅导员只有主动作为才能获得打破现存境遇的机会。而一切的前提就是"理想信念"。我们会与学生讲理想信念，要求学生扣好人生的第一粒扣子。同样，作为辅导员，只有我们扣好属于自己的第一粒扣子，才能真正从当前角色藩篱中挣脱，重新审视基层的价值，找到自己的"不可替代性"，担负起"人生导师"和"知心朋友"的重要角色。

辅导员坚定的"理想信念"从根本上来说就是坚持"育人为本"。作为开展大学生思想政治教育的骨干力量，辅导员是人，工作对象是人，出发点和落脚点也是人，离开了人，辅导员的工作将成为无源之水，无本之木。这就要求辅导员在日常教育管理中尊重学生、理解学生、关心学生，培养学生、塑造学生、帮助学生。随着改革开放的不断深入，多元文化对于大学生的影响日益加深，他们的主体意识逐渐加强，成长成才的利益需求越发突出，追求个性化、存在感、被关注等思想和行为特点明显增强。作为辅导员理应遵循"因事而化、因时而进、因势而新"的总体原则，紧跟时代步伐，正视学生诉求，摒除"以管为本"的滞后理念，发挥辅导员"亦师亦友"的角色优势，建立和谐健康的师生关系。价值的多元并不意味存在的合理性，辅导员绝不能以价值的多元化为理由而无原则地将学生的全部行为合理化，必须坚持政治标准，提高政治站位，把牢政治方向，引导青年学子努力成长为又红又专、德才兼备、全面发展的中国特色社会主义合格建设者和可靠接班人。

三、扣好扣子：孤独中前行、团队中历练、生命中体悟

若想坚定理想信念，扣好职业生涯的第一粒扣子，绝不是敲锣打鼓、轻轻松松就可以实现的，至少在以下三个方面达成共识并付诸努力。

首先，扣好理想信念的扣子必须在孤独中前行。我所理解的"孤独"绝不是"孤单"。后者是社会人群关系上的一种交际现象，是缺少交往所造成的心理感受。但是前者却是人生旅程中自我反思、自我觉知的一种精神状态。后者是一种负面情绪，而前者是一种积极行为。举例来说：人的一生能够陪伴你走完的有且仅有你自己，每到关键决策之时，你的身边可能不乏建言献策之人，有符合心理预期的，也有不符合心理预期的，但最终的决定权在你自己。这个世界能够按下"改变自己"那个按钮的也只是你自己，别人的一切建议都只是"建议"。如果一个人把别人的建议当作自己的"决定"，那这个人就会失去前行的原动力，成为别人的试金石、垫脚石，继而失去属于自己的人生。因此，辅导员必须清醒地认识到自己追求的这份职业到底是什么？这不是人云亦云的"道听途说"，也不是听之任之的"标准答案"，而是自我探寻的郑重承诺。我们只有将这份职业当作人生事业去思考和追求，才能感受到它的精神魅力和崇高价值。只有当我们独立地做出无愧于学生、无愧于教育事业的正确选择时，才真正具备了扣好第一粒扣子的强大精神优势。

其次，扣好理想信念的扣子必须在团队中历练。我们都知道，教学系统里各个学科专业教研室的作用很大，这里不仅是教师之间探讨科研教学的重要场所，也是抱团取暖、聚力共赢的重要组织，很多优质课题的成功申报都是通过教研室落实的。但是在高校中，尽管专、兼职辅导员的总人数差不多可以达到100人左右，但是这个独特群体似乎并没有那么"凝聚"，建设性的团队成果也较少。究其原因大致有三：一是人数虽多但分散在各个学院，平时难以集中开展交流研讨；二是辅导员自身没有强烈的攻关学工课题的意愿；

三是队伍不稳定，专业背景复杂，难以形成合力效应。面对这样的现实情况，我认为必须在辅导员中培养一批骨干力量，其主要作用就是以团队建制带动群体发展。只有志同道合的人在一起才能产生共鸣。大家有着同样的抱负就会携手前行，相互鼓励。正如《有效努力》这本书所说的那样："在能增强你优势的环境下发挥你的特征技能，并使之与你的个人价值一致，你会更加积极且充满热情地去追逐成就感、影响力、幸福感和使命感。当你为自己确立的关于成功的目标与你所共事的团队目标同步时，你的回报会更加丰厚。"① 可以想象当一群致力于学生工作的辅导员走到一起时，他们的工作生涯里将会是怎样的一番光景，是奋斗者的姿态还是胜利者的自豪？而他们最终也将在辅导员工作岗位上走得更加稳健，走出属于自己的职业人生。

最后，扣好理想信念的扣子必须在生命中体悟。坚定理想信念是一种人生观，需要从生命旅程中去感受领悟。尤其作为辅导员，我们是学生的"人生导师"，归根结底要用自己关于人生的知识、经验、感悟和智慧去引导大学生，面向大学生传道授业解惑，尤其要传文明之道、授立身之业、解人生之惑，教会学生明白一些做人做事的道理。我们若要引领大学生明确人生方向、直面人生课题、领悟人生真谛就必须首先做到对自己人生的清晰把握，必须规划好自己的人生，摆脱困惑和迷茫。倘若对自己的职业发展不明晰，走一步看一步，让各种不确定性充斥着辅导员的职业生涯，就会在指导学生时心力不足、底气不够。因此辅导员需要不断增加阅历，实现由活化知识向内化学识的进阶，即"转识成智"，不断积淀人生成长发展的智慧。实际上，活化知识是转化的前提，没有深入人心、直达思想内核的知识呈现，就无法吸引人们去关注知识本身，学习和体悟继而丧失，理性认知无从谈起，情感共鸣和价值认同难以产生，内化学识的进阶之路被迫阻隔。内化学识是转化的目的，没有清晰准确地指导知识输出的目标导向，知识的再更新、再创造、再发展就会停滞，活生生的知识输出将变成枯燥乏味、毫无生气、没有育人价值的"摆设"，知识与人之间本有的心灵对话变成了知识自身空乏的"独白"。可见，辅导员能否坚定理想信念并在日常思想政治教育中更好地引导学生成长，必须以强化"对话"意识为前提，这既是师生间的对话，更是辅导员自身的内省，是一种超越自我、面向人生的体悟。

总之，辅导员若想真正发挥自身的角色功能，体现不可替代的角色优势

---

① 埃里克·巴克. 有效努力［M］. 长沙：湖南文艺出版社，2018：299.

理应清晰掌握自身的发展路径，坚定自己的教育信念，在交流互动中不断晋升。当然，我们不能要求所有的辅导员长期从事这份工作，但无论你最终走向哪里，对于职业道路的正确选择与用心执着都会成为你一生的宝贵财富，在学生的成长教育中同样会发挥至关重要的作用。我想，这就是我们这支队伍的最大使命。

高校辅导员科研为啥要拧成一股绳

我做辅导员这些年多多少少也发表了几篇文章，申请了几个课题。虽然说级别有限，但至少在工作中养成了思考的习惯。一些辅导员同仁聊天时，大家都认为辅导员做好科研是工作必不可少的一部分，其重要性自然不必多说。但如果要大家下笔去写，又成了"老大难"的问题，"掣肘"的因素很多，但仔细想来又都不是决定性理由。这一年多来，学校积极探索辅导员工作室，现在又在筹备"辅导员研习沙龙"，大有"一战到底"的架势。不过，若想让有志于此的辅导员们真正融入科研圈子，有些问题还是要想清楚。至少，从我个人来看，散兵游勇的单干，力量薄弱。在申报课题时缺少真正意义上的科研团队，一来成果难出，二来团队难成。整天人浮于事，最终亏了自己，伤了学生。所以，正如专业学科有自己的教研室，有自己的学术团队一样，辅导员同样应该在工作室的基础上打"组合拳"，这样才能不断增强归属感，提升影响力，凝聚共同体，从而将工作做实、做深、做好。

一、增强归属感

所谓归属感，又被称作隶属感，"是指个体与所属群体间的一种内在联系，是某一个体对特殊群体及其从属关系的划定、认同、和维系，归属感则是这种划定、认同、和维系的心理表现"。[①] 从人本身来看，我们都是群居性动物，失去了群体就失去了作为人的存在价值。一个人的存在（介入）感越强，其归属感也就越强。比如，在一个研究团队中，只有真正介入研究环节，分担研究任务，为团队发展付出努力，我们才能感觉到自己属于团队。一个班级中之所以有些同学觉得班级凝聚力不够，恰恰是因为自己参与班级建设

---

① 张奇勇. 亚人格心理分析、测量与诊断［M］. 镇江：江苏大学出版社，2019：155.

的机会不多，或者说主动参与的意识不强。同样，高校辅导员如果没有明确甚至强烈的归属感，那就说明大家未能"抱团取暖"，没有"众人拾柴"又怎会有"学术之火"呢？可见，我们积极打造工作室，筹备"辅导员研习沙龙"就是为了让这种归属感逐步强化，将大家拧成一股绳，共同进步与发展。

（一）学科归属感

辅导员专业背景的界定与选择一直是各个高校选聘辅导员的难点，一方面相关政策文件对于辅导员应具有什么样的学科背景给予了政策性指导意见，另一方面不同学院对于具有同类型专业背景的辅导员需求也是比较急迫的，这就带来了应然与实然间的矛盾。到底辅导员应该以思想政治教育学、教育学、管理学、社会学等相关学科专业优先呢，还是应该具有和所在学院相近或相同的学科专业呢？一时间，学界论点不一，有偏重其中一方的，也有提出团队互补的，还有看重本硕博不同专业背景的。

但无论怎样，我们在形成研究团队时还是应该有所侧重，至少相关和相近学科的辅导员应该占多数。现在提"课程思政"就是在挖掘不同专业教学中的"思政元素"，这不是生搬硬套，而是在充分掌握学科教学规律，思政教育规律和学生发展规律基础上的深度探究。同样，一旦形成了辅导员研究团队，就应该跳出自己本专业的思维定式或界限，从大思政或者"课程思政"的视角反观我们的工作实践。例如，"对于理工科专业的学生如何开展思政教育""大学生如何形成正确的法律意识"……这些论题都是值得在具体工作情境中思考的话题。我们的一些辅导员一谈科研就认为要不与本职工作相差甚远，要不没有学科基础无从开展，总是用短板来回避挑战。殊不知，恰恰是自己的学科背景为交叉学科的研究提供了契机，单纯的思政学科往往无法应对辅导员工作中面对的问题，而来自不同学科的思想碰撞才点燃了辅导员学术生涯的"星星之火"。我们所要打造的学术团队就是引导大家走出有关学术研究的固化思维和偏狭认知，找到与辅导员工作、自身学科背景相匹配、相契合的研究领域，哪怕只有一点火光，也能让你持续发光发热，继而更好地实现在研究中工作，在工作中研究。

（二）团队归属感

我们总说，团队的力量大，抱团好取火。目前，高校辅导员队伍建设与管理实行的是"双重领导"，辅导员所在的二级学院担负直接管理的责任，所在学校的学生处负责指导工作。在日常，辅导员主要归学院管，特殊工作中又需要接受学生处的安排。但无论是哪种管理形式，面对哪个管理主体，辅导员作为一个团队的归属感都是比较淡薄的。首先，由于隶属于不同学院，除了本院的或者同届的几位辅导员大家比较熟悉之外，很多辅导员之间可能只是认识，谈不上相熟。尤其是一旦分校区管理时，除了开会碰面，平时几乎没有多少交集，更谈不上熟知了。其次，接受学生处交代的各项任务时，彼此也是以分工完成领导指派的任务为最终目的，虽然有交集，但也仅限于此次工作本身，事务之外的联系和协作意愿并不强烈。所以尽管我们经常说彼此是"同仁"，但顶多只能算作非陌生状态的"同事"。试想，在一个班级里彼此不熟悉，甚至相互陌生，又怎么能够形成凝聚力呢？

因此，强化辅导员科研很重要的一个目的就是由陌生同事转变为相熟同仁，以共同的研究旨趣为前提搭建起交流互动的桥梁，通过"传帮带"形成更为牢固的朋辈关系。这种朋辈关系的形成将会打破学院间的空间壁垒和以短时间任务维系的时间障碍，成为持久稳定的合作关系。由于每个人在研究团队中都有明确的工作职责，因此参与力度会更大，参与时间会更长，而且一旦形成学术团队，经由研究带来的学术"红利"也会逐步凸显，例如，以合作者名义发表论文，申报课题，推送案例，甚至编书、著书等。辅导员个人职业生涯发展也会更加顺畅，这会进一步强化辅导员维持学术团队的意愿，形成良好的学术氛围和成长环境。

（三）群体归属感

目前一所高校的辅导员少则近百人，多则几百人，这样一个群体的存在价值是毋庸置疑的，尤其在今天"三全育人"的大格局之下，辅导员在高校育人体系中的不可替代性日益彰显。然而相对于事务工作的不可或缺，辅导员在其他工作领域的声音却很小，尤其在学术研究上，辅导员的典型性和代表性是比较薄弱的。这种客观现实不仅进一步加剧辅导员在高校作为"秘书""保姆""表哥表姐"尴尬地位的长期存在，同时也使得辅导员在高校、社会上的角色冲突与矛盾时常发生，实难得到应有的理解和重视，辅导员的角色认同受到不小的影响。之所以目前辅导员新鲜血液输入频繁，一方面是由这支队伍的工作属性决定，另一方面也是因为群体流失现象较为严重，不得以通过招聘来缓解人员缩减的现实问题。

可见，加强辅导员研究团队的建设与发展，既有利于这支队伍稳定，保证部分精英骨干可以长期服务于甚至扎根学生工作，形成群体效应，继而吸引更多的辅导员立志做好本职工作，同时也是通过扩大学术影响力，改变部分人的片面看法，给予辅导员足够的学习和研究空间，尤其是在高效完成事务工作的同时，回归思想理论教育和价值引领的主职主业上来。也只有辅导员真正展现出独特的育人能力和研究水平，才能够在高校教育管理体系中站稳脚跟。我常说，辅导员不能变成随叫随到的"秘书"，也不能成为哪里需要哪里搬的"砖头"，我们要成为大学生日常思想政治教育和这所"公司"的管理者，要建造属于自己的职业大厦，就要邀请更多的有志之士加入我们，这样辅导员才能真正"扬眉吐气"，才能在本职工作上"开花结果"。

二、提升影响力

拧成一股绳就意味着有韧劲、有质量。辅导员以团队形式开展学术研究，除了要提升研究水平，扩大发展空间之外，最重要的就是增强影响力。"影响力是用一种为别人所乐于接受的方式，改变他人的思想和行动的能力。"[①] 辅导员成立研究团队首要的影响力就是学术成果的影响力，要改变一些人的刻板印象，认为辅导员只能干事务，就是"打杂"的，为辅导员赢得应有的尊重。但与此同时，我们必须意识到，辅导员工作的核心内容是和学生打交道，《普通高等学校辅导员队伍建设规定》（43 号令）涉及九个方面的职责无不围绕学生发展，而核心内容的"核心"更是做好学生的思想工作。因此，我们不仅要重视自身的学术发展，更重要的是强化自身的言行影响力，通过更具渗透力的话语和更具感染力的人格影响学生，教育学生，引导学生向善而行，使其逐步成长为社会栋梁之材。

（一）成果影响力

辅导员聚团开展研究的直接目的就是提升自身的学术水平，长期以来辅导员之所以得不到足够重视，其中一个很重要的因素就是辅导员的科研能力薄弱，或者说在工作中没有足够的思考，停留在表面。经验增长到一定程度后如果无法上升为理论，形成更具代表性的研究成果，就难以被他人认可。仔细研究全国高校辅导员年度人物的先进事迹，除了他们数十年如一日坚守工作，在本职岗位上发光发热，更为重要的是他们的工作有重点，有重心，或在学生思想价值引领方面做出了突出成绩，或在网络思政领域有独到见解，或在大学生就业创业方面影响颇深……进一步分析可以看到这些辅导员不仅

---

① 刘建华. 影响力 [M]. 北京：红旗出版社，2019：11.

在工作实践领域特色鲜明，成绩优越，更为关键的是他们在工作中思考，把实践经验转化成了工作案例、课题论文、品牌项目，继而提升了工作的理论深度和实践高度。

恰恰是因为这些优秀的辅导员意识到学术研究的重要性，所以他们愿意拿出本就不富裕的时间深入思考，可能一开始只是一篇网文或者一个工作案例，但久而久之就会积累成一个项目、一本专著。而在这种转变的过程中，必然有一群志同道合的战友在共同努力。前段时间，通过全国高校辅导员网络培训示范班，我有幸聆听了华中农业大学祝鑫老师的报告，她从给学生写军训日记到今天打造出具有全国影响力的"华农鑫吧"，这里面除了她自己的不断思考和研究之外，也有着一个团队的默默奉献。看着她在报告中展示的工作团队不断变化的结构图，我能够清醒地认识到一个团队的价值。因此，辅导员拧成一股绳才有战斗力，才能实现 1+1>2 的效果，通过共同研究，相互探讨，自然会在工作中产生共鸣，继而激发进一步思考的动力，通过彼此监督和鼓励，带动团队成员坚持研究，持续推进，最终产生具有一定影响力和说服力的研究成果。当然，我们不能局限于申报课题和发表论文，而是要将课题和论文作为我们创新工作、更好教育服务学生的重要抓手，这样我们的研究才有动力，工作才有方向。

（二）话语影响力

一个人话语含金量的高与低，往往取决于这个人自身的能力水平。为什么辅导员能够和学生"打成一片"，但却不一定能够让学生静下心来思考人生选择。关键就在于我们自身的人生阅历浅，而且尚不具备廓清学生思想迷雾的话语武器。可能说到这儿，一些辅导员会产生质疑，"我和学生交谈很深入啊？""学生在听完我的话后变化很大啊？"这里我需要纠正一种错误认识，深入交谈不代表发人深省，话语共同也不代表思想共通。实际上，无论是"知心朋友"还是"人生导师"都不可能短时间起作用。"知心朋友"看似容易，但若想真正走近学生的生活世界，没有足够的话语感召力和感染力，何其之难。"人生导师"更不必说，这是辅导员职业生涯发展的更高境界，是无数辅导员为之努力奋斗的理想角色。不掌握学生成长发展的客观规律，不掌握辅导员学生工作的客观规律，不掌握高等教育的基本规律，就无法真正扮演好这两大角色，而掌握这些规律恰恰是辅导员提升话语影响力的内在体现。

只有当辅导员充分领悟自身角色的真正内涵，才能够意识到"说好话"

的不易之处。领悟角色内涵，掌握教育规律，无不需要深入研究，要让自己说出的话能够令学生反思，甚至产生危机意识、本领恐慌，进而付出行动，这绝对需要深厚的语言功底。辅导员贴近学生日常，所以语言风格要轻松活泼，要诙谐幽默，这固然重要，但是再好的话语表达形式也不能代替语言内容本身的价值。一些辅导员为了在谈心谈话中赢得学生的关注，特地迎合学生，与学生拉家常，聊八卦，看似拉近了距离，让学生觉得辅导员有趣，但真正能够给学生带来什么呢？除了当时的嬉笑之外，难有痛定思痛之感。我经常阅读"时代楷模"曲建武老师的微信公众号，他的文字朴实却有力量，简单不失风趣，但更重要的是有着极强的思想深度，在他的文章中最多的就是理性思考和家国情怀。无论是面对学生还是辅导员，他都展现出了一位长者、前辈、老师应有的学术涵养和话语魅力。如果没有长年累月的观察与思考、学习和研究，是无法做到这一点的。也许你会说"曲老师是教授、博导，他的水平我达不到"，但是罗马不是一天建成的，没有这份执着和追求，再多的辩解都会变得苍白无力。因此，做好本职工作离不开思考，优秀的辅导员也一定善于思考，一定是在思考中提升自己的话语影响力。

（三）人格影响力

工作时间长了，我们总能看到一些辅导员闷头干事，早已习惯于在琐碎异常的事务工作中游离。没有明确的发展方向，也没有强烈的成长意愿。似乎有一种"干一天是一天"的"佛系"心态。一个人的精神状态会直接影响他自身的行为方式，尽管极力掩饰，但明眼之人很快就能发现这种浮在表面的工作模式，而且一旦遇到不如意之事，很容易以情绪化的方式表达出来。我们常说辅导员要有人格魅力，非常重要的一点就是要求辅导员要呈现出积极向上、乐观自信的心理状态，要展示出认真思考、全心投入的工作状态，要用自己的言行去感染学生，激励学生、带动学生。我所在学校马克思主义学院的朱平老师在一次辅导员培训中提到辅导员要懂得站位，要学会站在学生的"前后左右"。在我看来，这不仅仅是教育方法的问题，也体现了一名辅导员的人格境界。作为辅导员理应具有引领学生、陪伴学生、鼓励学生、警醒学生的责任与担当。这既是辅导员工作的闪光点，也是一些辅导员可能存在的短板之处。

辅导员到底应该如何履行职责？如何发挥人格魅力？在我看来，这不是一个埋头干活就能解决的问题，而是需要在此基础之上仰望星空，要有前瞻性、预见性，要在"爱国守法、敬业爱生、育人为本、终身学习、为人师表"的职业守则之下充分围绕学生、关照学生、服务学生，在研究学习中重塑角色自信，明悟职业操守。辅导员开展学术研究的一个重要方向就是加强自身建设，通过不断的思考与交流，通过有"资历"的辅导员的积极引导，可以加深辅导员对于角色内涵的认知，走出狭小的工作圈子，站在"不断提高学生思想水平、政治觉悟、道德品质、文化素养"[①]，培养"又红又专、德才兼备、全面发展的中国特色社会主义合格建设者和可靠接班人"[②] 的工作高度重新审视职业价值和职业理想，以便在今后的育人实践中更好地展现人格影响力，以可亲、可敬、可爱的人师姿态引领学生茁壮成长。

三、凝聚共同体

所谓共同体，是指社会中存在的、基于主观上和客观上的共同特征（这些共同特征包括种族、观念、地位、遭遇、任务、身份等）而组成的各种层次的团体、组织。辅导员作为一个群体，理应围绕共同的价值愿景和理想目标打造自己的团队，既不能一家独大，也不能游离于外，而是通过不断的整合、结合、融合，形成基于工作特点和育人需求的学术共同体、实践共同体和发展共同体。这样，辅导员的工作才能形成合力，才能在共享互促中取得进步。这样的共同体绝不仅仅是兴趣爱好所维系，而是有着更加持久、更为牢靠的情感基础和价值纽带，是保障辅导员队伍源源不断、成长壮大的关键所在。

（一）学术共同体

既然是打造科研团队，学术共同体就成为首要目标。我们在不同场合"吐槽"最多的除了日益繁杂的事务工作就是科研。但如果仔细想来，就能够发现，尽管辅导员会抱怨工作的劳累，有着做不完的事情，但大家却无法跳脱出这种境遇。原因是什么呢？最常见的解释无非就是"环境不允许""我也没办法，只能这样"。似乎表现出了一种希望逃离却无济于事的状态。但是在我看来，关键还在于自身的本能选择，是趋利避害、删繁就简的人性弱点所

---

① 习近平在全国高校思想政治工作会议上强调：把思想政治工作贯穿教育教学全过程　开创我国高等教育事业发展新局面 [N]. 人民日报，2016-12-09（1）.
② 冯刚，彭庆红，余双好，白显良等. 新时代高校思想政治教育学原理 [M]. 北京：人民出版社，2021：177.

致。只是一些辅导员没有觉知，或者说不愿承认罢了。尽管事务工作多而杂，但相较于做学生的思想工作和进行学术研究，重复性的事务工作又让不少辅导员深陷其中，不想自拔。他们宁可埋头于琐碎事务中，也不愿意花时间去了解学生的心理，开展更需消耗脑力和体力的思想政治教育活动和心理疏导工作。凭借几年的工作经验，辅导员就可以基本胜任日常事务工作，但如果要更好地教育学生，光凭现有的工作经验显然不够，这恰恰是一些辅导员的短板，也是他们不愿意更进一步的症结所在。

因此，找到了辅导员思想上的痼疾，就有了对症下药的可能。这恰恰是打造学术共同体的意义所在。通过长时间持续的学习和思考，可以帮助一些有志于学生工作的辅导员摆脱思维困局，从繁杂的事务中跳脱出来，重新审视自己的选择以及面临的职业困境，由原有的"就这样"心态转变为"不这样"心态，主动探寻工作的痛点、难点、重点，正视自己在工作中表现出的"回避""逃避"等心理想法，不给自己找借口，只给自己找出路，抓住辅导员们在一起学习、交流、研讨的机会，尽快扭转片面认识，端正学习态度，将研究性工作长期坚持与实施下去。更为关键的是通过合作学习和研究，辅导员可以针对共同关心的话题进行思想碰撞，主动解决学生思想上存在的困惑，在相互提醒和点拨中逐步找到对策与出路，从而完成自身由"事务工作者"向"教育工作者"的转型。当然，学术共同体的构建绝不是一朝一夕之事，既有政策层面的指导，也有机制层面的构建，更有辅导员主体的自觉，勠力同心，同频共振，齐心协力，才能在打造学术共同体的道路上有所精进。

（二）实践共同体

如果认为辅导员开展学术研究的目的仅仅是完成论文和课题，那就局限了这个团队的价值。实际上，任何理论研究都是为了更好地指导实践。辅导员打造学术团队的目的正在于此。我们所开展的研究不是纯学术性质的理论思辨，而是要贴切大学生学习、生活、思想的工作研究，或者说在日常思想政治教育和管理过程中的思考。我们的研究对象是具体的学生个体，而不是抽象的理论知识。我们一些辅导员认为搞科研就是用抽象理论去回答学生工作中的问题，这么理解是有偏差的。我们固然需要用科学理论来指导工作，但是在具体解决现实问题时不能固守理论框架，固化认识思维，否则就会走向"教条主义""本本主义"。尤其是有些辅导员为了显示研究的高大上，用一些看不懂的理论或者研究方法来开展研究，这样的研究结果虽然展现出

"表面上"的学术性，但是对于我们的工作并没有多少实际指导价值。我一直以来的观点就是，辅导员的学术研究应该是用学生工作者能够掌握和理解的学术化的语言阐释教育管理中出现的关键性问题，以此来及时回应辅导员的思想困惑，解决工作中的实际问题。很显然要想做到这一点就不能脱离现实，悬在空中、浮在表面。

既然开展学术研究是为了指导实践，那么学术共同体的背后就是实践共同体。只有凝结成实践共同体才能更好地推动学术共同体建设。现在很多高校积极组建的辅导员工作室就是较为典型的学生工作实践团队，大家围绕思想理论教育和价值引领、党团和班级建设、学生日常事务管理、心理健康教育与咨询工作、网络思想政治教育、校园危机事件应对、职业规划与就业创业指导以及理论和实践研究组建工作室，制订规划、拟订方案、明确方向，围绕关注度高、亟待回应的棘手问题开展工作，从构建平台、强化举措、打造品牌等多方面出发，形成集学科优势、队伍优势、能力优势为一体的工作团队，经过试点、完善、再试点、再完善……逐步形成科学的工作方案和实践模式，从而在全校范围内进行推广和辐射，带动更多辅导员以更加科学有效的教育管理方式开展工作。这个实践共同体不仅以学术研究维系，更重要的是团队成员有着强烈的事业心和责任心，期望通过自身的不懈努力实现本职工作的突破，这种情感需求是十分重要的内在要素。

（三）发展共同体

回到辅导员开展科研的原点，我们可以清晰地看到，将辅导员拧成一股绳最终是为了这支队伍的长期、有序、高质量发展。在今天"三全育人"的大环境下，如何实现辅导员职业化、专业化、专家化离不开团队建设，需要提升辅导员队伍的整体实力。从备受质疑的学术研究方面出发，不仅可以强化辅导员自身的信心，端正工作态度，坚定职业信仰，更重要的是可以为辅导员赢得应有的高校育人地位，以不可替代的角色影响力推动队伍建设。辅导员发展共同体的构建不是单纯意义上的职称、职级晋升，这牵涉到更为重要的精神层次。如同人类命运共同体面对的是人类生存与发展的根本性问题，辅导员发展共同体需要解决的是辅导员主体树立政治信仰、坚定职业信念、肩负育人使命的思想性问题，这是触及辅导员工作内核的原则性内容。试想，如果一些辅导员仅仅是将本职工作当作跳板或者中转站，那么在他们的眼中完成任务就是最终目的，学生只是代表了一件件亟待完成的事情，人与人的交往就会被冷冰冰的信息所代替。这种状态之下的辅导员即使工作往前"走"，也绝不是在往前"进"，看似有结果，实则无成果。

围绕辅导员职业发展的现实话题，我们不能仅仅从个体升迁的角度出发，而是要站在队伍建设的全局认真思考。将个人纳入集体之中，既不要怨天尤人，也不要自暴自弃，而是以更为饱满的热情和精力投入工作。通过打造科研团队，不仅为辅导员晋升提供发展平台，更是为辅导员提升学习动力、激发研究活力提供契机。当一群志同道合之人对学生工作全情投入时，他们关心的将不再是自己个人的既得利益，而是学生的未来、职业的发展、教育的进步。这样说，看似很"高大上"，好像有点言过其实，但我一直相信一位老师说的话："每个学生都是不一样的，能够影响一个保本了，影响两个你就赚了。"学生成长了不正是我们的成长吗？当我们都可以醉心于现在的工作，并不断坚持下去，最大的幸福就将在学生心中显现，那时就是这支队伍真正成熟的时候。

洋洋洒洒写了这些文字，目的就是想告诉大家，开展学术研究不是一项任务，它是我们安身立命的"定海神针"，一个有着深厚学术功底的辅导员不一定可以教育好学生，但如果没有足够的学术积淀，学生工作肯定做不好。辅导员抱团取暖搞科研不是为了一个人的升迁，而是为了这支队伍的发展，你从中收获的不仅仅是一篇文章、一个项目带给你的现实满足，更重要的是它可以帮助你看清自己、纠正自己、成就自己。这不是强求，而仅仅是期许。衷心祝愿每一位辅导员都可以在学术道路上有所精进，这不仅仅是为了个人，更是为了信任我们，将我们视为"人生导师""知心朋友"的每一名学生。共勉！奋进！

辅导员谈心谈话要做到"三点一线"

谈心谈话是辅导员日常思想政治教育工作中的重要内容，好的谈心谈话可以触及学生的心灵，给予学生以启迪，帮助学生走出思想困惑，找到人生前行的方向。而若想真正发挥谈心谈话的作用，一方面需要准确把握它的内涵，另一方面需要抓住谈心谈话的关键环节。

一、谈心谈话是事关学生成长的心灵对话

与学生之间的交流有很多种，既有教师与学生之间有关学业问题的谈话，也有类似朋友之间的闲聊，但是当辅导员立足角色本身，将自己置于"努力成为学生的'人生导师'和'知心朋友'"的角色预期里时，与学生的谈心谈话就体现出特殊的价值内涵，即围绕学生的成长成才而展开。我们对于成长成才的理解不能仅仅停留在抽象概念层面，而是应该落实落细落小到学生的点滴生活当中。一次考试成绩的失利、一次班级竞选的失败、一次实践活动的挫折都能够成为辅导员开展谈心谈话的切入点，帮助学生走出这件事情带来的负面影响只是基本目标，经由此事引导学生看清自我成长的代价、找到未来前进的道路则是更为关键的内容。比如，一个学生经过一个学期的学习，成绩有所下滑，而他本人目前还担任学生会的干部，此时辅导员的谈心谈话就不能局限于成绩和工作本身，而是在谈话过程中，引导学生正确认识工作能力提升与专业知识学习的相互关系，鼓励学生做到相辅相成，而不是简单地做出取舍。辅导员应该做好充足的功课，以便在给学生提出建设性意见的时候能真正发挥作用。

可以说，一次好的谈心谈话就是与学生灵魂的一次共鸣。有些人认为谈话不难，因为辅导员年轻有活力可以与学生打成一片，一旦成为学生的朋友，谈起话来就很容易。我认为这是一种欠妥的观点，成为一般意义上的朋友不

难，但是这不是辅导员角色身份之下对于朋友的界定。比如说，小王是一位辅导员，他有一位同事小李，两个人是好朋友，这种说法是没有问题的。但是如果小李是小王的学生，那么我们说两个人是好朋友似乎就有点怪了。当然，也有人说相关政府文件不是提出"知心朋友"吗？这里的"知心朋友"是对于辅导员的特殊角色身份的一种科学界定，与日常生活中的朋友是有区别的，关键就在于"知心朋友"是成为学生的"知心朋友"，要了解学生的内心，是要成为学生健康生活的"知心朋友"，这一角色身份有着强烈的目标意义和价值指向。也就是说，我作为一名辅导员要帮助学生健康生活，不仅是朋友，更是人生道路上的引导者，是在"人生导师"的角色定位的要求下努力扮演朋友的角色。如果说普通朋友的角色功能显而易见，易把握，如同烹饪汤品前的水，那么"知心朋友"的角色功能就是隐而不显，润物无声，如同水中放盐一般不容易把握。也正是因为如此，我们才需要做到"努力成为"。

二、好的谈心谈话关键要抓住"三点一线"

之前和一些辅导员交流时，我发现普遍存在一个问题，即谈心谈话似乎不需要认真准备，学生的突然来访可能就是一次谈心谈话的开始，学生带着特定的问题来，辅导员的几句简单的回答看似解决了当下的问题。实际上，很多时候我们只是看到了事情的表象，而没有触及问题的实质。谈心谈话需要解决的问题恰恰就是实质问题，这是需要辅导员投入精力认真准备的。当然，这种准备不可能等到问题来了临场发挥，一定是在平时做过针对性的积累，这样才能在谈话时游刃有余。我结合自己工作以来的实践经验，将辅导员的相关准备总结为"三点一线"。

（一）辅导员要善于找准对话的焦点

辅导员的谈心谈话肯定不是家长里短，也绝对不是命令要求，而是围绕问题本身，有助于解决问题的思想引导。我们不仅要找到问题本身，更要探明问题背后的原因，并将之作为开展谈心谈话的核心，或者说焦点。例如，学生使用违规电器受到了处分，一般情况下辅导员会找到学生，在强调安全隐患的同时做出适当的安慰，帮助学生走出失落情绪。但是，违规电器对于学生造成的影响是多方面的，我们可能只注意到了一个方面或几个方面，却不一定能够考虑到全部方面。比如，我们会在违规电器事件之后更加关注和强调寝室矛盾的化解、安全意识的培养、心理问题的调试，但却容易忽略挫折教育。我们容易去处理事件本身，但是可能会忽略习惯养成教育……这就意味着，谈心谈话的焦点不单单是所有待解决的"显问题"，可能还会涉及不易察觉但更为重要的"隐问题"，把它们挖掘出来就真正找到了谈心谈话的焦点。

（二）辅导员要准确表达自己的观点

一次成功的谈心谈话就是一次教育引导的过程，当学生从中发现自身问题时，通常希望从辅导员那里找到解决问题的方法，希望辅导员能够帮助自己扫除思想困惑，明确成长路径。尽管很多时候学生并不知道如何准确而有效地表达诉求，但是作为辅导员必须有清醒的认识、准确的判断，并且在每一次谈话过程中合理而适时地说出自己的观点，提出个人的建议。当前，在一些辅导员中存在主动"迎合"学生，过度"共情"的现象，他们不敢批评学生，不愿开展正面引导工作，说白了就是"多一事不如少一事"，这是极其危险的行为。长此以往，学生将不会再来找辅导员倾诉，辅导员也无法帮助学生解决问题。因此，作为一名辅导员一定要做到客观公正、态度明确，用自己的工作作风和教育信念影响学生。

（三）辅导员要有效把控交谈的节点

从完整性上来看，一次谈心谈话就是一个开始到结束的过程，但是从阶段性来看，一次谈心谈话可能只是一次教育引导过程的开始，因此作为辅导员既要把握好一次谈话的起承转合，同时也要注意一次谈心谈话的阶段性意义。比如说，某一个学生因为求职就业遭遇挫折，对自己的能力产生了怀疑，出现了自卑、焦虑等负面情绪。此时，辅导员的第一次谈话要集中处理问题，帮助他分析问题，并提出合理建议。这本身是一个相对有效的教育引导过程，但我们又不能止步于这一次谈话，因为在此之后，学生的接受程度如何、是否走出困境、能否迎接新的挑战，都是我们可能面临的新问题，这意味着新一轮的谈话又开始了。作为辅导员需要定期和不定期的多次与该生进行谈话，我们称之为"跟踪交流"。因此，一位善于谈心谈话的辅导员要在身边留下一本谈心谈话工作记录本，如果在大学四年里你不但能做到与学生谈话的全覆盖，而且能够呈现出系列化、过程性的谈心谈话记录，那么工作就会更加科学有效。

（四）辅导员要紧沿学生的成长线

实际上，辅导员的谈心谈话归根结底是站在引导学生成长成才的立场上开展的，因此每一次的谈心谈话对于辅导员来说就是一件关乎学生发展进步、健康成长的大事。作为一名辅导员，应该了解学生成长的规律，要形成围绕学生成长成才的系统性谈话内容，也就是说辅导员的谈心谈话是有目的、有阶段、有方法的过程。除了接受学生的咨询需求之外，辅导员还应当主动"出击"，按照制订的工作方案开展有针对性的谈心谈话，变被动为主动，帮助学生在交流分享中走出思想困惑，走好人生道路。正因为如此，辅导员从大一学年就要做好系统规划，可以依据《高等学校辅导员职业能力标准（暂行）》提出的九大职能进行内容设计，并结合学生的年级、专业、性别等特殊性有条不紊地开展工作。

以上，只是我对于辅导员谈心谈话的一点粗浅看法，具体的实践工作还有赖于每一位辅导员根据实际情况自行钻研。辅导员能否成为学生的"知心朋友"并不是那么简单的事，而若想成为"人生导师"更是难上之难，因此掌握谈心谈话的科学方法就为辅导员扮演好这两个角色提供了有力支持。希望每一位辅导员都可以充分重视谈心谈话的重要性，在学生成长路上发挥不可替代的价值。

辅导员做科研要会趁热、抗冷、钻空

最近一段时间我一直在和几位辅导员同仁谈论科研的事情，最大的感触就是大家习惯于抱怨工作累、事务多，有科研的心无科研的力。最明显的就是文章像总结，表述像汇报，程式化、套路化的内容比较多。实际上，作为大学生日常思想政治教育的骨干力量，辅导员虽然"活跃"在学工一线，但这种"活跃"很容易表现出浅层次、低水平，自身的角色功能发挥并不到位。其中一个很重要的原因就是辅导员科研素养不够、学术功底不深。没有扎实的理论基础，工作就会停留在经验层面，无法触及学生的灵魂深处，无法解答学生的思想困惑，只是就事论事，从点到点。一些资历相对较老的辅导员可能会总结经验教训并形成工作案例，但说服力不强、代表性不够、辐射性不广是此类案例的通病，究其原因仍是缺乏精深的思考和透彻的分析，把握学生成长规律和思想政治教育规律的能力不强，科研定力和底气不足，无法将案例总结上升到学理高度。因此，若想在本职岗位上卓有成效，辅导员必须提升科研水平。但是，独特的工作境遇和角色身份确立使得不少辅导员有心无力，如果不能针对辅导员的特殊性做出有效回应就摆脱不了这种困境。因此，我认为辅导员首先要形成三点共识，即"趁热""抗冷""钻空"。当然，这不是最终答案，仅是辅导员叩开学术之门的敲门砖。

一、辅导员做科研要打铁"趁热"

（一）热情是辅导员做好科研的动力

所谓热情，是指人参与活动或对待别人所表现出来的热烈、积极、主动、友好的情感或态度。辅导员如果想提升自己的科研能力首先需要培养的就是对科研的正面情感和积极态度，绝不能将其当作是一项任务或者挥之不去的重负。热情和激情不同，后者虽然比前者在情感上更加强烈，但是短暂，稍纵即逝，无法成为开展工作的动力源。热情更加稳定，能够在心理上给予辅导员积极暗示，保证工作的持续推进。当然，对于科研的热情绝不是辅导员先天具备的，必须在实践中加以滋养，通过研究成果提升辅导员的学术自信，塑造辅导员的学术气质，同时让辅导员感受到科研带给自己的财富（包括显性和隐性），形成研究激发情感，情感助推研究的正效循环。不过，自我培养较之团队培养难度更大，通过团队的力量共促、共享、共进步，会让学术热情始终处于高涨状态，相互鼓励的氛围不仅有利于辅导员开展科研，同时有助于科研团队的组建和科研成果的产出。

（二）热爱是辅导员做好科研的灵魂

马克思在其中学毕业论文《青年在选择职业时的考虑》中曾写道："如果我们选择了最能为人类而工作的职业，那么，重担就不能把我们压倒，因为这是为大家做出的牺牲；那时我们所享受的就不是可怜的、有限的、自私的乐趣，我们的幸福将属于千百万人，我们的事业将悄然无声地存在下去，而面对我们的骨灰，高尚的人们将洒下热泪。"[①] 我曾经在一次辅导员交流学习会上问过一个问题："你热爱自己的职业吗？如果你热爱，你奋战的地方将是你圆梦的舞台，你完成的工作将是你理想的实现。"多一度热爱就多了一份坚持下去的理由。现在我们有些辅导员只是将本职工作当成垫脚石，当成中转站，我们不必指责，既然上行的路不止一条，何必一定要走这条路呢？但是我也想说，人这一生需要做几件值得奋斗的事，需要付出真情，突破极限，这不是功名利禄，而是一份执着、一份肯定。我想，当我们在自己的黄金年龄为辅导员这份工作付出努力，可能会失去舒适的生活，闲暇的时光，但得到的却是思想境界的提升，人生意义的升华。

（三）热度是辅导员做好科研的支柱

这里的"热度"主要包含三个方面：一是研究话题要有热度（前沿性）。辅导员每天面对的是"拔节孕穗期"的学生，其三观有待塑型，理想信念、价值追求容易受到外在纷繁复杂社会现象的影响，因此把握最新的社会问题、掌握最新的前沿资讯对于辅导员站稳"思政高地"具有至关重要的作用，同时掌握最新的研究成果也能够更好地指导实践工作。二是研究形式要有热度

---

① 马克思恩格斯全集：第 1 卷 ［M］. 北京：人民出版社，1995：459-460.

（创新性）。辅导员从事的工作牵涉的学科较为复杂，曾经有学者提出核心学科、重点学科和补充学科的划分，今天强化交叉学科的研究已经成为辅导员开展科研的重要内容。一方面交叉学科的研究更符合辅导员的工作特点，另一方面这种研究可以打破固有的思维模式，摆脱一谈辅导员科研就只有"马理论"的认知误区，包括管理学、教育学、法学在内的多门学科都可以成为我们研究的领域和出发点。三是研究语言要有热度（亲和力）。辅导员开展学术研究不能忽视阅读群。我们的研究成果最直接的受益群体是辅导员和学生，因此除了重视成果的学理性之外，要应用生动、接地气的语言把师生关心的话题阐释清楚。例如，现在不少论文开始将学生关注、关心的流行语应用到文章中，这不仅没有降低文章的学理性，反而获得好评，做到了情理相通。

二、辅导员做科研要习惯"抗冷"

（一）耐得住寂寞，苦坐冷板凳

扎根学术需要莫大的勇气。辅导员开展科研和其他老师在本质上并无二异，都要学会啃硬骨头，坐冷板凳。在这样一个快节奏的信息化时代，辅导员日常忙于事务性工作的时间要远远超过普通任课教师，焦虑、浮躁在辅导员群体中表露无遗，事务优先、效率至上的思维习惯和行为模式使得一些辅导员无法静心思考，但零碎的工作经验又是我们进行学术研究的营养土，如何在此基础上开花结果绝不是轻而易举之事。我认为一是要从直观经验中探明育人规律；二是要将自己从"动的状态"调整到"静的状态"；三是要由生活用语转向学术话语。这意味着你需要摆脱固有的工作情境进入"孤独"的求索境界，要做到心无旁骛、全心全意，尤其对于入职不到四年的年轻辅导员来说，更要在一开始就学会控制情绪、端正态度，从浮躁的心理情绪中摆脱出来，通过不断的"刻意练习"去培养自己的研究习惯。

（二）Hold 住心态，笑对冷眼光

辅导员目前在高校的地位是比较尴尬的，尽管《普通高等学校辅导员队伍建设规定》（第 43 号令）明确指出辅导员是开展大学生思想政治教育的骨干力量，是高等学校学生日常思想政治教育和管理工作的组织者、实施者、指导者，但"保姆""保安""表哥""表姐"的称呼客观上把辅导员摆在了低层次、可替代的角色位置，似乎辅导员只要完成一些简单的事务工作就没事了。一些高校教师甚至将这个群体等同于"办事员"，没有给予足够的尊

重。此时，作为辅导员绝不能听之任之，更不能以所谓的"佛系""躺平"心态不作为，而是应该在笑面外界闲言碎语的同时，韬光养晦。看开、看淡的前提绝不是碌碌无为、随波逐流，而是砥砺前行、厚积薄发，用自己的实际成绩为自己赢得尊重。我曾经和一位辅导员说过，辅导员应该成为学工一线的尖兵，召之即战，战之即胜，必须以强大的核心竞争力立于不败之地，其中就包含科研，辅导员不仅要能干成事，也要能写好文，要让自己的生命在广度和厚度上日益精进。

（三）破得了瓶颈，迈过冷阶段

辅导员在其职业生涯阶段可能会遭遇冷阶段。这个阶段包括两类：一个是职业倦怠期，一个是思维短板期。职业倦怠期一般会在辅导员带满一届学生之后出现，此时辅导员通常面临两种选择：是继续从事辅导员工作，还是转岗。符合政策条件得到转岗机会的辅导员会进入新的工作环境，而无法转岗的辅导员可能由于心不在此会滋生"应付"心理，倘若无法解开思想包袱，就难以在接下来的工作中全身心投入，科研也就无从谈起。相较于职业倦怠，不少辅导员由于陷入事务管理的"泥潭"，早已习惯就事论事的工作方式，以完成规定任务为目标，不会深入思考工作的目的和可能的成长，得过且过，像机器一样轮转，直到消耗殆尽，思想总是处于放空状态，一旦涉及科研工作，大脑空白、毫无思绪、手忙脚乱，临时抱佛脚的现象就会显现。因此，辅导员必须离开"思想温床"，做到自我觉醒，探明个人成长的侧重点和取得突破的垫脚石，摆脱物质和精神瓶颈。

三、辅导员做科研要学会"钻空"

（一）转变意识，用对空档时间

辅导员平时针对科研吐槽最多的一点就是没时间写论文、做课题。我认为这里存在一个认知误区，就是对于时间碎片化和碎片化时间的理解。对于一些老师来说，之所以会认为没时间开展科研，是因为在他们看来时间都是碎片化的，没有完整的时间思考就无法行文立论。但在我看来5分钟如果可以充分利用那就不算是碎片化时间，你完全可以看完两篇论文的摘要，或者一本著作的前言，而这些都是一本书的精华之一，利用好5分钟带来的好处绝对不会少。但与此同时，我们也有不少辅导员在一个小时的时间里一会儿处理一个短信，一会儿发送一个邮件，人为地把时间碎片化了，这才是最可怕的。我非常尊敬的曲建武老师就是利用空档时间的高手，他能够在5分钟的时间里有效回复辅导员的问题，也可以在出差的高铁上完成一篇论文的修改完善，这并不是因为他天生高人一筹，而是执着的态度和后天的努力换来的。我们还很年轻，更应该做到。

（二）抵住诱惑，用好空闲时间

一天工作结束后我们可以选择休息，一周工作结束后我们有周末，即使是加班，我们也能挤出属于自己的休闲时间。此时你会选择做什么？会顶住舒适环境的诱惑进入知识海洋披荆斩棘吗？一些人可以做到，但更多人做不到。相信很多人都听说过"温水青蛙"，走不出舒适圈，人就无法成长，只会泯然众人矣。如果你希望自己的科研有所精进，就必须抵制住闲暇带给自己的诱惑力，把人性中贪图安逸的心理控制住，把懒散拖沓的习惯克服掉。曾经在一本书中看到"那些成功的人的秘诀在每晚八点半之后"，也有人说连续十天从事一件有意义的事，即使面临诸多挑战，也会养成良好习惯。我想，辅导员开展科研也必须把它当成一种习惯而去奋斗。我正在努力，我相信大家也可以。

（三）专心致志，选准研究空间

这里的研究空间指的是你在什么环境开展科研。部分辅导员会选择在家里，因为安静没人打扰，但是我并不认同，首先不少辅导员忙完一天之后身心疲惫，回到家就想躺在沙发上休息，精力不足；其次一到周末就想放松陪陪家人和孩子，可能失去进入书房的动力。当然，不能否认一些辅导员的自我控制力很强，但不适用于大多数人。我更提倡大家在办公室进行科研，一来辅导员一般都有自己的办公室，各种资料的查找和利用更加方便，二来可以远离家里的舒适环境，便于帮助自己集中精神。当然更为重要的就是自己在多大程度上可以习惯这样的紧张生活，突破原有的舒适圈。如果一旦在这种对抗中形成强大的自控力，那么无论在嘈杂的工作空间或者安逸的家里都能做到专心致志了。

最后我想说，作为一名辅导员绝不能自我填砌思维意识的牢笼，来自四面八方的压力不少，如果因为压力就退缩，因为身边的阻碍就止步不前，那你的前进路上只会剩下一堵墙。自我否定越多，这堵墙就会越厚，厚到有一天你无法穿透。所以，年轻的辅导员应该从一开始就养成正确的思维，面对挫折和考验时不要人云亦云，怨天尤人，而是利用团队的力量和自我的意志一步步走出困境。辅导员做好科学研究绝不是看两天书、读两篇论文就能实现的，梅花香自苦寒来，只要沉下心，走稳路，把好关，不断磨砺自己，就会有更大的成长，辅导员的科研之路才能越走越远。

辅导员做好工作要看透学生嘴里的"好"

"好的，导员，知道了。""好的，我马上通知。""好，没问题。""好，我马上去办。"辅导员在和学生日常交流和布置工作的过程中，经常会听到如上这样的回复。但是，每当再次和这些学生交流时，你会"惊异"地发现，上次的谈话不一定真正收效，交给他的任务也可能没有真正落实，很多之前强调的细节问题未能得到重视。于是作为辅导员需要再提醒学生一次，需要让学生再统计一次，再核对一次，再修改一次……这可能需要耽搁半天甚至一天的时间。一些辅导员会无奈地摇摇头，选择由自己来完成工作，但就意味着计划内的工作任务泡汤，时间就此被拆解，这对于每天事务本就繁杂的辅导员来说无异于劳心劳力。一些定力不够、情绪不稳的辅导员久而久之甚至会影响工作的成效。所以，直面这种现实问题，找到症结，并提出具有建设性的对策尤为重要。

一、明确"好"的标准是辅导员做好工作的前提

这里的"好"并不是价值主体对于价值客体做出的一种合乎自身需求的价值判断。例如，我看到了梦寐以求的景色，我会说"真好"；我吃到了色香味俱全的美食，我会说"真好"。但本文中的"好"是指学生对于辅导员意见、建议、通知、要求、安排等的一种主观性承诺。

这里需要强调两点：第一，既然是承诺，一经说出就意味着具有了践诺的必然性，如果不能在约定的前提下完成相关任务、实现具体目标，就意味着承诺失效，这不仅会影响学生班干部在辅导员和同学心中的信任度，更会影响工作的实际进展。第二，主观性意味着学生的理解不是稳定不变的，学生听了多少，记住多少，不同学生之间存在差异，而主观性承诺的最大问题就是学生中存在"口头承诺有板有眼，实际落实背道而驰"。例如，辅导员召

开诚信考试主题班会，最后一般都会选择集体宣誓或者签承诺书的方式。但是总有一些学生在考试时抱有侥幸心理，违背当初的承诺。

所以，"好"与"不好"是有前提的，判断"好"是否真的好，应该有一个基本标准。这是我们工作能否做好的重要基础。在这里，我认为以下几点需要注意：

第一，辅导员要充分讲好。有时候，我们总是将问题归咎于学生，认为是学生没有明白辅导员的意思，自己已经讲得很清楚了，这是教育主体容易犯的"毛病"。作为通知者、安排者，我们有时会不自觉地迁怒于学生。实际上，有时候原因并不在学生，是我们自身工作没有做到位，任务没有安排清楚，环节没有讲解仔细。所以，在批评学生之前，辅导员应该先反省自己是否有工作疏漏。在开展工作之前自己应该先做好充足准备，然后再开展接下来的工作。

第二，学生干部要带头记好。一个班级的管理光靠辅导员的耳提面命肯定不够，这样不仅低效还很累。班干部在教育管理中发挥着至关重要的作用，工作是否落实到位，关键时刻还得看班干部的配合效果。因此辅导员需要在和学生干部的对接过程中保证各项工作传达无误，学生干部要积极主动地将各项工作认真记好，把同学中可能出现的问题逐一在工作布置会上提出来并有效解决，及时做好工作反馈，对于自身无法解决的问题要尽早和辅导员沟通，将隐患消除在萌芽阶段，把工作完成在规定时限内。

第三，班级同学要认真听好。辅导员工作的最终落脚点是每一名学生。在学生工作开展期间，随机抽选一些同学询问其对活动、任务的了解状况是必不可少的环节。尤其是对于层层下达的通知要求，极有可能出现信息不对称。通知者的主观取舍有时候并不是事半功倍，反而是事与愿违。比如，辅导员在布置某项活动之时认真表明了其意义和价值，但是有些学生在传达过程中主观舍弃了一些内容，结果变成了辅导员通知大家参加活动，部分学生不明白其实际意义，就会主观认为这是命令、要求，强制参加，反而产生抵触情绪。因此，普通同学是否真正知晓工作要求，不仅需要班干部的上传下达，也离不开辅导员的定期调研，从而确保各项工作有效落实。

二、分析"不好"的原因是辅导员做好工作的重点

既然知道怎样才是"好"，就要仔细想想为什么存在"不好"。在这里我从辅导员的管理误区、学生干部的责任缺失和普通学生的认知偏差三个方面

做一些尝试性分析。

第一，辅导员容易陷入"目中无人，心中无生"的管理误区。辅导员在安排一项工作时，"通知"是最常用的方式，无论是班级通知，还是线上通知；无论是全体成员通知，还是学生班干部通知，都起到了上下联动的功能。久而久之，辅导员可能会形成一种错误观念，即"我把工作通知到位就大功告成了"。举例来说，学院即将举办职业生涯规划大赛，通知下发到各年级。辅导员把时间、地点、要求在班级群一公布，就以为通知到位了。班级群里不是接二连三弹出来的"收到"，就是沉默不语，辅导员顶多再强调一下，就算"大功告成"。实际上，此时的学生对于辅导员来说只是单纯的接受方，你参加还是不参加的结果是我唯一关心的话题，而对于你为什么参加和为什么不参加，辅导员一般并不关心，或者说无暇关心。辅导员要的是答案，至于你个人的心理过程我不需要知道。在这种管理误区下，辅导员在学生心中变成了单纯的"发令枪"，人与人之间的情感交流被冷冰冰的任务要求所替代，辅导员只关注结果，学生得不到引导。"人生导师"的角色身份无法实现，学生也就学会以应付的态度对待工作了。

第二，学生干部容易形成"趋利避害，重权轻责"的错误观念。虽然说学生干部理应成为同学中的先进分子，但是有时候这种先进仅仅体现在工作能力和学习成绩上，最关键的责任观模糊，责任感缺失，甚至本末倒置，只关心自己得到什么，而不关心大家得到什么，服务就是完成任务。讲权利时不放手，把自己和普通同学放在一起比较，谈义务时求平等，绝不让自己有半点吃亏。学生干部在学生心中变成了单纯的"传声器"——我只是把老师交代的任务告诉你们，我把老师要求完成的工作完成即可，不会去做有关班级荣誉、集体凝聚的事情。一旦出了问题，不会从自身出发找原因，不主动承担责任，觉得自己没有错。虽然问题不一定是学生干部造成的，但是同学间的情谊已然被 A 通知 B 的文字、短信所代替，友情也随之淡化。

第三，普通同学容易产生"居于群体，不见集体"的认知偏差。个体在做出选择时，容易受群体的影响，会趋向于群体给出的总体性判断，这种判断看似正确无误，却和个人的判断存在出入。由于群体判断带来的认知偏差由群体承担，个人为此付出的代价可以忽略。因此，很多时候人们习惯于在群体实践中表达观点，却不愿意自己站出来提出建议。举例来说，辅导员在组建新的班委会之后，希望班级同学对班级建设提出意见，学生给出的建议往往不痛不痒，或者没有实质意见，但是在班级管理中又有诸多不满，工作难以有效开展。诸如此类事情很多，原因就在于普通同学缺乏集体观念，关注个体多于关心集体。对自己的事不上心，对集体的事不关心，对老师的话不放心。总之，口应心不应，看似清清楚楚，实则模模糊糊。

三、提出"办好"的对策是辅导员做好工作的关键

要想让学生真正能说出"好"、说对"好"并不是一件容易的事，这需要辅导员深入细致地耐心教育；需要学生干部认真负责地用心服务；需要普通同学自主自觉地虚心接纳。

第一，辅导员应该深入细致地耐心教育，做到引导、指导、疏导。辅导员无论是作为"人生导师"还是作为"知心朋友"，把学生放在心上，用真情影响学生、感染学生是十分重要的。强化学生的日常管理不能用冷冰冰的命令要求学生，通知学生工作任务时，别着急给出具体要求，别用"必须""务必""需要""只能"这样的字眼去压迫学生，而是要导之以理，动之以情。做到引导好、指导准、疏导佳。具体来说，一是把事情的意义讲清楚，引导学生明白工作的实际价值，在准备中把握好航向；二是把工作的方法教清楚，指导学生用正确的方法解决问题，在过程中完成好目标；三是把反映的问题理清楚，疏导学生反馈的心理困惑和不解，在评价中总结好经验。

第二，学生干部应该认真负责地用心服务，做到勤记、勤想、勤系。学生干部是学生中的佼佼者，更是联系师生的桥梁纽带。做好本职工作一定要把学生放在心上，要把服务作为第一要务。要树立在学生中的正向号召力，杜绝官本位、权本位意识。学生干部在上传下达时应当留足工作空间，做到勤记录、勤思考、勤联系。具体来说，一是养成记录各项工作任务的习惯，不仅要记录每项工作具体要求的内容，更要记录每项工作实质带来的价值；二是养成思考各项工作的习惯，想一想接下来还可以做什么，怎样能够更好地帮助同学；三是养成联系师生的习惯，把同学们的切身利益摆在首位，做好与老师的沟通，想同学之所想，急同学之所急。

第三，普通同学应该自主自觉地虚心接纳，做到真听、真做、真信。普通同学是一个班集体的基本单元，班级建设好不好，离不开每一名同学的踊跃参与、热心帮助与大力支持。学生不能只有群体意识，更要有集体观念。不仅要知道自己应该做什么，更要躬行示范，用实际行动带动身边同学真正落实工作任务。做到真心听、真心做、真心信。具体来说，一是把辅导员告知的信息认真听进去，切忌左耳进、右耳出；二是把辅导员交代的任务认真

做起来，切忌糊任务、走形式；三是把各项活动背后的意义认真记下来，切忌嘴上答应，心中不应。

可以说，学生嘴中一声"好"的承诺意涵深刻，不仅要考虑辅导员的角色定位，也要考虑学生干部的职责意识，更要反映每一位同学的真实态度。以上内容仅仅是我的一些粗浅认识，其中包含的学科理论知识涉及心理学、社会学、管理学、教育学、思想政治教育学等相关学科，需要我们在具体的教育管理中实践与验证，这值得每一位辅导员用心思考。

辅导员要谨防学生的"拐棍依赖"

由于政策调整，近年来应届毕业生开始自行完成教师资格证的申请。从前期申报、考试到后期审核、拿证，所有手续均要落实。学校考虑到毕业生离校后办理教师资格证的诸多不便，采取了一些关怀举措，比如，邀请市教育局集中来校安排和处理相关工作，辅导员汇总材料上报并集中领取证书，等等。辅导员们尽职尽责，做到了正确、高效地为毕业生服务。

不过，也就是在这段时间里，我也听到了一些不太"和谐"的声音。比如，"辅导员，我的资格证找谁领取？""辅导员，我工作的单位说如果暂时拿不到证需要开证明，怎么开呀？""辅导员，我这边入编需要证书，什么时候可以拿到？""辅导员，我的材料你能不能帮我拿了再寄给我？"……面对学生的诸多问题和需求，我们该如何应对，又该给出怎样的答案呢？细细想来，这的确是一个值得反思的话题。从某种意义上说，引导学生学会独立思考和解决问题比我们直接"帮扶"更为重要。辅导员不能成为学生成长路上跛腿行走的"拐棍"，更不能助长学生的"拐棍依赖"心理。

一、辅导员要合理甄别学生的各项需要，并做好引导和转介

在日常学习、工作和生活中，学生总会遇到一些问题，辅导员出于"责任心"，往往会选择"替"学生处理，比如，学生成绩大表无法打印，辅导员"替"他们向教务处和图书馆寻求解决办法；学生医疗报销不清楚，辅导员"替"他们询问校医院；学生素质拓展学分出了问题，辅导员"替"他们请教团委如何处理……在这样一个又一个"替"的过程中，辅导员似乎满足了学生的需求，但也在不知不觉中变相削弱了学生独立处理问题的能力。久而久之，学生只会变成"饭来张口，衣来伸手"的"小孩子"。

为什么会出现这种情况，从辅导员角度来看，我认为可能有以下一些原

因：第一，错误的工作观念作祟。比如，"学生的事再小也是大事""一个学生可能一学期只找辅导员一次，因此我要好好帮他"……一旦受制于这样的观念，辅导员很有可能将学生提出的各种需求都看作至关重要的事情而亲力亲为，直至事情解决。但实际上，一方面学生的事如果是小事，并不需要辅导员重装上阵，另一方面即使事情很重要，辅导员也不应该包办处理。第二，所谓"高效"工作方法的误导。一些辅导员由于熟悉工作流程，了解办事环节，因此为了尽快解决问题，不想"耽误"其他工作，会选择第一时间自己处理。殊不知，这样会给学生留下错误的印象，即一旦遇到类似问题还是可以选择找辅导员帮忙。这样从单次工作的时间量来说似乎比较短，但是久而久之，当辅导员面对同一学生或者不同学生提出的类似问题时，反而要花费更多时间，得不偿失。第三，对学生个人能力的误判。我们有时候总是担心学生解决问题的能力，害怕学生处理不好。实际上我们担心或者说反感的是学生一旦处理不好工作所造成的二次"麻烦"，比如，农行卡号格式不对，又得重新调整；证件照像素不高，又得重新拍；新闻稿质量不好，又得重新写……辅导员觉得学生会给自己添"麻烦"，所以就不给学生"犯错"的机会。这就好比想让牛能犁地，但偏偏不让牛下田。没有锻炼的机会怎么会有学生的成长。我们需要用正确的方法教育学生，而不是简单地拒绝或者放弃。辅导员能力再强，也是因为经过了长期的历练，更何况尚未走入社会的学生呢？因此，辅导员应该认识到学生能力不足只是暂时的，只要我们积极引导，学生肯定能有所突破并逐渐独当一面。

值得一提的是，辅导员习惯于亲力亲为也是对于自身定位不清、权责不明的表现。我们需要和不同的部门打交道，但不代表我们需要替学生和每一个部门打交道。很多时候，工作、问题、需求是学生和这些部门之间的直接对话。当工作不需要我们直接处理的时候，辅导员应该大胆及时地转介出去，既不要做"万金油"，也不能做"跑腿的"，让学生充分发挥自己的主观能动性，可以指导，但决不包办和代替，这样学生才会意识到自身的能力，学会处理问题。辅导员也就可以从诸多琐事中抽离出来，做该做之事。其实，说到底在高校所有的领导老师都有服务学生的责任。单位有科层制的上下级关系可以理解，学生与学校之间却不存在上下级关系，每一个老师及时有效回应和解决学生的问题理所应当。因此，我对于某些老师在学生面前"摆架子""以领导自居"很不认可，对于那些动不动就说"你们辅导员是谁，把他喊来和我说"的人也是一笑了之。辅导员虽然是学校基层教师，但绝不是底层

"打工仔"，该认真对待的工作绝不含糊，不是自己职责范围内的事情理应合理转介。

二、学生"四自"能力的提升需要辅导员培养，而不是听之任之

当学生面对各种问题时，是否具备独立解决的能力呢？这值得我们关注。简单来说，就是"四自"能力，即"自我教育、自我管理、自我服务、自我监督"。看似老生常谈，实则意蕴深刻。这里虽然强调个人的作用，但其实是有前提的，就是包括辅导员在内的老师们的正确的教育引导，尤其需要辅导员的努力付出。我认为在这一过程中，辅导员务必要认真做好以下几件事情：第一，明确各项能力提升的核心内容。比如，"自我管理"的能力就应该体现在学习的自觉力、诱惑的抵制力、时间的掌控力、工作的协调力等多个方面。这些能力的培养是辅导员工作中的重要内容。然而我们的一部分辅导员由于整天忙于事务工作，不但无法脱离，反而越陷越深。他们对于简单重复易操作的事尽管"怨声"不断，但是习惯于这种工作状态，而那些真正需要他们关注的核心工作却在这种"怨声"中淡忘了，思考创新逐渐迟滞。这样，辅导员即使有好的工作想法也会变得没有信心和动力。针对这种现象，我们需要采取针对性的沙龙、研讨、激励政策帮助辅导员澄清问题，找到出路，最关键的是激发辅导员的"斗志"。第二，利用合适的途径帮助学生提升这些能力。辅导员可以通过各种素质拓展活动、主题班会、社会实践活动、教学活动帮助学生。在这里，我需要特别说明一点，不同的能力培养可以采取不同的方法，有些适合采取素质拓展活动，有些适合采取主题班会，有些适合不同的活动组合，形式服务于内容。辅导员必须明确"授之以鱼不如授之以渔"。开展活动的目的不仅为了让学生知道是什么，更要知道为什么和怎么办？说白了就是"问渠""思源""行诸"。第三，把握不同能力提升的关键节点。比如，适应能力、人际交往能力应该在低年级集中锻炼，临场反应能力、抗干扰能力理应在竞赛和学习中强化磨炼。辅导员要有清醒的认识，必要的时候应该通过主题班会或者活动总结的方式带领学生做好反思。总体来说，就是活动有规划，内容有层次，时间有先后，轻重有调节，结束有反思，提升有效果。

三、辅导员和学生明确独立意识的重要性，"试错"不是"吃亏"

前不久我在"娘亲"辅导员公众号上看到梁老师的访谈，提到了大学生

的独立性，这与我的理解不谋而合。实际上，"拐棍依赖"现象背后反映的就是学生独立意识的缺乏。我认为辅导员一方面要注重学生独立意识的培养，另一方面自身也要对独立意识有清醒的认知。之前看过全国辅导员年度人物"猫哥"的博文，提到了一个关键词"试错"。我觉得作为大学生培养独立意识就应该敢于"试错"。"试错"不是让自己经常去犯错，而是在不违法乱纪的前提下，努力做出尝试。它所代表的是一种不断向前、敢于突破自己的态度，而不是缩手缩脚、不敢前进的心理。即使在过程中遇到了挫折，甚至是委屈，也应该看作一种财富，一种让自己不断成长的宝贵资源。只有具有这样的意识，才能够更加主动地去学习、工作和生活。可能学生自己刚开始的时候会比较胆怯，不知所措，但是辅导员要相信学生是可以的，要让学生意识到自己是能够成功的。

当然，学生的主动"试错"也离不开辅导员的鼓励与支持。这就要求辅导员对学生"试错"所犯下的失误保持宽容，不能因为学生的一两次失误就表示不满，应该用引导教育代替批评压制，耐心细致地与学生进行谈心谈话，帮助学生找到问题的症结，并给予他们合理的建议，帮助他们找回自信的同时继续努力。例如，学生在撰写新闻稿时内容不精准，辅导员应该自信、耐心、细致地告诉他撰写新闻稿的要求，给予他几次练笔的机会，而有经验的辅导员会选择在适当时机专门召开关于宣传委员的主题班会或者培训课，帮助他们尽快学会新闻采写的基本常识，并做好定期考核，避免各种低级失误再次出现。所以，对于资历较浅的辅导员来说，要主动向前辈学习经验，在自我提升上下功夫，既要端正认识，也要尽快掌握与学生交谈的正确方法。而资历较深的辅导员要更加注重在"传帮带"上下功夫，提点新人。如果时间允许，可以做一些相关研究，形成理论成果让更多人从中受益。

可以说，"试错"不是"吃亏"，反而是辅导员和学生双方共同成长的良好机遇。我鼓励学生去大胆创新，主动行动，不要局限于自身的既定条件，而是不断超越自己。只有拥有了这样的主动性，再加上师生双方的共同努力，才能让学生尽快摆脱依赖，辅导员也才能一改"拐棍"形象，真正发挥"人生导师"的角色价值。

辅导员不能小看"添麻烦"

最近我突然想给自己的辅导员工作做一个小小的总结，想到了一些关键词，其中就有"添麻烦"这个词语。这里的"添麻烦"不是我觉得"麻烦"，而是学生怕给我"添麻烦"。可是，有时候我们需要这些所谓的"麻烦"，这是辅导员工作的中心，教育的重心，更是辅导员有效开展思想工作的"源头活水"。

一、所谓的"添麻烦"背后是对于自己和他人的认知误区

不久前，遇到了几件事。一是一名同学因为实习导致自己出现了自卑、焦虑等负面情绪；二是一个宿舍与另一个宿舍之间的同学发生口角，晚上十一点左右向我诉苦；三是一名同学因为求职就业对个人的未来产生了迷茫，三件事虽然各不相同，但是当我在询问"为什么不早一点儿来找我"时，竟然得到了一致的答案，"您太忙了，怕麻烦您。"当时的我不仅感到无奈，更感到一丝伤感。我们的本职工作不正是为了解决学生的思想问题吗？什么时候变成了"麻烦"了？于是乎，我在更大的"麻烦"面前投入了更多的精力和时间，这里并不是说解决学生当下的思想问题和实际问题有错，而是想表达有时候学生的"好心"实际上在帮倒忙，这会让辅导员错过最佳开展工作尤其是思想教育工作的时间，工作量有增无减。

实际上，不想"添麻烦"暴露了当下大学生的三个认知误区：一是对问题的严重程度判断不准；二是对辅导员的工作内容认知不清；三是对自身的处事能力把握不明，这容易导致问题处理出现失机（失去发现问题的最早机会）、失助（失去处理问题的最好帮助）、失效（失去解决问题的最佳效果）的局面。

（一）大学生对问题的严重程度判断不准，容易导致处理问题"失机"

矛盾和困惑的产生有时是从人为忽视的细节开始的。例如，两个学生因为宿舍的垃圾桶没有及时清理而彼此产生"不满意"；新生在第一次参加大学考试前表现出的紧张感和焦虑感；学生在面对大学生活时产生的迷茫感等。某些学生在处理这些问题时，会想当然认为这是大学普遍存在的现象，可以放置不管。真要是出了问题，再想办法处理也是可以的，反正总会有人帮我解决。正是因为这样的"想当然"想法，才导致辅导员一次又一次失去最好的处理问题的机会，本可以在第一时间解决的问题没有得到有效处理，结果就是"问题依然存在，导员浑然不知"。

（二）大学生对辅导员的工作内容认知不清，容易导致处理问题"失助"

辅导员的工作涉及方方面面，需要处理的事务性工作也纷繁复杂，24小时不关机是辅导员的"标配"。这样的工作状态很容易进入学生的视野，让学生产生"辅导员忙，不要打扰他"的错误认识。实际上，辅导员目前承担的很多事务工作都挤占了"思想政治教育工作"的时间，但是学生并没有对此做出充分认识，他们只知道辅导员很忙，当自身面临困惑、迷茫、焦虑等问题时，他们首先想到的并不是找辅导员解决问题，而是担心给辅导员造成不必要的工作负担，结果导致不该辅导员做的增加，最该做的却没机会做好。

（三）大学生对自身的处事能力把握不清，容易导致处理问题"失效"

有时候，一些问题要到无可挽回或者学生无力解决时，辅导员才会知晓。例如，宿舍关系无力挽回，到了不换寝室不行的地步；学业压力极大，只能选择休学回家调养，此时辅导员的介入仅仅变成了善后工作，思想政治教育显得有气无力。其中很重要的一个原因，就是在所有的关键环节，当事学生都认为自己可以解决问题，就算一时解决不了，后面也可以解决，实际上是高估了自身处理问题的能力，没有抓住处理问题的黄金时机，解决问题的效果就越来越弱，直至被动应付。

二、端正认识，及时处理，将"麻烦"变得"不麻烦"

说出"添麻烦"这样的话实际上是自己不了解自己，不了解辅导员，不了解问题。一个辅导员在高校少则需要管理200人，多则300到400人，学生看到辅导员的辛苦，萌生"怕麻烦你"的想法情有可原，但是辅导员不能忽视学生的这种错误认识，更不能庆幸学生没来打扰自己，而是应该重视这种现象，及时自我反思，并且带领学生反思，通过合适的教育方式加以引导。

（一）学生要勇于将"麻烦"说出来，让辅导员的工作更加具有针对性

学生的事再小也是大事，作为学生应该及时将自身存在的问题暴露出来，告诉辅导员，尤其是在矛盾、困惑等现实和思想问题面前绝不可以藏着掖着，不要"自认为"可以解决，要充分衡量自身处事的能力，也不要认为小麻烦不重要。有时候小麻烦所包含的内在问题可不小。实际上，学生一般都比较单纯，对于问题的理解也容易片面化甚至走向极端，辅导员的工作就是要帮助学生更加清晰、准确地澄清自己的困惑，更加直观地发现自身的问题，从而对症下药。完成这件事，需要学生主动地提出问题、说出心中的难题。当然，有时候学生自己难以把握问题的症结，这就需要辅导员的介入，但前提是学生的主动行为。

（二）辅导员要鼓励学生"添麻烦"，让学生问题的解决更加及时有效

学生对于问题的看法不清，产生了错误的认识，作为辅导员不能"稀里糊涂"，我们应该有更加清醒的认识，要善于发现学生存在的问题，可以通过主题班会、个别谈心等方式鼓励学生提出问题，要善于跟踪"问题学生"，要充分利用好学生骨干协助自己开展思想政治教育工作。把学生的"麻烦"写在本上，把学生的"困难"记在心里，把学生的"问题"抓在手中，随时提醒自己要想学生之所想，急学生之所急，解决学生的思想问题和现实问题。

（三）辅导员与学生要经常交流，将"隐性的麻烦"显性化，从而尽快解决

有时候"麻烦"并不是直接显示出来的，在和学生交流的过程中，我们可能会发现很多新的问题，其中有些问题可能学生自己也没有意识到。这种隐性的"麻烦"有时比显性"麻烦"更"麻烦"。例如，一些学生平时不注意饮食习惯，喜欢吃泡面。如果辅导员不关注这些问题，学生的不良膳食习惯就会长期存在，久而久之就会对身体造成较大的负担，此时再想解决问题就不再那么容易。因此，作为辅导员要及时关注学生面临的各种情况，有意识地与学生进行沟通，在思想碰撞中发现问题，解决问题，做到防患于未然。

三、学生"添麻烦"也要注意内容和方式方法

辅导员解决学生问题也要防止工作事务化，消弭思政工作的特性。实际上，辅导员的核心工作是大学生思想政治教育工作，因此学生的"麻烦"最关键的、最核心的还是思想问题。

作为学生，要学会提问题，要把与人生发展、职业选择、学习困惑等方面的问题同时提出来，而不是简单意义上的仅提出类似于"选课选不了""宿舍门打不开""医疗费怎么报销"的事务问题。这并不是说这些问题不重要，而是要告诉学生不要将这些作为自己与辅导员交流的重点，或者更直接地说，不要把辅导员当作解决这些问题的"勤务兵"，不要把辅导员当作照顾自己的"保姆"。同时，学生要明白在什么场合和什么时间联系辅导员。虽然说，辅导员是 24 小时随时待命，但是如果连自己都还没想好怎么找辅导员，就大呼小叫，担惊受怕，那自我的成长就会受到限制，以后遇到同样的境遇还是无法冷静判断，忙中出错。

作为辅导员，要防止自身开展学生工作时掉入事务化陷阱。要善于分清问题的性质，不同类别的问题采取不同的解决方式。要抓住问题的本质，防止将事务问题和思想问题分离化，对症下药，根治问题。同时，有些工作不属于自己的职责范围要及时转介，这一方面能减轻自己的工作压力，另一方面也能帮助学生找对路子，更加有效地解决问题。当然，这并不是说辅导员面对学生提出的问题就不管，而是要告诉各位辅导员明确工作职责，抓住工作重心，把不是自己分内的事主动转介，把自己应该负责的事情牢牢抓好，多与学生交流，做到多思考、多观察、多实践，只有这样，辅导员的工作才更有针对性和实效性。

别让沉默的大多数"沉没"

说到"沉默的大多数"，大家通常会想到班级中成绩、能力、活力都较为平凡的学生，相对于各方面表现突出的先进分子和老师口中亟待"关照"的后进分子，他们属于既不冒进，也不添乱的群体。课堂上他们回避老师的提问，选择低头；课堂外他们远离精彩的比赛，甘当观众，他们是最容易被辅导员和任课老师忽视的学生，但同样也是高校中占比最高的学生。

学校每年都会举办各种评优评先活动，这就让"尖子生"有了展示自我的机会。每年也会有多个纪律处分文件，这就让"后进生"有了反省自我的机会，而我们的"普通"同学似乎从不在关注、关心和关爱者行列。关于他们，没有顽强拼搏的故事，没有努力奋斗的回忆，没有迎难而上的点滴……躺平成为他们生活的座右铭，"佛系"成为他们学习的风向标。大学四年留给他们的可能只有一句话，"原来我在这里待过"。

难道他们不愿意上进吗？难道他们不害怕失败吗？他们也有自己的理想，也希望被人重视，只是在最关键的时刻他们可能犹豫了、害怕了、退缩了，但这并不表示他们不想成功。也许，一点鼓励、一次加油、一份关注就能点燃他们内心的火焰，让他们勇敢地往前迈出一步，而这一步就成为他们避免"沉没"，走向成功的关键。作为一名辅导员，请拿出你宝贵的时间多与这些学生见见面、说说话、谈谈心，这份关爱换来的可能就是一名学生更加美好的未来。

一、明晰学生的"沉默"，助其竖起远航的帆

高校辅导员职业能力大赛曾经设立过"班情熟知"项目，就是从某位辅导员所带的学生中随机挑选若干名学生，要求该辅导员说出这些学生的相关信息。从比赛结果来看，大部分辅导员都可以较为准确地报出学生的基本材

料，基本上达到了"熟"的要求。不过，这种类似应试作答的比赛项目虽然可以帮助辅导员在短时间内记住学生的身份信息、家庭情况、兴趣爱好，但并不表示辅导员真正了解他们，或者说他们就因此成为辅导员关注的焦点。一旦比赛结束，这种因"背"而留存在大脑中的信息就会逐渐淡忘。换句话说，学生与辅导员之间因比赛而确立的关系逐渐松解，学生的"比赛"使命基本完成。接下来，辅导员一旦回归正常的工作状态，这些学生又会成为数据库的信息，等待再次被"使用"。

实际上，在日常教育管理过程中，辅导员习惯于将精力放在前后两部分学生，位于前列的学生成绩优异、能力突出，是班级以及各大学生组织的领头羊，更是辅导员工作的得力助手，自然受到辅导员的青睐。位于末尾的学生成绩较差，能力薄弱，甚至出现一些心理问题，他们更是辅导员关心关注的对象，防止他们出事、"捅娄子"是辅导员的重要任务。而花费在这两部分学生身上的时间基本上已经占据了辅导员的大部分"可用"时间（从现实来看，事务工作已然大大挤占了辅导员与学生相处的时间）。这并不是因为中间群体不重要，恰恰是由于他们一般不给辅导员添乱，比较好管理，又没有多少突出表现，不容易出镜，因此很难在辅导员有限的工作时间"出场"。但是在我看来，他们的沉默仅仅是一种表象，是一种尚未明确人生方向的"踌躇"，他们也有困惑和迷茫，也希望找到答案。仅仅是因为这样的学生很多，多到成为一个群体，作为其中的一分子他们深受群体氛围的遮蔽和相互关系的牵扯，在不甘和不愿的矛盾纠结中选择沉默，从而逐渐迷失了前行的方向，丧失了突围的勇气，活在了随遇而安、得过且过中。

沉默意味着什么，可能是这些学生口中的"低调"，也可能是他们所谓的"不出风头不惹事"，但身处其中的他们可曾意识到那份矛盾与纠结带给自己的后果？"不在沉默中灭亡，就在沉默中爆发。"似乎厚积薄发之人少有，自甘"沉没"者甚多。不争不求不抢固然能够体现一个人的气度，但这并不是在学习、工作和生活中选择沉默的借口，相反"敢为天下先""力争上游""勇立潮头"才是一名大学生应有的姿态与担当。或许有一些学生已经意识到了但不敢迈出去，还有一些学生可能尚未意识到自己的短板与不足。作为辅导员，就是要清醒地意识到学生沉默背后的隐患，明白学生心中的焦虑。他们同样有着自己的理想和目标，可能不明显、不清晰，但不应被忽视；他们同样有着自己的困惑与不解，可能不愿说、不敢说，但应该被解答；他们同样有着自己的诉求与利益，可能不光鲜、不亮丽，但应该被回应。作为辅导员，不应忘记因材施教在今天的价值和重要性，不能漠视"沉没"的代价与后果，即使工作再忙，时间再少，也应该给予这些学生必要的关注，也许你在比赛之外的一次对话和一些了解，就可以打开这些学生的心扉，点燃他们的激情，增加他们更进一步发展的可能。

二、投入真正的关爱，助其滑动前行的浆

人都是有情感的高智商动物，人与人之间打交道不能只停留在冷冰冰的事务接洽上，必要的感情投入也非常重要。作为一名辅导员，更应该懂得情感的重要性。无论是成为学生的"知心朋友"还是更高层次的"人生导师"，都必须以拉近与学生之间的距离为前提，倘若学生总是疏远辅导员，惧怕辅导员，就根本谈不上教育引导学生。因此，作为辅导员必须投入真感情，真心关爱学生，而不是把学生放在就事论事的位置，把学生当作教育管理的"试验田"。

中间群体的学生其实也有自己的理想和目标，他们的"沉默"很多时候并不是源于性格原因，而是一种渴求关爱但不知如何索取的纠结。一旦理顺纠结，打破尴尬，这些学生就能够表现出不同于往常的活跃。最典型的就是我熟识的几位中间群体的学生，他们在网络世界异常活跃，但是在现实生活中，除非你和他很熟，很要好，否则他们就会选择"闭嘴"。面对"沉默的大多数"，辅导员不能因为他们不惹事、不犯事而庆幸，相反，辅导员应该投入更多的精力融入这些学生的生活世界。这种融入，正是为了打开他们的心扉，让那些沉迷于网络世界的"意见领袖"成为现实世界的"精英学子"。打开心扉，靠的不是信誓旦旦的保证，而是真实的感情投入和日常的娓娓道来。这至少包含三个方面：

第一，关爱是心贴心的交流。作为辅导员是否投入了真感情，学生可以感受到。是公事公办还是嘘寒问暖，不能仅凭形式上的表现，关键是拉近心的距离。例如，学生准备考研，我们安排了慰问品、接送车，把可以做的后勤工作做足，这对于学生来说最大的印象是什么呢？我想，除了感谢学院领导老师的重视之外，或多或少都会隐含着公事公办的心理。可能领导们因为自己的身份特征和工作性质难以与学生进行经常性的交流，但是作为辅导员不能仅仅满足于这些后勤工作。学生考研，物质鼓励仅仅是很小的一部分，关键是精神激励。这种精神激励就是一种心贴心的交流。很多考研的学生都是"沉默的大多数"，他们没有足够精彩的成绩为其赢得保研的机会，也不会像那些得过且过的学生"划水""躺平"，他们把考研当成自己"出人头地"的重要机会，他们不允许自己在这场"没有硝烟的战场上"落败，因此伴随着巨大的付出，他们的压力可想而知。如何缓释他们的压力，仅靠"慰问""接送"这些常规操作远远不够，学生更加需要的是一次饭后的谈话，一句课间的加油……是不间断的陪伴、关注与默默地鼓励。只有这样，学生才能感受到"被关注"的幸福，辅导员才会有进一步了解学生、帮助学生的可能。

第二，关爱是长时间的输出。辅导员给予学生的关爱不需要大开大合，更忌讳高开低走，而是细节处见真情，微小处见关爱。不过，这只是表明了关爱展现出来的力度，并未说明关爱应有的长度。从人的成长过程来看，辅导员的付出不能仅仅停留在大学四年，但考虑到辅导员的工作属性以及学生的发展规律，这四年间的陪伴尤为重要。面对"沉默的大多数"，辅导员应该付出更多的时间。打开一个人的心扉很难，打开"沉默者"的心扉更难。一次对话解决不了问题，那就用四年去解决。影响一个学生从来不能用"性价比"去衡量，否则学生就会成为辅导员讨价还价的"工具"，好谈就谈下去，不好谈就不谈，这不是一个负责任辅导员应有的态度。相反，辅导员越是面对习惯沉默的学生越要投入更多的时间和精力。这既是来自学生的考验，更是辅导员赢得学生信任的机会。当然，长时间的输出并不表示见面的频率一定要高，一周见七次既不必要也不实际。相反，把握住学生成长关键期的时间节点，在学生最需要帮助的时候及时出现，就能很好地体现"人生导师"的价值。换句话说，长时间的关爱也需要讲究工作艺术，这绝不是辅导员在追求"性价比"，相反辅导员投入了更多的精力和时间以弄清楚怎样做才能让学生获得最好的成长。这种负责到底的态度值得拥有，更值得坚持。当长期的情感输出能够带来由辅导员主动联系学生向学生主动联系辅导员的转变时，这层"沉默"的壁垒就会逐渐打破，关爱才具有了进一步渗透的可能。

第三，关爱是有条件的奉献。尽管我们说辅导员不应追求"性价比"，应该对学生负责，但这并不表示辅导员的关爱没有要求。相反，学生需要实现辅导员的期许，这样关爱才有了价值。倘若学生一味索取，辅导员一味付出，非但不能达到育人效果，反而会演变成"周瑜打黄盖"的闹剧。因此，满足辅导员的期许是这份关爱持久不变的前提。当然，仅仅是满足辅导员的期许并不能长久维持师生间的关系，辅导员必须将这种期许内化为学生自己的需要。换句话说，辅导员的期许恰恰是学生自己的人生追求。"沉默的大多数"尽管日常表现较为"低调"，但并不表示他们没有想法，没有抵触情绪，一旦

245

辅导员要求过多、期许过高，很可能导致学生的抵触心理，将好不容易建立起来的信任关系摧毁。所以，辅导员需要在与学生的日常交流中及时说明自己的用意，帮助学生明白自己这么做的目的，让学生充分意识到辅导员的良苦用心，并且切身体会到人生成长的艰辛与努力付出之间的关系，充分信任辅导员，积极配合辅导员，让自己走出自我束缚的心灵圈子，将自己的目标、规划、要求告诉辅导员，主动探寻人生成长的可行路径。这样，辅导员的关爱才具有了真正的价值，这份有条件的付出才会变成学生虚心接受的财富。

三、给予人生的点拨，助其照亮奋斗的路

拉近与这些学生之间的距离，逐渐打开这些学生的心扉，仅仅是防止他们自甘"沉默"，有了进一步对话的机会，从而避免出现"沉没"的危机，但这不是辅导员育人工作的最终目的。这里可以用《反脆弱》一书带给我的启示加以说明。一个杯子从一米的位置落到地上碎了，说明这个杯子很脆弱。但是，如果它没有摔碎并不能表示它反脆弱，而只能说明它不脆弱。只有当杯子在不碎裂的前提下反弹起来时，才说明它具有了反脆弱的属性。真正的反脆弱是能将压力转化为动力，实现个人跃迁的能力。可见，辅导员在面对"沉默的大多数"时，不能止步于学生的"不沉默"，而是要引导学生具备进一步向上攀登的勇气和能力，实现人生的自我超越，这才是我们努力的根本目的。因此，从这个意义上来说，辅导员可以做更多的工作，也应该做更多的努力。在这里，我提出三点建议：

一是要引导学生透过表象看到人生的真相。"沉默的大多数"并不是不会思考，他们之所以表现出沉默，很多时候就是因为对人生思考不彻底，对成长理解不深入，出现了无所适从的窘迫感。作为辅导员应该帮助学生进一步认清现实，从各种表象中找到人生的价值。当然，看透表象并不容易，他们往往包裹着"糖衣"，让人甜在心里，欲罢不能，不肯舍弃。这反而如同枷锁一般，束缚了个人的发展，拖慢了个人的成长步伐。比如，我们的一些同学将"低调"等同于"沉默"，认为保持"沉默"实际上是一种"低调"的表现。不参与比赛，不举手发言，并不是我能力不行，实则是自己不愿意出风头。但当身边有人因为比赛和发言赢得掌声，甚至有所进步时，自己内心深处又会产生一丝不甘和嫉妒，以至于为了掩藏这丝负面情绪而继续用"低调"来哄骗自己。这就是典型的没有明白"低调"的真正含义，以表面上的"假清高"来遮蔽自己冲动焦躁的内心。因此，与其束手束脚、瞻前顾后、用莫

须有的理由说服自己，不如大胆尝试，突破心理瓶颈，勇敢地表现自己。要知道，真正优秀的学生从来不吝啬表现自己，但是，赢得荣誉之后，他们愿意分享自己的经验，愿意帮助更多的人，这才是"低调"的真意所在、谦虚好学之人的品质、打破沉默困局的有效之法。

二是要引导学生无惧挑战、赢得人生的转折。"沉默的大多数"之所以选择沉默，一个很关键的原因就在于害怕失败。"失败"不仅仅表现为一次比赛、竞选的胜负，大到"考研"，小到"回答问题"，都能让学生与失败联系起来。辅导员要善于发现学生日常生活中的小挫折、小挑战。沉默往往都是源自这些小困难带给自己的负面感受。当然，这种情绪变化并不一定源于高校，很可能在中学甚至小学期间就留下了"病根"，辅导员无法追溯学生的过去，但至少可以在学生进入大学时尽早做出处理。倘若在小困难面前裹足不前，何谈在人生的重大选择面前做出决定呢？实际上，小困惑、小难关并不难处理，之所以学生难以突破，关键是心理因素在"作祟"，他们总是偏执地认为自己能力不行，条件有限，"不一定"能够处理好这些事情，甚至会觉得自己万一做得不好，反而会让其他人"耻笑"。因此，鼓励学生勇敢试错就是战胜生活挫折、走向人生转折的必经之路。切忌让学生产生一劳永逸的想法，不要误以为一次性"豁出去"就能解决问题。相反，越是正视内心变化，越能克服恐慌情绪，离成功也就越近一步。如果遇到问题就畏首畏尾，不愿意正视缺点，反而选择逃避，那即便沟壑再小，学生也无法跨越。因此，辅导员不要"急功近利"，更不能"揠苗助长"，而要给予学生足够的时间空间，积极引导他们一步步来，只要迈出了第一步，就继续鼓励他们迈出第二步，说不定第三步迈出去时，出现在眼前的就是"柳暗花明又一村"了。

三是要引导学生持之以恒，执着人生的道路。"人生没有回头路，迈出去就不能停下来。"这是我经常告诫学生的一句话。人生道路上的挫折不断，我们正是在一次又一次的克服和战胜中走过一生的。人的一生不可能一帆风顺、风平浪静，尤其在青年时期，经历一些跌爬滚打未尝不是好事。伟大的思想家马克思在进入大学时也经历了一段"游手好闲"的日子，而对"人类幸福"的执着追求帮助他最终战胜了对世事的迷乱，而走上了一生为之奋斗的革命事业。如果说作为一个单纯意义上的职场人，他"失败透顶"，那么作为一个为全人类而努力奋斗的先驱者，他却功勋卓著。"沉默的大多数"也有理想，也有抱负，暂时的迷茫不是错，"人非圣贤，孰能无过"，但在醒悟之时不敢挣脱生活的牢笼就是自己的问题。年轻的学生可能会因为一些原因选择停滞、逃避，但是作为"人生导师"的辅导员必须勇敢地站出来，为学生指明前行的道路，并且始终激励学生坚定地走自己的人生道路。我们不惧怕困难，一起来扛；我们不逃避挫折，一起来战。与其怨天尤人，不如执着前行。我们的身旁从来不缺乏前行者，只是有些人慢一些，有些人快一些。别总是往下看，也不要往后看，终点既然在前方，那就鼓足勇气冲上去。

总而言之，沉默不可怕，可怕的是知道沉默但不愿战胜沉默；沉没很可怕，但只要我们看清并不弱小的自己，扬帆远航就能战胜它。各位辅导员，请看看身边学生中的"沉默者"，努力推他们一把，勇敢踏浪前行！

班级凝聚力如何"聚"

这两天和学校里的几位年轻的辅导员进行了一次座谈，一位辅导员提到了班级管理问题，她认为，在现在的高校，由于学分化管理已为既定事实，教室上课和寝室居住成为学生的一种生活常态。同学们更愿意和熟悉的人走在一起，玩在一起，学在一起，区别于大班级的小团体成为学生群体的"代名词"，而"冷冰冰""机械化""流动性"较为突出地呈现在大大小小的班级中。

很显然，这并不是学生群体中的个案，而是在管理班级中遇到的现实瓶颈，面对班级凝聚力建设的诸多困境和窘境，不少年轻的辅导员虽然急在心头，却计在心外。因此，这一次的座谈交流给了我一个很好的学习和反思机会。针对这个问题，我也提纲挈领地表达了自己的一些观点并提出了一些建议。以下，是我在座谈会上的思考与想法。

一、制度执行是强化班级凝聚力的保障

国有国法，家有家规。作为一个班级，同样需要具有自己的管理制度。好的制度具有强大的约束力，能够有效规约学生的日常行为。但是制度真正发挥效力，关键取决于执行制度的人，这个"人"就是学生。也就是说，作为制度的执行者，他们同时也是制度的制定者。对于学生来说，制度的执行绝对不是由外而来的强制，这样的制度管理很可能引起学生的抵触情绪，以至于用一种敷衍了事、疲于应付的状态对待自己和他人。制度的有效执行必然是由内而外的自我认同和自觉行动。这种自我认同和自觉行动，要求制度是"共约制度"，有着应有的公平性，并且更为重要的是符合学生的成长诉求。

（一）"共约"才有公约

既然是班级的制度公约，制度就具有了普遍适用性，在其执行力和影响力上，每一位同学都受到规约和引导。那么，什么样的制度才能发挥普遍性呢？在我看来，主要有以下三点：首先，制度的制定以全班同学的共同协商为前提。从流程来看，作为班委首先应该形成班级制度的基本框架，例如，班级制度需要涵盖哪些方面，一项班级制度包含哪些模块等。在形成草案的基础上，寝室长在各寝室内部进行意见征集，必要时召开寝室长会议针对同学们的意见进行讨论，最终形成班级制度的草案。之后，通过召开班会，针对制度内容进行全班范围内的交流讨论，对于制度中的细节问题实施进一步完善和调整，最终形成一份由班委策划与主导、同学参与修改的制度。这样一份"群策群力"的文件才具有了"公信力"。其次，"最大公约数"效应是制度得以执行的核心。这就是要求制度应当得到绝大多数同学的一致认可。一个好的班级管理制度绝对不是少数学生的"保护伞"，而应该是站在学生群体的利益之上，满足最广大学生的成长诉求。试想，如果制度制定之后，并没有在学生的日常学习、工作和生活中促进学生的成长与发展，保护学生的合法权益，那么这样的制度就仅仅是一纸空文。当然，满足绝大多数学生的根本利益绝不是简单意义上的"迎合"。一些看似短期具有"有效性"的"班规"并不符合学生的长远发展，就必须大刀阔斧地调整。最后，制度反馈与更新是班级同学持续遵守的保障。一个好的班级公约还必须随着学生的发展和客观环境的变化做出适度的更新与调整，否则就是"死板一块"。例如，在大一的时候，我们可能会要求学生实行晚自习制度，目的是培养学生主动学习的习惯，但随着学生升入高年级，主动学习的习惯有所养成，就不需要继续执行晚自习制度，应当给予学生更为自主的学习空间，否则会让学生产生强制学习的印象。另外，在执行制度的过程中，辅导员要定期听取学生们的意见和建议，好的制度要保持，不好的制度要改善，保证学生始终在合情合理合法的规章制度下生活。而听取学生们的意见本身，也是尊重学生的发言权和维护学生的正当诉求，这会进一步增强学生的主动性和参与班级管理的热情。

（二）"奖惩"理应并举

共同约定的"公约"同样应该具有"良约"的属性。所谓"良约"，就是在共同约定的前提下，保证约定者合法诉求和持续发展的公告制度。合法诉求的满足不仅需要"扬"，同样需要"抑"。也就是说，我们既需要在制度层面体现"奖励"的一面，同样也需要具有一定的"惩戒"措施。之所以辅导员在日常工作中，有时候无法有效管理学生，一个很重要的前提就是辅导员"心慈手软"的处事态度，一种溺爱式的包容和呵护，生怕学生因为一些惩罚而产生消极情绪。实际上，造成辅导员这种行为的原因主要有两个：一是因为部分大学生习惯了在积极情绪管理下生活，更加乐于接受正面教育，更加关心奖励的索取与占有，在和他人进行比较时也更加关注自己的利益所得。一旦遇到了挫折或者批评，就会产生负疚感和不公平感。例如：别人比自己获得的多，自己反而没有得到应有的奖励就会感觉不公平，把公平的标准主动框定在付出与索取的比例关系上。容易被眼前的利益蒙蔽，看不到长远发展中可能存在的挫折与挑战，习惯于在"即时满足"中界定自我。另一个原因就是辅导员"多一事不如少一事"的工作心态。试想，在奖励面前大家工作都好开展，带动学生的效果更好。但是如果因为惩戒而让一些学生产生负面情绪，还需要花时间去开展学生的思想教育工作，甚至会带来一些不必要的麻烦，反而让辅导员产生"烦扰"的情绪。因此，我们的一些辅导员更喜欢用奖励激励学生，而不喜欢用惩戒规约学生，但这样的认知和行为就会使得制度的公信力和管控能力大大降低。尽管我们并不提倡把学生管"死"，但是有效管理的关键因素之一就是奖惩分明，这样学生才会形成真正意义上的公平感，而辅导员只有摆脱"多一事不如少一事"的心态，不避讳，不退让，不烦闷，充分重视其自身作为思政工作者的担当与责任，才能真正了解学生，走近学生，调动起学生的积极性，把握住学生的成长脉络，继而发挥好"人生导师"与"知心朋友"的作用。

（三）"发展"贯穿始终

一个好的制度最终目的不是为了管住人，而是为了让人更好地发展。班级管理制度应该体现出对学生发展的重点关注与持续支持。很多时候我们把精力放在了制度管控上，殊不知在规约之下更应该呈现出"为何如此"的目的。举例来说，班级管理制度中最常见的就是"考勤制度"，考勤制度主要针对的是第一课堂的到课率问题。我们的主要做法就是辅导员或者班委进行点名，了解每节课的出勤率，如果没人迟到或者旷课，则皆大欢喜；如果有的话，一般情况下辅导员就会找当事人进行谈话，要求说明原因。而原因也是五花八门，例如，"睡过了""忘记了""早上身体不舒服""老师的课程我觉得听不下去"……当这些问题出现时，制度的约束力其实并不能发挥真正的效果，因为对于学生来说，当他觉得旷课和迟到不会给自己造成太大影响时，就不会真正放在心上。此时，只有惩戒力度足够大，才会引起学生的重视。比如说，我们在党课班学习时，如果请假超过两次或者旷课达到一次，取消发展资格。此时因为发展资格对学生的重要性很大，所以学生不敢也不会选择旷课，然而在我们的日常管理制度中，这样的约定并不能太多，如果遇事就用这样的制度去管理学生，只会在一定程度上加深学生的紧张感与畏惧感。虽然短时间可以起到立竿见影的效果，但长期下来只会使学生的压力激增，甚至出现更严重的后果。因此，恩威并施可以增强学生的公平意识，但是进一步的教育引导才是关键。说到这儿，我要指出，好的规章制度要能体现出学生最为关注的"诉求"——发展。好的制度背后一定要有这样的意义。仍以考勤为例，如果在制度制定中，"共约"的同学们可以找到旷课两次就予以一定惩戒的价值，其目的不仅仅是警醒学生，更重要的是让他意识到在学校不能正确对待自己的学习和课程，就是对自己人生的不负责任。逃一次课无所谓，但是养成这样的习惯所带来的危害就是无穷的，甚至遇到挫折和不如意就选择逃避，用各种借口去搪塞他人甚至欺骗自己。最终辅导员、任课教师、同学并没有什么损失，自己却因此失去了很多。辅导员应该在制度制定和学习中让学生们领悟到上述意义，这也正是大一新生进校参加校纪校规考试的真正目的。

二、"三度"融合是强化班级凝聚力的关键

如果说制度管理更多是由外入内的过程，那么"三度"融合就是学生主动提升班级凝聚力的方法。"三度"融合起源于社会网络研究，最初由英国著名的人类学家布朗（Radcliffe Brown）提出。"三度"即"度中心度""中介中心度"和"特征向量中心度"。班委如果能够提升这三个度，或者说一个班级中的核心骨干能够有效提升这三个"度"，就可以更好地强化班级建设，提升"我为班级，班级为我"的自觉意识。当然这并不是说"三度"仅在班委中才存在，任何一个学生都有机会和必要提升这三个"度"。只要你生活于一定的社会群体中，提升"三度"就是强化你的价值，继而促进集体共同进步的关键方法之一。

（一）提高"度中心度"，让彼此熟识

所谓"度中心度"，就是指一个人在群体中被认识的程度，一个人的"度

中心度"越高，认识这个人的人数就越多。举例来说，在一个微信群里，最先被认识的一般都是群主，因为通过群主大家可以加入这个群。我时常参加一些学术论坛，论坛的联系人就是我最先认识的人。这些联系人的"度中心度"一般都很高。一个新生班级在建设初期，哪些人可以成为"度中心度"最高的人呢？答案比较明确：军训期间的学生负责人或者在新生群与其他同学联系最为紧密的人。"度中心度"高的学生，不一定能够认识其他所有人，但是其他所有人却因为他的组织与安排能在最短时间里认识他。这为今后形成一个相对稳定的班集体奠定了基础。这样的学生作为"群主"具有了一定的话语权，实现了 A 到 B 的联系。但是仅仅拥有较高的"度中心度"并不能真正形成凝聚力强的班集体，这是因为"度中心度"解决的是我认识你的问题，认识你的人越多只是给予了你凝聚他人的可能性，而不是必然性。一个人若想真正起到整合群体的作用，必须让他人产生"需要你"的意识。这种需要不仅仅是需要 A，也有可能是通过 A 找到 C，从而满足自己的需求。这就是 C—A—B。在班级中，班委具有先天成为 A 的优势，但是只有班委真正发挥"纽带"作用，成为联通学生与学生、学生与老师的"桥梁"，甚至是直接满足学生的合理诉求，才能突破"度中心度"的局限，升级到需求层面，增强被需要感，体现自身价值。

（二）提高"中介中心度"，让彼此需要

"被需要"是体现一个人乃至一个群体价值的重要标准，"被需要感"越强，这个人或群体的价值就越大，我们将这种感觉称之为"中介中心度"。在班级中，除了班委，有一类学生群体同样应当受到关注却容易被忽视，那就是所谓的"意见领袖"。他们不像班委那样处于班级的显著位置，通过各种活动和通知去联动学生群体。这类人群一般比较隐蔽，往往存在于网络群体中，相较于班委，他们更喜欢在线上发声，他们有一定的正义感和公平意识，在"沉默的大多数"或者"纺锤体"中间段的学生中具有很高的影响力，似乎他们更加代表大多数的利益。为什么"意见领袖"的作用如此大，很重要的一个原因就是他们很好地抓住了学生的一种心理，即学生与学校之间有着一种不自然"对立"关系，这种"对立"关系尽管在理论上并不成立，但是在实际生活中因为一些政策和做法而"无奈"的存在。比如，学院安排学生参加一个论坛或者活动，如果通知的是每个班必须来几个人，就会给学生产生一种"凑人数""走形式"的感觉，一次可以，多次之后学生就可能会产生抵触情绪，会将这种集体参与的活动当成是学校不负责任的强制工作。此时，"意见领袖"就会以站在大多数同学的立场来发声，就很有可能使工作陷入僵局。当然，举这个例子的目的是想说明，我们身边是存在这样的"意见领袖"的，他们作为代表也仅仅是表达了不少普通学生埋在心底的声音罢了。因此，如果我们可以认真倾听学生的需要，将班委真正培养好，让他们成为同学心中的"意见领袖"，既能够代表学生发声，又能够将学校、学院的工作目的很好地传达给学生，从而形成和谐融洽的关系，让学生充分意识到自己被理解、被认同，自然也就和班委、学院、学校走到了一起。当这种"对立"感逐渐消失，我们才可以真正引领学生健康成长。

（三）提高"特征向量中心度"，让彼此成长

如果说，学生骨干或者群团组织满足了其他学生的需要，实现了中介中心度的提升，那么被满足的学生能够进一步帮助他人，实现共同成长，则说明学生骨干或群体组织的特征向量中心度高，班级的凝聚力就会得到进一步的提升。可以说，群体诉求的有效满足是巩固班级建设、真正达到团结的核心要素。可以预见到的是，当我们的班委为学生提供了进一步发展的可行路径或者机会，例如，为同学们组织了一些素质拓展活动或者讲座，但是结果却不尽如人意，这会降低学生对班委的公信力。而一旦大部分学生从中受益良多，并且可以在此基础之上影响和帮助他人，同学们彼此间的联系就将越发紧密。每年我们都会评选各类"十佳"，例如，十佳大学生、十佳班集体、十佳学生会等，我们评选的目的并不是为了凸显谁比谁优秀，而是要从中看到班级的示范效果、优秀大学生的引领价值。试想一位优秀的大学生不仅赢得了自己的成绩，同时也在班级中发挥了桥梁纽带的作用，帮助到了身边同学，起到了朋辈帮扶作用，让大家同样获得进步，这样的大学生才是真正优秀的大学生。面对今天在高校中"精致的利己主义者"现象，我们更应该强化学生的"特征向量中心度"，用先进带动后进，让身边榜样发挥示范引领功能，从而培养更多的优秀学生。作为一个班级，这样的学生越多，班级的凝聚力越好，班委越能把大家的成长放在心上，同学们对班委的支持力度就越高，班级的向心力就越大。当然，特征向量中心度的一个重要考量要素是"帮助过的人在帮助他人时的代表性"，也就是说，特征向量中心度高的组织或者个人，不仅仅要看他们帮助的人的成长空间有多大，也要看帮助之人在帮助其他人时表现出来的能力和效果。如果班委给身边的同学带来了变化，

但同学们仍然是各顾各的，丝毫没有为他人付出的意愿，那么"特征向量中心度"就无从体现，这样的班级仍然是凝聚力不够的。因此，若想真正提升一个班级的向心力和凝聚力，我们的同学们必须突破"小我"的利益局限，站在"我发展就是为了他人进步"的高度，才有可能实现真正的班级团结。

三、文化建设是强化班级凝聚力的灵魂

一个班级的制度解决的是规约问题，让学生在合理合法的空间内自由发展。一个班级的"三度"使得班级有了主心骨，有了领头羊，让大家的成长与发展都有人带领。而在此基础之上，同学们应该成长为什么样？领头羊将大家带到何处，就是班级文化建设需要正确解答的问题。它不仅关系一个班级的精神风貌，更关系一个班级的发展方向，它就像个体与个体间的黏合剂，让彼此的联系有了价值共鸣，形成"学习共同体"贯穿于大学四年。可以说，班级文化建设绝不仅仅是一时之事，从建班之始就需要明确，在管理之中逐步渗透与融化，并通过阶段性的成果和努力打造的品牌得以彰显和反馈，继而影响他人，助力彼此。

（一）在建班之前明确目的

正如很多企业都有自己的运营目标，班级建设同样需要自己的建班目标。准确地说，即我们希望打造一个怎样的班集体。它往往和一个班级的班训、班徽等内容直接挂钩。虽然在整个班级的管理过程中，我们会不断修正自身的建班思路，但整体上向善向上的班级理念是不会改变的。例如，我们可能希望打造的是"学习型班集体""创新型班集体""活力型班集体""志愿服务型班集体""学术型班集体""互助型班集体"……不同的建班初衷可以为班级后续的工作规划提供思路和方向。好的班集体一定要在建班之初明确自己的目标，只有这样，在日后的管理过程中才有可能朝着一个方向不断前进。当班级建设出现偏轨时能够及时纠正回来。当然，建班目的绝不是随便想出来的，它需要经过慎重思考，毕竟未来四年将围绕这个目的推进班级建设。因此，至少需要考虑好以下几个因素：第一，学生的整体发展诉求。这是班级文化建设中不可或缺的第一个要素。它集中体现在班训之中，例如，求真向善、砥砺奋进、至善致远等。它指向的是学生的整体发展，希望每一个学生实现这样的发展目标；第二，学校的整体文化氛围。班级文化建设虽然不提倡千篇一律，而要凸显自己班级的个性化特点，但是这种特殊性是在学校

整体的文化框架下确立的。我们追求标新立异，但是不应该特立独行，以至于与学校发展格格不入；第三，社会的整体价值导向。这是在宏观层面强调班级文化建设的精神方向。今天国家倡导弘扬社会主义核心价值观，无论从国家层面、集体层面还是个人层面，都和每一位同学息息相关，班级文化建设好同样应该彰显社会主义核心价值观的精神价值，或者说社会主义核心价值观在班级建设上落细落小落实。因此，一个好的班级文化建设需要在班级、学校、社会文化三个层面仔细揣摩，融会贯通，将个人成长融入学校发展和社会进步之中，提升学生的社会责任感，为培养有理想、有本领、有担当的时代新人提供文化支撑。

（二）在管理之中融入理念

建班之初明确管理目标仅仅是打造具有凝聚力的班集体的第一步，能否有效落实这一目标，关键还要看班级在管理过程中的表现。如前所述，不同的建班目标意味着未来的规划和路径就会不一样。例如，一个班级如果将打造"学习型班集体"作为自己的目标，那么，未来大学四年班集体应该围绕学生的学习能力提升、学习成果呈现做文章。班级应该着重在"什么是大学学习""大学学什么""如何开展大学学习"等问题展开有效的沟通和交流，正如习近平总书记所说："真正把读书学习当作一种生活态度、一种工作责任、一种精神追求。"① 围绕这个目标，在日常生活中强化学习兴趣小组的组建，形成学习带头人机制，充分发挥优秀学生骨干和党员同学的模范带头作用，成立类似于"好习惯养成小组"和"坏习惯克服小组"这样的团队，从各方面、各环节强化学习的意识。与此同时，要定期举行学习分享会，针对理工科同学可以邀请学习能力强、学习效果佳的同学针对大家感兴趣的学习专题进行辅导讲座；对于文科同学可以结合学术难题和学科焦点开展讨论交流，邀请专业课教师分析点评；对于艺体类同学可以发挥演练优势，现身说法，用实际案例进行问题剖析和解答。再比如，如果班级希望打造成"志愿服务型班集体"，就应该注重做好志愿者的培训和培养，从大一年级就主动结合专业，利用好学院志愿服务平台以及学生会和社团，联系社会公益组织，开展体现专业属性、能够有效发挥专业优势的志愿服务活动。尽管志愿服务无大小，但是作为一名大学生，我认为做到理论结合实际，学以致用，才可以最大限度地体现出学生的优势。在同等条件下，专业的社会效益发挥越大，

---

① 习近平. 之江新语［M］. 杭州：浙江人民出版社，2007：175.

学生的专业认同感和社会服务态度会越高。每年各大高校都会举行暑期"三下乡"社会实践活动，尽管我们可以参与的服务有很多，得到锻炼的机会也很大，但是与其开展"无差别式""低层次"的帮扶，我更希望看到学生们在广阔的中华大地上用专业说话，打造属于自己的学院品牌，不要在同类型的支教服务中千篇一律，低开低走，而是在专业领域实现丰富多彩，百花齐放。说到这里，我必须强调一点，无论选择什么建班目标，采取什么样的规划路径，最终目的都是为了学生的成长与发展，希望学生可以强化专业认同，增强社会适应能力。因此，把握住主旋律，方法就不会错，路径就不会偏，班级管理才能始终处于正轨之上，同学们也会持续受益。

（三）在总结之后树立品牌

荣誉感和自豪感对于一个人、一个群体提升自我认同度是至关重要的。班级强化凝聚力，不仅需要每个人付出极大的努力，也需要看到努力的成果，这是激励学生们继续服务班级，打造好班级的动力源泉。而品牌树立是最能体现这种集体荣誉感的重要形式。品牌的树立绝不是短时间内就可以立刻呈现出来的。我在《典型选树重在"树"》这篇短文中强调："'树'是一个动态变化过程""'树'应该做出阶段性检验""'树'需要付出全身心投入。"阶段性的总结为品牌的树立奠定了前提和基础。同样以打造"学习型班集体"为例，经过一个学期的学习，班级的兴趣小组和习惯小组组建是否取得初步成效，同学们的学业成绩是否有所提升，好的习惯是否已经初步养成，这些都需要班级同学们在一起交流分享，对于做得好的继续坚持，对于做得不好的要及时调整，在动态变化中尽可能掌握学习规律，用一组组数据，一次次互动，一份份成绩单充实班级建设的支撑材料。经过两年左右的实践与完善，形成属于班集体的学习方案和方法，建构一套学习框架或模式，当然，这种模式并不是固定不变的，我在这里更多强调的是一种思路和理念，而不是照搬标准答案。一旦学生在科学的管理理念和学习方法下与班级同向而行，共同进步，这种集体荣誉感就会显著增强，"我为班级，班级为我"的价值观念就会更加巩固深入，这就是品牌树立带给学生们的最大益处。当然品牌树立绝不是简单意义上的评优评先，而是自内向外的一种责任感和获得感，是围绕班级目标，努力拼搏奋斗之后的价值彰显。既然品牌树立不是一劳永逸，那么总结本身就是动态阶段性的。我建议实施1月1回顾，1学期1总结，1年1凝练，经过2~3年的不间断培养，就可以基本形成一个优秀班集体的整体面貌。这些总结既包括纸质材料，也包括视频资料；既有图片，也有文字；既有过程性梳理，也有结果性整合，目的就是实现全员参与、人人共享的目标。

总而言之，班级凝聚力的建设问题不是仅靠寥寥几千字就可以达成的，我只是结合自己的工作谈了一些体会，今后仍需要在实践中不断总结和升华。为了把班集体建设好，绝不仅仅是靠辅导员起早贪黑、绞尽脑汁就可以实现的，它需要包括学生、辅导员、任课教师、学院、学校、社会在内的多方努力与支持，尤其是学生要充分发挥自我教育、自我管理、自我服务、自我监督的积极作用，勤于思考，善于思考，将个人融入班级，在班级中不断锤炼自己，真正成为班集体的一员，为班级建设添砖加瓦，贡献力量。

忽略了"为什么"得到的可能就是"凭什么"

尽管辅导员具有教师和管理者的双重身份，但是在高校中，辅导员的管理者身份时常"优先"于教师身份，对于学生的"管"多于"育"。"上有千条线，下有一根针"的工作境遇使得不少辅导员忙于事务而难有潜心育人的机会。"讲求效率"成为不少辅导员的工作思路。似乎在最短的时间里解决问题就是最好的结果。殊不知，没有过程何来结果呢？举例来说，一次讲座要求一个班级的同学作为听众前往参与，按理说作为辅导员首先应该详细了解活动的组织、背景和意义，应该站在培养学生的角度引导其积极参与。但是，如果辅导员忽视这些过程，仅仅以"命令"的口吻通知学生参加，就不可避免地遭到学生的反感甚至拒绝，这值得我们深思。实际上，作为辅导员接受上级安排呈现的是一种要求和接受要求的关系，但是辅导员和学生之间不存在这种上下级关系，而是教育者和受教育者之间的关系。作为教育者有责任在要求学生做什么之前首先说明这么做的目的，即"为什么"。否则，学生就会逐渐疏远辅导员，淡化彼此之间的关系，双方就变成了令行禁止，公事公办的"陌生人"。

为了化解这种可能出现的问题，辅导员必须重新审视自己与学生之间的关系，并且调整角色认知和工作方法，充分把握"为什么"背后的真正用意，对于"凭什么"所造成的危害及其深层次原因做出审慎分析，这样才能有效实现辅导员作为教育者的角色转变。

一、"为什么"是辅导员作为良师益友理应思考的问题

（一）"为什么"是辅导员角色认知到位的前提

相较于管理者的身份，辅导员更应注重履行其作为教师的使命。"师者，

所以传道授业解惑也。"释疑解惑是辅导员做好大学生日常思想政治教育的重要内容。"为什么"恰恰反映的是辅导员对于学生可能存在的不解、迷惑、质疑甚至不满给予科学合理的回应。若想讲清楚"为什么"，辅导员必须全面考虑工作涉及的各个方面、层面，既要想清楚、讲清楚事情本身对于学生的价值与意义，同时也要从学生的角度考虑可能产生的各种困惑和情绪。将问题尽可能地扼杀在摇篮里，并且做好向学生解释说明的准备。辅导员不是行政领导，作为教育者我们理应做到"育人为本"。循循善诱、润物无声才是我们的话语常态，倘若不顾及这些，而是以命令口吻要求学生做什么，那么辅导员的角色认知就会产生偏差，直至脱离应有的角色范畴，成为学生口头遵守、实则反感的对象。这对于辅导员成为大学生的"人生导师"和"知心朋友"是极为不利的。

（二）"为什么"是辅导员完善工作环节的保障

辅导员在开展工作中最忌讳的就是"一刀切"，若想成为学生可敬可爱的老师，绝不能以所谓的"统筹安排"回避学生的"个性诉求"。当我们落实一项工作时，总是会从"为什么"开始发问，这是一种负责任的态度，也是工作开展的必然流程，它属于"知、析、悟、行"四个环节中的"析"。举例来说，学校组织了一项第二课堂活动，由于学分较高，不少学生选择参加，但其中不乏一些"混学分"的情况。为了杜绝此类事件的发生，辅导员首先应该针对适合参加这个活动的学生开展动员工作，和他们讲清楚参与的价值，而对于那些"学分优先"的同学应该尽可能劝导他们参加其他对个人成长更有价值的活动。同一个活动在面对不同学生群体时，既有鼓励参与，也有劝导放弃。虽然方式和结果不同，但都是从活动对学生的正面意义出发的。通过这样一个环节，不仅可以让学生进一步认识到自身的优势和短板，将提升个人能力放在重要位置，同时也有效组织和引导了活动的正常开展，提升了工作的实际效果。可以看得出，仅仅增加这么一个解释分析的环节，就使得辅导员的工作更加有章法、更符合教育规律。

（三）"为什么"是辅导员强化教育效果的关键

教育效果高与低的关键取决于受教育对象的接受程度。愿意接受说明教育效果是较为明显的，而愿意接受的最重要前提就是受教育者知晓接受教育的目的与意义。思想政治教育根本上是做人的工作，若想提升育人实效，理应遵循思想政治工作规律，遵循教书育人规律，遵循学生成长规律，在充分尊重规律的前提下，用辅导员和学生易于接受的方式，向撒盐一样把思想政治建设融入学生的成长成才全过程。讲明白这么做的目的，即"为什么"。可以说，告诉学生"为什么"就是对教育规律的一种尊重。试想，在工作过程中，辅导员考虑到学生的接受程度，不厌其烦地将事情的原因和要求讲清楚，这会让学生真切感受到辅导员的关心和帮助，无论最终效果怎样，至少辅导员考虑到了学生的感受。这一环节的增加会最大限度地降低学生的负面情绪，提升学生主动参与的积极性，使得辅导员和学生之间达成一定程度的默契，从"命令"的管控中解脱出来，为构建和谐的师生关系提供机会，继而使得学生表现出乐于接受的精神状态，辅导员减少不必要的说教麻烦，教育效果也就在相互理解中得以实现甚至提升。

二、"凭什么"是学生对辅导员工作的正面回应

（一）"凭什么"是学生自我显现的一种情绪化反映

如果一个学生当面和你说"凭什么"，你可能会觉得这个学生情绪比较大。此时一些缺乏经验的辅导员会拿制度规范来约束学生，经验比较充足的辅导员会尽量做出解释，安抚学生的情绪。但与此同时，我们身边还有一些嘴上不说，心里却在默念"凭什么"的学生。这类群体的情绪反应难以把握却又必须重视。他们往往在日常生活中不会表现出什么"好与坏""喜爱与厌恶"，但只要牵涉到个人利益，或损害了所谓的"个人权益"时就会形成一股强大的力量，并且在"意见领袖"的带领下集中表达不满。此时，辅导员甚至会因为学生突如其来的情绪波动感到不知所措。由于当务之急就是"灭火"，所以辅导员在反复劝说和引导之下可能会缓解学生一时的负面情绪，但是一旦再次遇到类似事情，学生仍会表现出同样的行为，尤其是在互联网高度发达的今天，学生在网络社交群落中的"前呼后应"绝对是一股不可小觑的舆论力量。

（二）"凭什么"是学生和辅导员信息不对称的表现

这里的信息不对称一般表现为两种情况：一种是辅导员比学生知道得多，但是输出得少，以至于学生掌握的信息量不够，与辅导员的期望形成了矛盾。另一种是学生比辅导员知道得多（学生掌握的消息往往真实性欠缺，多为零散的信息），但由于信息的真实性有待商榷，与辅导员掌握的信息存在差距。两种不对称现象的背后既反映了辅导员本身对工作的投入力度仍然欠缺，也反映了学生容易被片面信息所掌控，缺乏全面理性的判断。在日常工作中，辅导员由于事务繁忙，在得知一件工作需要安排下去的时候，有时会选择"删繁就简"的方式来应对工作。一些辅导员更加看重结果，而不太关注学生对事情的反映，只要班干部将辅导员需要的结果上报以后，此事也就告一段落了。殊不知，学生可能已经产生了情绪，久而久之就会形成一张无形的压力网，在某个瞬间张开，继而对辅导员的工作造成阻力。与此同时，一些学生没有经过深思熟虑就胡乱表达自己对相关事件的意见，以所谓的"不公平""强制要求"等口吻不负责任地表达情绪，这同样会影响工作的进展，甚至会造成辅导员和学生间的信任危机。

（三）"凭什么"是学生质疑辅导员工作不到位的发声

辅导员有时候会过分看重自己"负责任"的态度，想当然地认为自己做的事情都是为了学生好，这是类似于"家长心态"的表现形式。这么想的结果会导致辅导员人为地用自己的主观认识替代学生的理解，忽视了部分育人环节。如上所述，有时候学生和辅导员接收到的信息是不对称的，这牵涉到信息源、信息渠道、信息理解等多个方面，一旦忽略这些因素的影响，就会像多米诺骨牌一样带来意想不到的结果。因此，无论学生是当面表达"凭什么"还是私下里用其他行为表现出"凭什么"的回应，实则都是学生对辅导员工作本身的一种不满。如果辅导员只是一味地批评、教育学生，而没有深层次地思考学生行为背后的原因，就无法在根本上杜绝此类事件的再发生。当然，这也不是要求辅导员一味迎合学生，而是要做到有理有据有节，该鼓励的积极鼓励，该制止的严令禁止，但无论怎样都需要拿出应有的工作态度，而不是采用"结果决定一切"的办事手段，无视学生的基本诉求。

三、辅导员多说"为什么"意味着学生少讲"凭什么"

（一）辅导员要懂得育人是慢工出细活，切忌一刀切

不可否认，辅导员忙于事务工作是一个不争的事实。但是，这不是我们一味讲求效率的当然理由。教育本身有很多不可或缺的环节，缺少这些环节，教育本身预期的效果就达不到。一时的效率会损害教育本身长期的效果。因此，辅导员在开展工作的过程中要做到深入思考、审慎判断，多想想为什么这么做。我们这支队伍是学生的"人生导师"和"知心朋友"，无论哪个角色身份都不允许我们忽视对学生的教育引导。举例来说，当涉及会议、讲座

等活动时，我们既要说明讲座本身对学生知识提升的重要作用，同时也要讲清楚参加会议和参与讲座同样是学习授课技能、加强人际交流的好机会。一次讲座不仅仅是学生获得"听"的机会，更是获得"问"的机遇，而每一次参与提问都是锻炼自身胆魄和增强临场反应能力的重要机遇，这样的过程经历越多，学生成长的空间也就越大。因此，作为辅导员应当在想清楚这些价值和意义之后，及时传达给学生，并经常鼓励学生多听报告和讲座，抓住一切可以提问的机会，解答困惑，提升能力。

（二）辅导员要明白尊重学生远比要求学生更能打动心灵

学生之所以会表达"凭什么"，不仅仅是因为事情本身没有获得学生的认可，更为关键的是学生感受到自身没有被足够尊重。由于辅导员习惯于"管"，久而久之就会产生学生"听话"的认知误区，但实际上学生真正接受辅导员的要求是因为辅导员充分考虑到了学生的诉求，是站在学生的角度做出的决策，这是对学生的一种尊重。马斯洛的需要层次理论中，"尊重"的需要占据着非常高的位置，它可以分为内部尊重和外部尊重。内部尊重是指一个人希望在各种不同情境中有实力、能胜任、充满信心、能独立自主，内部尊重就是人的自尊"外部尊重是指一个人希望有地位、有威信，受到别人的尊重、信赖和高度评价"。① 很显然，辅导员对学生保持足够的尊重，就能使学生不断增强信心，体验到努力学习、工作和生活的价值，继而主动投入进去，从"要我做"转变到"我要做"。

（三）辅导员要清楚凡事想想"为什么"是不断超越自我的体现

一个能力出众的辅导员绝对是一个喜欢思考、善于思考的辅导员。辅导员倘若把工作做好，需要掌握的知识有很多，但同时需要处理的各种关系也很复杂。作为辅导员应该坚持"问题导向"，讲究日常工作的方法策略，不仅要思考事情本身的缘由，更要思考学生与事情之间的必然联系，"这么做对学生有什么价值？什么影响？什么效果？"而不是一味地以同一种态度处理任务。现在一些辅导员总是以工作繁忙作为拒绝思考和懒于思考的理由，殊不知越是这样，工作越会深陷事务泥潭，大量的精力可能会用来解释或者回应不必要的"麻烦"，直至损耗辅导员的工作精力，使其陷入职业困境之中，更严重的产生职业倦怠。因此，辅导员要善于总结工作经验，探明工作规律，

---

① 王文璐. 马斯洛需求层次理论及新生代应用分析［J］. 互联网经济，2020，12（12）：85.

改进工作方法，给予学生足够的认知空间，增加对话机会，保证工作完满落实。只有这样，辅导员才能突破自身的职业瓶颈，超越以往的局限认知，获得更大的发展空间。

　　总而言之，若想让学生积极主动地参与活动，配合做好日常思想政治教育和管理工作，辅导员就必须摆正角色位置，给予学生更多关于"为什么"的回应，让学生在春风化雨中明晰道理，努力前进。这是辅导员应有的工作态度，更是遵循教育规律的有效行为。

"人生导师"的变与不变

　　前段时间我在网上看到了一个转载量颇大的帖子，大致是问"高校辅导员到底是怎样的一个存在"，大量罗列的数据和任务既在情理之中也在意料之外。情理之中是因为作为辅导员"攻克"一个个问题早已是家常便饭，意料之外是因为我们要解决的大事小事竟然如此之多。教育部相关文件中虽然对辅导员的角色定位给出了官方说明，但在现实工作中这种定位相对"形象""模糊"，并且隐射着"权责不清""边界不明""事务杂乱"等现实问题，似乎官方的统一认识和民间的各种理解出现了不和谐的局面。政策文件、主流媒体似乎始终在强调辅导员不可替代的价值，但是现实中仍有很多辅导员在为学生的请假问题而大伤脑筋。我并不否认请假问题的重要性，只是我们的辅导员埋头于日常事务时能否仰望星空。重新思考一名辅导员应有的价值。换言之，我们被赋予的"人生导师"角色是不可替代的。我们也应该更好地把握国家、社会、学生对辅导员的这份期待。

一、"人生导师"是对辅导员理想角色的一种表述

　　这里的理想角色并不是一种理想化的角色，而是可以由此岸通向彼岸的可预见角色。这种角色认知在今天仍然是一个不断摸索的过程，或者说它的角色内涵仍然是不确定的、存疑的、有待商榷的。但不管如何，从总体来说这个角色被赋予的使命聚焦于大学生的人生成长与发展。如果将所有的专业课教师称之为学业导师（他们同样肩负着育人职责），那么辅导员就理应承担起"人生导师"这一角色。实际上，对于这一角色存在的必要性我们不存疑虑，也就是说在高校里面应该而且必须能够肩负起"人生导师"的重责，否则仅凭老师们在课堂上的苦口婆心，收效是有限的。所谓术业有专攻，好钢用在刀刃上，这样一批专业人才的存在对学生的成长必然起着至关重要的推

动作用。但问题是谁来做呢？任课教师无法承担，因为他们的核心工作是教学。管理人员去负责吗？显然不切实际，他们每天完成从上到下的各种任务已然分身乏术，哪里还有时间与学生畅聊人生呢，而且受制于中国"传统"思维的影响，学生与行政干部之间似乎总是无法达到教师与学生之间的亲密关系。撇除这两大群体，重任就不得不落在同样兼具二者身份又不在二者之内的辅导员肩上，这种角色赋予更像是被动强加，而不是主动争取，似乎是制度变迁的被迫结果，但是在我看来，正是因为特殊的历史成因和政策背景，才使得"人生导师"角色价值在辅导员群体之中得到了一定程度的体现，而这种体现就隐含在角色"变"与"不变"的内在逻辑之中。

二、"人生导师"变与不变的内在逻辑

辅导员作为"人生导师"并不是一个固化的角色定位，从他的功能、性质、角色构成以及实践路径来看，既有相对稳定的特征、规律可循，也有因事而化、因时而进、因势而新的工作变革。因此探明这一角色本身的变与不变，对于我们准确把握工作内涵、找准工作焦点、走稳工作道路具有十分重要的理论意义与实践价值。

（一）功能之变立足于宗旨不变之上

从《高等学校辅导员职业能力标准（暂行）》中可以看到，关于辅导员的职业功能涉及思想政治教育、党员和班级建设、学业指导、日常事务管理、心理健康教育与咨询、网络思想政治教育、危机事件应对、职业规划与就业指导以及理论和实践研究九大方面，从工作内容来看则更加细化，初看之下会觉得毫无头绪，任务繁重，无从着力，但如果仔细分析后我们可以看到，辅导员的这些职能要求和工作安排带有明显的指导性、服务性特点。实际上，文件一开始就明确了辅导员的组织者、实施者和指导者的地位。工作中虽然任务层出不穷，尤其事务工作繁杂，但作为辅导员必须尽力摒除"事务工作者"的主观认识和摆脱"亲力亲为"的行为定式。所谓辅导员的"言传身教"绝不是"包办""代替"，而是教育引导。因此，辅导员无论是将自己定位为"全科医生"面面俱到，还是"专科医生"重点突破，都只是在工作的专业性和范围上有所区别，归根到底都不能离开"育人为本"——以学生的成长成才和健康生活为本的宗旨。把握住了方向，我们的工作才有原则和规矩，才不至于走偏、走错，才能够干出实绩，实现育人实效。

（二）形式之变立足于性质不变

曾经听过一位领导谈及学生工作的"新瓶旧酒"理论，辅导员在大学生的日常学习与生活中总会挖空心思地通过各种各样的形式对学生开展教育，除了常规的主题班会、谈心谈话之外，各种网络活动、校外参观、志愿服务、团体辅导、素质拓展、知识竞猜等形式也越来越受到辅导员们的欢迎。在开展这些活动的过程中，我们首先需要明确的是活动目的，即通过这项活动我们希望得到什么？此项工作对于学生的自我历练和成长有没有帮助？形式需要服务于内容，内容通过形式加以呈现，缺一不可。现阶段，有些辅导员为了满足学生的新鲜感，将活动的形式弄得五花八门，学生玩得开心、唱得开心、跳得开心，但就是没有多少"思考得开心"，这就是典型的本末倒置。我们在开展各项工作时，必须紧紧围绕"立德树人"根本目标，把解决学生的思想问题和实际问题作为核心内容，决不能以哗众取宠的表面文章来回应学生的现实诉求，不能让工作"变味"，而是让工作"增味"。例如，在关于职业生涯指导的问题上，辅导员必须立足本院学生的专业实际和就业现状，分阶段开展主题班会和谈心谈话，讲实话不讲空话，给建议不给捷径，让学生结合自身条件做出判断，自觉投入自我认知和职业探索的过程中，全身心参与社会实践，从而明确目标，形成规划，落实行动

（三）角色之变立足于身份不变

辅导员的角色归根到底就是"人生导师"和"知心朋友"，但现实让辅导员无法真正发挥应有的角色价值，反而衍生出更多的事务性角色，其中很重要的一个原因就是角色功能的"事务化"，"表格"代替了"疏导"，"照章办事"代替了"情感共鸣"，"制度枷锁"锁死了学生与辅导员之间的心灵互动。应有角色被碎片化为学生的"表哥""表姐""保姆""保险""保安"，虽然带有一定的调侃意味，但也确实反映了辅导员忙于事务的窘境。面对这样的现实，作为辅导员决不能习以为常、听之任之，更不能将其合理化，而必须认清问题实质，把握角色的变化内因，并立足辅导员的"管理者"和"教师"的双重身份分析问题、解决问题。一方面要提升管理的效率，掌握科学管理的方法，做到管理育人；另一方面要牢记教师的教育职责，强化学以致用的教育理念。既让自己摆脱繁复的低层次工作、消除角色认知的误区直至拨正偏轨的角色实践，同时可以集中精力解答学生的思想困惑，在教育管理中彰显"人生导师"的功能价值。

（四）路径之变立足于规律不变

辅导员在进行日常教育管理的过程中，其实施路径并不是一成不变的。通过运用不同的形式与方法，辅导员可以从多个角度出发，在多个层面对学生施加影响。例如，在开展社会主义核心价值观教育时，通过暑期社会实践平台让学生在志愿服务中感受社会力量；在开展遵纪守法教育时，通过变传统的主题班会为辩论赛，让学生在讨论中明晰利弊得失。类似的教育途径还有很多，辅导员可以择优选之。但无论选择哪条路径，都必须遵循思想政治工作规律、教书育人规律、学生成长规律。这就要求辅导员在履行自身职责的过程中，必须准确把握三大规律的内在关系，立足思政工作规律核心，抓住教书育人规律关键，紧扣学生成长规律根本，以不变应万变，在科学规律的指引下，紧紧围绕服务学生成长成才的根本目标不断创新工作方法，丰富教育内容，提升教育实效。当然，准确把握三大规律并不是一蹴而就的事，辅导员必须在自身工作实践中不断探索和深入研究才能够更好地活用规律，这恰恰是辅导员九大职业功能中最后一项"理论与实践研究"的意义所在。因此，辅导员不仅要在工作中积攒经验，更要将经验升华为理论，进而更好地发挥育人功能。

三、"人生导师"的初心坚守与未来展望

若想真正成为学生心中的"人生导师"，我想必须回归教育初心。当今社会，我们不可否认一些教师为了私利选择背弃教育信念，这些负面信息一度让社会大众对教师这个职业产生了质疑，但我想说，我们的身边仍然有许多优秀的教师在释放着光与热，他们默默地奉献，捍卫师道尊严。辅导员作为大学教师的重要组成部分，理应担负起这一光荣使命，应当为培养社会主义事业的合格建设者和可靠接班人奉献自己的青春力量。这份工作的荣耀不在于你拿了多少奖，发了多少论文，而在于你获得多少学生的信任，赢得多少学生的尊重。这也正是一位辅导员作为"人生导师"的真正价值所在。当有一天，你的学生因为你的四年陪伴而郑重向你道谢时，我想你应该是最幸福的吧。

辅导员作为"人生导师"未来该去往何处，我想用一句话来表达就是"路漫漫其修远兮，吾将上下而求索"。成功实现这一角色期待绝不是一劳永逸之事，需要我们躬身实践，总结升华。随着工作的开展与研究的深入，我

们对于"人生导师"的内涵认知会更加深刻，实践这一角色价值的方法与路径也会更加明晰，只要大学生的成长始终是我们工作的核心和初心，那么辅导员的职能就不会替代，我们的价值就不会消失。当然，我也希望随着时代的进步与发展，辅导员的职业功能可以更加明确，辅导员的角色定位可以更加精准，从而让我们在"大水漫灌"的同时取得"细水滴灌"的良效。

典型选树重在"树"

作为辅导员每年都会参与诸多先进集体和个人的评优评先活动，其中尤以各类"十佳"评选最为重要，从材料的撰写到数据的整理，再到汇报稿和PPT 的完成，前后至少需要 1~2 个月的时间。一些学院为此还会通过多轮筛选将最具竞争力的集体和个人推荐到学校参与评选。从表面看来，无论是评选工作的筹划还是具体活动的开展都能够做到井然有序，在展现集体与个人的同时，也给现场的观众带去了一场优秀学子的风采盛宴。但这仅仅是表现在我们面前的光鲜亮丽，抛开这些视觉冲击和数据冲击，我更在乎的是他们的成长历程。很显然，光从几分钟的汇报很难看出来，大多数参评的集体和个人喜好亮"肌肉"，而我们这些观众也习惯了"营养大餐"。为此，各种创新形式和新颖内容开始出现在我们的面前，但若要追问一句他们的成功从何而来，似乎得到的总是雷打不变的"套路"，例如，我们有好的制度，我们全员参与，我们有好的规划……不知道大家有怎样的感受，至少这些内容已经无法满足我的胃口，与其去关注这临门一脚的炫丽，我更加关注的是曾经的付出。而这恰恰是现场观看的学生们最应该被提醒、引导和教育的地方。

因此，我时常思考一些问题：到底"典型"从何而来？一两年的培养就能评为典型吗？如果这不是典型？我们又该怎么看待典型呢？按照我的理解，这些先进集体和个人都是久经磨砺、经受考验之后成长起来的，他们的这段故事值得深思，并且应当告诉其他学生。尽管将优秀之人放在"十佳"的位置很重要，但是发挥优秀者的作用才是选树典型的最终目的。而选树典型本身又有独特的要求和方法，是需要经过不断的思索和总结才能逐渐走上正轨的。我期待看到的是来自学生群体、走近学生心中的先进学子，若想做到这一点，我们要做的事还有很多。

一、何为大学生心目中的"典型"

"典型"从字面意思来看是指具有代表性的人和集体。"典型"选树就是要从群体中培养出具有代表性的人和集体。当然我们在这里谈论的"典型"绝不是反面典型，而是正面典型。那么，什么样的人和集体可以成为学生心目中的代表呢？我以典型之人来加以分析，至少应该具有以下三个特征：

第一，他们是同学中间的精英骨干。作为精英骨干自然是出类拔萃之人。出类拔萃绝不仅仅局限于学业成绩，它包含诸多方面，简而言之就是综合素质要高、各方面的能力都体现得很出色。他们不仅学习成绩名列前茅，在学生工作中也能很好地协助老师完成各项任务，同时在生活中他们也能与他人相处融洽，是大家信任的骨干。无论是不是班委，当班级需要帮助的时候，他们可以自告奋勇地站出来，愿意无私付出，尽全力帮助他人。

第二，他们是陪在大家身边的"知心朋友"。当我们在学习过程中遇到困难时，有人向你伸出援助之手，帮助你解决学习难题是怎样的一种感受？当你在情感问题上遇到挫折时，有人陪在你的身边帮你走出情感困境又是怎样的感受？当你面临前进道路上的诸多岔口而无从选择时，有人与你携手前行又是怎样的感受？如果你的生命中出现了这样的人，那他或她就是我们认可的代表。典型绝不是高高在上、无法亲近的存在，而是陪伴在我们身边，一起哭过，一起笑过，能够帮助每一个人的"知心朋友"。

第三，他们是融通师生关系的坚实桥梁。一名优秀的学生不仅仅在同学中受欢迎，同样也应该获得老师的认可。其中最关键的就是他们可以有效融通教师和学生的关系，既可以做到上传下达，又可以将同学们的要求及时反馈给老师，能够在学生与学院之间架起一座坚实的沟通桥梁，帮助教师和学生形成一种和谐的师生关系。相对于前两种特征，这个特征最难体现，因为平衡自己在教师和学生间的关系，尤其是有效传递和转换教师的意见和学生的诉求绝不简单。既要有这样的个人意愿，同时要牺牲自己的时间，甚至可能遭受误解和非议，能否坚持和用心，实则考验一名学生的责任心和才能。

二、"典型"不典型的原因分析

以上是我关于"典型"特征的解读，那么每年选树的典型是否充分地体现了以上三个特征呢？我不否认每一个人作为个体出类拔萃，但若想真正成为学生们认同的典型，似乎还有一定的距离。可以说不是所有的"典型"都是典型，其中存在一些深层次的原因。

第一，一枝独秀不是真正意义上的代表。我时常翻阅一些优秀学子的申报材料，在这些材料中我看到最多的是荣誉，这些荣誉小到班级，大到国际，无不彰显一名学生的优异之处，但是这些成功只属于个人，并不一定能够真正引起他人的共鸣。因而，每当看到这些学生的奖励时，我们除了在内心深处默默竖起大拇指之外，表达最多的就是"好厉害"，而类似于"我是否也可以像他们一样？""我要超越他们"等这样的想法并不多见。实际上，这些学生的材料无法让我感受到一名普通学生的成长历程，无法让我体会到典型引领的"表率性""示范性"。换句话说，他们的成功并未让其他学生获得可以借鉴的真正有价值的内容。

第二，"速食主义"是一种常见的选树误区。既然典型是需要选树的，那就意味着我们必须付出时间着力培养，但很多时候我们的一些辅导员除了通过已有平台给予学生一些机会之外，更多还是靠学生自己去摸索，没有真正意义上的培养。"靠天收"似乎是一种常规的操作。只要学生成绩好，多参加活动，获得荣誉多就可以参与PK，就像是速食店的汉堡一样，所有的食材应俱全，只要最后叠加在一起就能满足食客的需求。我们的一些辅导员在选树典型时何尝不是这样，短短两年的时间就可以打造出一个出类拔萃的人才？这种行为难道不值得我们慎重思考吗？至少在我看来，即使在短短的3~4年内我能够将一名学生推到前台，也应该是经过真正有意义的3~4年，这样的学生一定是大家耳熟能详、一致效仿的表率。否则，即使典型选出来了，也无法发挥真正的作用。

第三，认识对方并不意味着认同对方。典型只有真正走近学生的内心深处、引起学生的共鸣才是真正意义上的典型。典型是可以推荐和仿效的，绝不是高高在上不可超越的存在。我们的大学生不能仅仅认识典型，更要在内心认同典型，这种认同体现在典型是大家的好室友、好同学、好班干，是朋辈帮扶的典型，是迎难而上的典型，是脚踏实地的典型，是同学在哪儿我就在哪儿的典型。让他人认识只是成为典型的前提，而只有真正被认同，并且能够带领他人一起奋斗和努力的学生才能成为真正的典型。典型不是被动等待别人需求的人，而是主动站出来帮助大家共同成长的人。

三、选树"典型"要抓住"树"的真谛

"典型"绝不是选出来的，而是"树"出来的。"树"是"选"的前提，

没有"树"，"选"就是无根之树、无源之水，就是毫无含金量和说服力的活动过程。因此，把握"树"的真谛显得尤为重要。

第一，"树"是一个动态变化过程。任何一名优秀大学生的选树绝不是一朝一夕就能完成的，从大一入学开始，作为辅导员就应该有针对性地物色一些潜在骨干。这绝不是撒网式地随机选择，而是要经过精心观察和认真挑选的。这项工作理应在学生进入大学前查阅学籍信息时就做好前期分析和研判。这样一旦学生进入大学，辅导员就可以通过一些活动和工作适度检验这些学生是否具备一定的潜在能力，是否具备着力培养和选树的必要。当然，这并不是要搞特殊化，把其他学生撇在一边，而是要做到全员培养和重点打造的有机结合，让优秀的人担负起应有的作用，成为同学中的骨干力量。需要特别强调的是，既然是检验必然会出现与预期不符的情况，因此辅导员要在大一时多多观察，给予更多的学生一些机会，继而在动态调整中逐步物色出一些好的苗子。

第二，"树"应该做出阶段性检验。既然是"树"就不可能始终让学生处于变化过程而不提供展示的机会。因此特定时期的"亮相"必不可少。例如，在各种大赛中崭露头角，在学业成绩上名列前茅等，作为辅导员要鼓励选树对象不定时进行自我检验，及时反思自身的成长历程。辅导员应该不定期地和学生进行交流和讨论，对他们在发展过程中的困惑做好有效回应，帮助他们走出瓶颈和困境。"螺旋式上升"是一名优秀学生成长的正常轨迹，有时候过于一帆风顺往往会在后期出现问题，因此，辅导员时不时地给学生压压担子是一种好的方式，绝对不可以揠苗助长，而是应该在尊重学生成长规律的基础上帮助学生不断进步。

第三，"树"需要保持全身心投入。任何一名优秀大学生的培养都需要辅导员付出大量的精力。这种精力包括耐心、爱心、诚心……是心贴心的交流和引导。十年树木，百年树人，没有精心的呵护很难培养出卓越的人才。因此，辅导员必须加强与学生之间的交流，要主动发挥自身作为"人生导师"和"知心朋友"的角色优势，积极鼓励他们不断突破自己、挑战自己、历练自己，将有限的大学时间充分利用起来。由于客观原因，有时候我们的辅导员忙于事务而无法抽出足够多的时间关注学生，甚至用命令式的语气要求学生做一些事情，会引起一些学生的反感和不解。我们要做的就是多说一句"为什么需要你来完成"，把原因讲清楚，继而获得学生的理解和支持。当然，尽可能地为辅导员减负也是必须考虑的一件事，任重而道远，但意义重大。

　　总而言之，什么样的学生可以成为"典型"呢？至少不是一枝独秀之人。我们又该如何选树呢？贵在恒心和爱心。只要我们坚持去做，就会发现越来越多的可塑之才，让他们发挥应有的榜样示范和引领作用，继而让更多的学生从中受益，共同成长。

后　记

　　现在呈现在各位同仁面前的，是我这十年间的工作反思。自 2011 年成为一名高校辅导员开始，我时常问自己"做辅导员到底是为了什么？"这是一份工作，一个岗位，一个跳板……似乎没有一个答案让我满意。刚开始工作的我其实想法很简单，就是想让自己的工作有价值。于是，我认真研究工作案例，学习与辅导员相关的理论知识，经常组织各种素质拓展活动，也尝试着召开主题班会，"像模像样"地找学生谈心谈话，似乎这些就是辅导员的"应然"模样。然而，现实告诉我，你的"努力"也许在学生眼中就是"瞎忙"，你的"付出"得到的可能只是学生的"理所当然"，你投入的越多换来的可能只是他人的冷眼旁观。学生干部的"簇拥"无法化解"沉默的大多数"带给自己的挫败感。面对学生们亟待解决的思想之症、生活之疑、成长之惑，我显得有些力不从心。这不是我想要的，也不是我所期待的。"职业倦怠"就在这样的纠结与彷徨中悄然来袭。我该怎么办，我能往哪儿去？

　　2014 年的全国高校辅导员职业能力大赛成为我实现蜕变的重要契机。从校赛到国赛，近一年的准备让我深刻意识到辅导员大有可为，也必定大有作为。国赛中各位辅导员展现出的深厚育人情怀、扎实学科素养和综合实践能力，给我留下了十分深刻的印象。此时的我才充分意识到，理论研究对于一名辅导员做好工作的意义到底有多大。我萌生了读博的想法，并且在 2016 年如愿考取辅导员专项的博士。我当时的想法很单纯也很直接，既然选择了成为一名辅导员，就要给自己的职业生涯留下属于它的"光环"。现在看来，这个"光环"灿烂而厚重，因为辅导员是关系大学生成长成才的关键角色，具有不可替代的重要价值。读博期间，我以"人生导师"作为选题，既是希望自己可以围绕本职工作做一些力所能及的探究，更是希望能够对辅导员的现实境遇给予较为满意的回应，为真正落实辅导员"职业化""专业化""专家化"建设尽一点微薄力量。虽然读博的路对于一个在职者来说确实不易，但我也"啃"了下来。

　　正如我在博士论文的"致谢"中所写的："依稀记得刚入师大满腔热血，

只想在辅导员岗位上任劳任怨，做一些有利于学生成长的事。一线工作虽然烦琐冗杂，但是却让我收获了难得的师生之情。看着一届又一届学生从师大毕业，升造、出国、就业……在自己的人生路上自信前行，我由衷地感到自豪，也越来越明白作为学生'人生导师'的价值所在。全国辅导员职业能力大赛的经历，'安徽省辅导员年度人物'的获评，让我越发感觉到实践经验固然重要，但是没有深厚的理论功底，只能让自己停留在'经验之谈'的层次。当面对学生的人生困惑、职业困境之时，我需要谈得更深入一点，做得更专业一些，而这些理所当然地成了我继续求学深造的动力之源。"

这份来自内心深处的本领恐慌与责任意识支持并推动我走到了今天，也成为我决定出版此书的缘由。读博的日子有时很"枯燥"，撰写毕业论文也着实"头疼"，而让我得以缓释的重要方式除了在篮球场"挥汗如雨"，就是把自己关在办公室撰写"微伟道来"。之所以取这个名字，寓意有二：一则因为它是我在学院微信公众号平台所写，既是短文，也是与学生间的微信交流，所以称之为"微伟"；二则借"娓娓道来"之意，表明我希望与更多学生、同仁进行思想交流和心灵碰撞，在帮助学生化解思想"小障碍"的同时，也能与志同道合的"战友"们携手同行。

我曾说：作为辅导员切不可在工作实践中远离人生智慧，热心于学生工作的热闹与浮华，热衷于做学生的"××哥""××姐"，应该静下心来思考一些学以致用的生活道理和饱含智慧的人生哲理。"哥哥""姐姐"是拉近辅导员与学生间距离的话语表象，但这并不意味着师生之间的关系可以降格。因为真正能够影响学生一生的不是表面的"你好我好大家好"，而是一份来自辅导员释疑解惑的从容淡定，以及学生豁然开朗后的频频点头，就是要用我们的坚定信仰、深厚思想、生活智慧、人格魅力、品格操守去启发、带动、激励和引领学生，最终达到启智润心的教育良效。在2019年9月23日全国辅导员优秀骨干培训班上，时任教育部部长陈宝生就新时代如何做好辅导员工作进行了明确说明，对"辅"和"导"进行了不同维度的阐释，这对辅导员准确把握角色内涵、站稳立德树人的事业阵地具有导向作用。我们要不断巩固自己的职业信念，不断丰富自己的心灵体验，强化对学生的关爱、对同事的友爱、对事业的挚爱和对教育的热爱，从而与学生同成长，与同仁共成功，与学校齐发展。

真诚希望这本书可以成为更多同仁的"辅导"指南，在大家未来的工作过程中发挥绵薄之效。

此意，共勉！

于田家炳教育书院
2022年1月18日